趣修经济学丛书

丛书主编：刘金山　李　艳

首批国家级一流本科课程“趣修经济学——微观篇”

（在线开放课程）建设项目资

ECONOMICS

Happy Study of Microeconomics

趣修 微观经济学

主　编　李　艳　黄利春

副主编　刘金山　甘小立　曹　芳　吴立军

暨南大学出版社
JINAN UNIVERSITY PRESS
中国·广州

图书在版编目（CIP）数据

趣修微观经济学/李艳，黄利春主编．—广州：暨南大学出版社，2021.12
（趣修经济学丛书）
ISBN 978 -7 -5668 -3295 -5

Ⅰ.①趣…　Ⅱ.①李…②黄…　Ⅲ.①微观经济学　Ⅳ.①F016

中国版本图书馆 CIP 数据核字（2021）第 242940 号

趣修微观经济学
QUXIU WEIGUAN JINGJIXUE
主　编：李　艳　黄利春

出 版 人：张晋升
丛书策划：曾鑫华
责任编辑：曾鑫华　彭琳惠
责任校对：张学颖　林玉翠
责任印制：周一丹　郑玉婷

出版发行：暨南大学出版社（510630）
电　　话：总编室（8620）85221601
　　　　　营销部（8620）85225284　85228291　85228292　85226712
传　　真：（8620）85221583（办公室）　85223774（营销部）
网　　址：http://www.jnupress.com
排　　版：广州市天河星辰文化发展部照排中心
印　　刷：广州一龙印刷有限公司
开　　本：787mm×1092mm　1/16
印　　张：15
字　　数：215 千
版　　次：2021 年 12 月第 1 版
印　　次：2021 年 12 月第 1 次
定　　价：45.00 元

总　序

教材是教学生产函数的关键要素

人生在世，我们都希望比父辈生活得更好。这是人类发自本能的经济增长信仰。然而，这一信仰碰到的最大障碍之一就是边际报酬递减规律。突破边际报酬递减规律，追寻边际报酬递增，便成了实现美好生活的路径选择。

人力资本投资，是追寻报酬递增的关键环节。内生经济增长理论的无数篇文献就是为了告诉人们这个结论。的确，人生在世，重要的还是学习。从小学到本科毕业抑或硕士、博士毕业，我们花 20 年左右的宝贵时间用于学习，就是为了探寻美好生活背后的报酬递增。

学生来到学校，老师走进教室，教学生产函数就开始运行了，人力资本投资的过程就开始了。学生、老师都是教学生产函数的投入要素，这两个要素是不可替代的，否则，每个学生都可以自学成才了。即使在慕课时代，老师也没有被替代，只是转到线上而已。因此，教学生产函数就是列昂惕夫生产函数。

这个生产函数还有一个关键的投入要素——教材。人们常说，有一个好老师、一本好教材，就可以很好地学习一门课。回想求学生涯，教材的的确确是学习伴侣。学而时习之，“习”的过程，多数是与教材为伴的过程。

作为教学生产函数的投入要素，教材和老师是互补品，相得益彰。讲授，听课，课堂之内，与学生为伴的是老师和教材；预习，复习，课堂之外，与学生为伴的是教材。教材，把教学生产函数的运行时间拉长了，成了老师和学生之间的桥梁，成了人力资本投资和报酬递增的桥梁，具有了跨越时空的价值追寻意义。

因此，教材建设很重要。选好教材，用好教材，编好教材，是每一所院校的必然追寻。好老师，好教材，好学生，就成了好课程的“三好”标准。

由此看来，摆在读者面前的“趣修经济学丛书”就有了价值追寻的意义。该丛书由暨南大学出版社策划出版，由暨南大学刘金山老师和广东金融学院李艳老师联合主编。两位主编拟邀请兄弟院校同行携手前行，拟组织出版《趣修微观经济学》《趣修宏观经济学》《趣修区域经济学》《趣修产业经济学》《趣修国际贸易学》《趣修经济史》《趣修经济思想史》《趣修财政学》《趣修金融学》等。

该丛书的核心在于“趣”。在这个永远在线、万物互联的时代，老师在教室里的最大竞争对手是手机。引导学生兴趣盎然地修读课程，需要有趣的老师，需要有趣的教材。寓教于乐，就应该是这样的吧。该丛书秉承张扬经济学理性的理念，力图深入浅出，用通俗易懂的语言和案例，讲述经济学原理和具体课程的知识点，把老师的“趣”、教材的“趣”、学生的“趣”紧密结合，成为教学生产函数运行的坚实微观基础，成为人类社会报酬递增的逻辑起点。

让我们期待该丛书的顺利出版并彰显其边际贡献的意义。

是为总序。

2021.10.25

前　言

1997年，亚洲金融危机爆发；2008年，美国次贷危机引发全球性金融风暴；2020年，新冠肺炎疫情给全球经济发展带来了巨大的冲击和严峻的考验。每一年、每一天、每一刻，我们每个人的生活都必然受到经济发展变化的影响。经济变化就如同海洋潮汐，不断涨落起伏、周而复始，虽然复杂多变，但也离不开总体规律。作为瞬息万变的经济社会中的一员，我们每个人都应该成为自己的经济学家，因为经济学是常识，无论何时何地，经济学原理就在我们身边发挥作用。

那怎么才能让自己成为经济学家呢？诺贝尔经济学奖得主萨缪尔森说：一只鹦鹉，只要你教它学会了“需求”和“供给”这两个词，那它就成为一位经济学家了。

看来，成为经济学家并不难，把握需求和供给的关系即可。经济学原理认为：花花世界，稀缺性很重要；越稀缺的东西，市场为它的定价就越高。比如，钻石比水稀缺很多，钻石的供给是极其有限的，水的供给是相对无限的，因此，市场为钻石的定价比水高很多。这是供给侧的解释。同时，稀缺性又是相对于需求而言的。

水对生命至关重要，但水对我们而言，仅仅是满足生理需求，而生理需求毕竟是有限的。然而，对于我们来说，钻石是身份和权力的象征，满足的是心理需求，而心理需求是无限的。无限的心理需求，往往是奢侈品；有限的生理需求，往往是必需品。奢侈品在必需品面前，那是极具诱惑力的。

因此，寻找商机就是要寻找心理需求，刺激心理需求。这是你赚钱的机会。你所要提供的产品和服务，要能为消费者带来巨大的心理冲击。

你要炒股，随着经济周期的变化，就要学会在心理需求（奢侈品）与生理需求（必需品）之间择机转换。经济繁荣的时候，多买些奢侈品的股票，因为收入增长较快时，人们对价格不敏感，面子很重要。经济萧条的时候，多买些必需品的股票，因为收入下降时，人们对价格敏感，生活很重要。所以，贵，有贵的道理；廉，有廉的理由。市场是不会轻易骗人的。

芸芸众生中，为什么有人收入高，有人收入低？尽管有些时期或有些地方出现“拼爹”的现象，但劳动力市场的定价，还是有着坚实的稀缺性基础的。学习经济学知识，就是要提升自己在未来劳动力市场的稀缺性。你愿意做一颗钻石还是一瓶水，这不仅是一个问题，更是一个必须回答的单选题。

本书是“趣修经济学——微观篇”在线开放课程的配套教材（课程二维码见文后）。该慕课自2018年9月1日正式在“学银在线”上线开课以来，教学效果和社会影响都很好，并于2020年入选首批国家级一流本科课程。本书编写团队致力于推广和普及经济学基本原理，用最生活化的语言和最生动的案例，将晦涩难懂的经济学原理趣味化，为学习者搭建系统完整的微观经济学基础理论体系，让他们初步掌握经济学的理性逻辑思维，为使他们更好地洞察真实的经济世界提供“思考的脚手架”，而非“记忆的脚手架”。

本书主要介绍市场中个体经济行为及其决策，以单个经济单位（单个生产者、单个消费者、单个市场经济活动）为研究对象，研究市场机制及其作用，主要内容共九章，分别介绍了经济学基本逻辑、需求与供给、弹性理论、消费者选择、生产与成本、完全竞争与垄断市场、不完全竞争市场、要素价格与收入分配、市场失灵等。

每一章我们都采用了 PBL（problem-based learning）学习情境的方法，以生活中的具体案例及其相关的经济学问题作为起点，然后围绕这些问题展开讲解，提供解决问题的思路线索，并以启发性的结论作为结尾。

本书是微观经济学理论的入门读物，可作为普通高等院校经济学通识课的教材，也可作为广大经济学爱好者学习微观经济学的参考书籍。希望本书能为我国普及经济学理论常识做出一点贡献，同时也希望能够得到广大专家学者和读者的指正。

编者

2021 年 12 月

配套慕课“趣修经济学——微观篇”二维码

目　录

第一章　理性冲击波：经济学基本逻辑

学习目标

【知识目标】了解什么是经济学；理解经济学十大基本原理；了解经济学家考察经济的四个步骤；了解实证表述与规范表述、微观经济学与宏观经济学。

【技能目标】能运用经济学基本原理解释现实经济现象；能说明和应用经济学家考察经济的四个步骤；能区别实证表述与规范表述、微观经济学与宏观经济学。

开篇案例

特朗普签署行政命令：购买美国货，雇佣美国人

新华社华盛顿2017年4月18日电　美国总统唐纳德·特朗普18日在威斯康星州基诺沙签署了《购买美国货，雇佣美国人》的行政命令，启动签证和政府采购改革。特朗普在签署这份文件之前对数百名工厂工人说："通过这一行动，我们向世界发出了一个强有力的信号：我们将保卫我们的工人，保护我们的工作，并最终将美国放在第一位。"这份文件将带来有关H1B签证计划的重大变化，包括堵塞移民欺诈的漏洞，以及从目前的彩票制度转向有利于高薪和高技能工人的机制。该文件还指示政府机构审查目前的采购要求，并要求政府加大力度采购美国制造的商品。白宫副新闻秘书萨拉·桑德斯告诉记者，这项行政命令将在购买美国货和雇佣美国人方面取得重大进展，这是特朗普建立一个政府愿景的基石，该政府负责

帮助建设这个国家的美国工人。这项新指令也引起了参议院少数党领袖查克·舒默的怀疑，他说特朗普的政策把利润放在了人民之上，他似乎做CEO们想做的事，而不是工人想做的事。

讨论：特朗普的这项政策成功了吗？特朗普政府对市场的干预是否有效？美国工人失业必然与外国移民有关吗？如果你是美国人，想成为一名软件工程师、财务分析师、会计师、律师或进入其他需要高等教育的行业，那么在职业发展过程中是否有可能与来自中国、印度或其他国家的移民竞争同样的职位？

回答以上问题需要我们了解一些经济学知识。那么，什么是经济学？在经济生活中，一个普通的工人、消费者、生产者是如何权衡取舍并做出最优决策的？人们是如何进行互动的？个人选择是如何影响整体经济的？一个国家的经济是如何运行的？这一章，我们将从资源的稀缺性出发来讨论什么是经济学，并学习经济学的十大基本原理，从而对经济学这个学科有一个基本认识。你可以把这一章看成"即将到来的经济学冲击波预告片"。

第一节 什么是经济学

在正式学习经济学原理之前，首先来了解两个问题：①经济学到底是研究什么的？②我们为什么要学习经济学？

回答第一个问题，我们要从"经济"这个词的起源说起。在中国古代，"经济"这个词取自"经世济民"之意。在西方，"经济"的英文单词economy源于希腊语oikonomia，意思是"管理一个家庭的人"，可见"经济"的本意是管理。那管理什么呢？资源！资源为什么要被管理？因为相对于人们无穷的欲望而言，资源是稀缺的，不能每个人想拿多少就拿多少。

“管理一个家庭的人”就是我们所谓的“一家之主”，他面临着许多决策：谁负责买菜做饭？谁负责洗衣服？谁有权选择看电视节目？谁可以多买一个自己想要的玩具？等等。总之，他必须决定每个家庭成员去做什么，以及作为回报——每个成员能得到什么。因为一个家庭的财产是有限的，而每个成员的能力、努力和愿望是不同的，一家之主要决定如何在家庭成员之间合理有效地配置稀缺的资源。

和家庭一样，一个社会也面临着许多决策：哪些工作将要做？谁来做这些工作？哪些人种粮食？哪些人做面包？哪些人做衣服？哪些人生产日用品？哪些人做医生？等等。一旦社会决定人们去做各种工作，就面临着分配：生产多少物品？工作多长时间？得到多少收入？而且，社会还要决定谁将吃鲍鱼龙虾，谁将吃白粥馒头；谁将开名贵跑车，谁将坐公共汽车；等等。也就是说，社会决定稀缺的资源如何配置。

经济学家认为，经济学的产生源于资源的稀缺性。所谓稀缺性（scarcity）就是指社会资源的有限性。无论是家庭还是社会，其拥有的资源都是有限的，因此不能生产人们希望拥有的所有物品与劳务。也就是说，相对于人们无穷的欲望而言，资源总是稀缺的。正如一个家庭无法给每一个成员想要的每一件东西一样，一个社会也没办法给予每个人所向往的最高水平的生活。正因为这种稀缺性的普遍存在，经济学才变得如此重要。

经济学（economics）是研究如何管理稀缺资源的科学，或者说，经济学研究的是如何进行资源的优化配置和合理利用。在大多数社会中，资源不是由唯一的某个主体来配置的，而是通过千千万万的家庭和企业的共同行动来配置的。因此，经济学就是研究人们是如何做出决策的。比如：人们决定购买什么，工作多长时间，储蓄多少，消费多少？企业决定生产多少产品，雇佣多少工人？社会决定如何在国防、消费物品、环境保护和其他需求之间分配资源？等等。

虽然经济学研究的内容是多方面的，微观至每一个家庭，宏观至一个国家乃至世界，但我们也可以围绕以下四个问题，用十条主线来把这个宏大的领域串联起来，形成经济学统一的基本逻辑思想。

这四个问题分别是：

（1）人们如何选择权衡？

（2）人们如何做出最优决策？

（3）人们如何进行互动？

（4）整体经济如何运行？

接下来的第二至第五节，我们将通过这四个问题的引领，逐一阐述“经济学十大基本原理”。即使你开始时完全不懂这些原理，或者你觉得并不能完全信服，也不用担心。在后面的各章中，我们将逐渐充分地阐释这些思想，然后你会知道我们为什么要学习经济学。

第二节　人们如何选择权衡

社会经济行为是由个人行为所组成的。在经济生活中，无论你的目标是购买一台新电脑还是寻找一份兼职工作，你都需要在市场上做出选择并与他人互动。那么，个人是如何选择权衡的呢？

一、基本原理一：人是理性的

当我们分析人们如何做出选择并在市场中与他人互动时，要基于一个重要的经济思想：假定人是理性的。这个假定通常简称为“理性人”或者“经济人”假设，即假定每一个从事经济活动的人都是利己的。也可以说，每一个从事经济活动的人所采取的经济行为都是力图以自己的最小经济代价去获得最大经济利益的。

一个经济社会是由许许多多在一起工作和交易的人组成的。如果将社会经济的运作比作一支足球队的话，那么一支好的球队需要有好的球员，他们不仅能够传球或射门，还得懂得如何配合协作。假设你是后卫，你就需要在后场的位置阻止对方进球；假设你是前锋，你就需要向前进攻并争取进球。如果球员只在乎自己的荣誉：只想靠自己完成射门，那最终的结果就是球场上一片混乱，进球寥寥无几。与足球队一样，社会需要人们为了整体利益而工作，而不能只关心自己的利益。比如，面包师傅要保证他的邻居们在晚餐时有足够的面包食用，而非只顾着挣钱；屠夫雇佣新的帮手并非出于工作需要，而是因为朋友们需要工作。这样一来，人与人之间将充满友善，社会也会实现和谐。

经济学假定人是理性的。那么，如果每个人都是利己的，只顾自己的利益，会不会让整个社会陷入混乱呢？个人利益能和一个良好的社会协调发展吗？“现代经济学之父”亚当·斯密（Adam Smith）在其著作《国富论》（1776）中对这个问题作出了答案，他说：“我们获得晚餐不是因为屠夫、面包师或酿酒师的好意，而是出于他们对自己利益的考虑。”你从面包师那里得到面包不是靠对方的友善，重要的是面包师可以从卖面包的行为中获取自己的利益。反之，正是因为你通过购买面包满足了自身利益，面包师才得以生存。你和面包师之间其实互不关心，甚至形同陌路。人与人之间的互惠并非因为他们时刻渴望为陌生人奉献，而是因为他们所做的是对自己有利的事情，而这种追求个人利益的个人行为最终会推动社会协调发展，而非导致社会混乱。

【注意】

今后我们在经济学课程中所学习的每一个模型和理论都将建立在理性人（或经济人）的基本假设上。关于理性人（或经济人）的假设，我们需要明确以下几个问题：

（1）理性人只是对经济社会中从事经济活动的所有人的基本特征进行

的一个一般性抽象，把“复杂人”所拥有的利他性、感情因素等其他特征抽象掉了，直接关注人们在经济行为中最主要的特征。

（2）理性人假设只是认识经济规律的一个工具，不要把这个假设看成具有价值导向的东西，认为经济学家主张人人自私自利，那就大错特错了。如果人们总是自私自利，比如面包师缺斤少两，酿酒师往啤酒里兑水，商业就会变得不健康，从而导致社会混乱。只有当人们诚实守信时，个人基于自身利益的行为才会有益于社会。

（3）这一假设并不是说，经济学认为人人都无所不知或者总能做出“最佳”决策。这只是意味着，经济学家假定消费者和生产者在实现自身目标时将使用所有可得信息和有限资源来做出决策。

当然，并不是每个人在所有时刻的行为都是理性的，但理性行为的假设仍然非常有用，可以解释人们大多数的决策。

二、基本原理二：人的选择面临权衡取舍和机会成本

我们生活在一个资源稀缺的世界，这意味着虽然我们的欲望是无限的，但我们可获得的资源却是有限的，因此我们必须做出选择。选择是一种权衡取舍（tradeoff）——为了得到某种东西而放弃其他某种东西，也就是我们常说的：“鱼与熊掌不可兼得。”比如我们最宝贵的资源——时间，它是有限的，你要做出选择来对它进行配置。你可以把所有的时间用于学习经济学，也可以把所有的时间用来愉快地玩耍，还可以把时间分配在这两件事情上。但是，你用来学习的每一个小时都意味着你放弃了本来可以用来睡觉、运动、打游戏或者聚会的时间。

实际上，无论我们如何选择，都只能在各种选择中进行权衡。俗话说“天下没有免费的午餐”，这句话很形象地表述了经济学的中心思想——每一种选择都包括了成本，但成本并非仅指金钱。比如，新建一家医院的成本是什么？你可以统计所用的砖瓦、钢铁、劳动的价格。但是，如果按照为了建医院我们放弃了什么的思路来考虑的话，则其成本可能是一座原本

能够建造的火车站。因此，经济学最特殊的一个概念就出现了，我们把它叫作“机会成本”。

所谓机会成本（opportunity cost），是指为了某种选择所必须放弃的其他选择可能带来的最大收益。例如，你的经济学课是在周一早上8：00—10：00，你替代听课的两个选择是睡懒觉和慢跑。如果这两个选择中只有一个是你考虑的替代，那么你就必须确定如果不去听课，你将做哪件事情。对一个爱睡懒觉的人而言，听课的机会成本是放弃的躺在床上2个小时的好处；对一个爱慢跑的人来说，听课的机会成本是放弃的锻炼2小时的好处。

需要注意的是，并非为了得到某种东西而放弃的所有可能的收益都是机会成本。

机会成本是所放弃的其他选择带来的最大收益，并不是所放弃的其他选择的全部收益！当你失恋时，你有没有听过“不要为了一棵树而放弃整片森林”这句话？其实，我们不可能拥有整片森林，哪来放弃它呢？我们最多是放弃了森林里可供选择的最高的那棵树而已！

【问题1-1】算一算你上大学的机会成本。

上大学的收益是拥有更丰富的知识和拥有更好的工作机会，但上大学的机会成本是什么？

解答思路：

对于上大学的成本，你可能会想到的是学费、书费、住宿费和伙食费的总和。然而，这个总和并不能真正代表你上大学所放弃的东西，即不是你上大学的机会成本。

这种成本计算方式的第一个问题是，它包括的某些东西并不是上大学的真正成本。即使你离开了学校，你也需要有睡觉的地方，也要吃东西。只有在大学的住宿和伙食比其他地方贵时，贵的这部分才是上大学的成本。实际上，大学的住宿费和伙食费常常低于你自己去外面租房和吃饭的费用。在这种情况下，住宿费与伙食费的节省部分反而是上大学的收益。

这种成本计算方式的第二个问题是，它忽略了上大学的最大成本——时间价值。当你把四年时间花在听课、读书和写论文时，你就不能把这段时间用于工作挣钱了。对大多数学生而言，为上学而不得不放弃的工资才是上大学的机会成本。

第三节　人们如何做出最优决策

当你在看《福尔摩斯探案集》《金田一少年事件簿》《名侦探柯南》等侦探剧或者小说时，主角是不是经常会提出：作案动机是什么？找到了作案动机就可以推断出凶手。动机就是人们行动的来源。

一、基本原理三：决策是对激励的反应

人们的决策是对激励的反应。激励（incentive）是对采取某种行动的刺激，也就是动机。刺激可以是利益“胡萝卜”或成本“大棒”。

人们通过比较成本与收益来做出决策。因此，当成本或收益变动时，人们的行为也会改变。也就是说，人们会对激励做出反应。例如，当苹果的价格上升时，人们就决定少吃苹果，因为购买苹果的成本更高了。同时，苹果园主决定雇佣更多工人来摘更多的苹果，因为出售苹果的收益也更高了。这更高的成本和更高的收益就是对经济行为的激励。至此，你有没有觉得，人们对激励做出的反应跟大猩猩对香蕉做出的反应有点相似呢？

《华尔街日报》曾刊载过的一篇文章，讲述这样一件事：FBI（美国联邦调查局）无法理解为什么在抢劫案与日俱增的情况下，银行不采取措施

提升安全保障能力。FBI 官员建议在银行大门外安排穿制服的武装保安，而且在营业窗口前安装被称为“劫匪克星”的防弹塑料板。但是令 FBI 官员吃惊的是，没有几家银行采纳他们的建议。因为安装防弹塑料板的成本为 1 万 ~2 万美元，一个训练有素的银行保安的年薪和福利为 5 万美元，而一次银行抢劫的平均损失仅为 1 200 美元。银行的经济激励是明显的：承受银行抢劫风险比采取额外安保措施成本更低。银行对抢劫威胁的反应可能令 FBI 官员感到吃惊，但是不会让经济学家吃惊。

可见，在分析任何一种政策时，不仅应该考虑其直接影响，还应该考虑间接影响。如果政策改变了激励，它将使人们改变其行为。

二、基本原理四：人们根据边际量做决策

有些决策是“非此即彼”的：当你决定是否开一家餐馆时，你的决策是要么开，要么不开；当你毕业决定是否考研时，你的决策是要么考，要么不考。然而，现实生活中大多数决策并不是非此即彼的，而是与做得更多一点或更少一点有关。如果你想减少开支，增加储蓄，那你不是消费还是不消费，而是决定应该每天还是每周在星巴克买一杯咖啡。

经济学家使用“边际”一词来表示一个决策的额外或追加的收益或成本。

你应当再看一个小时电视还是将这一小时用于学习？多看一小时电视的边际收益（用 *MR* 表示）是你由此得到的额外享受，而边际成本（用 *MC* 表示）则是你因学习时间减少而导致成绩的下降。一般情况下，你不需要怎么思考就知道多看一个小时电视得到的额外愉悦是否与少学习一个小时带来的额外成本相当。但是在商业环境中，情况就不同了。企业通常需要进行仔细思考和计算才能决定一些事情，例如是否要多生产取决于生产的边际收益和边际成本的比较。只有当一种行动的边际收益大于边际成本时，一个理性的决策者才会采取这项行动。

一个航空公司决定对额外的一个乘客收取多高的机票价格，就是基于

对边际收益和边际成本的比较。假设一架200个座位的飞机在某航线飞行一次，航空公司的成本是10万元。那么，每个座位的平均成本是100 000 ÷ 200 = 500元。有人会得出结论：航空公司的票价绝不应该低于500元。但航空公司可以通过考虑边际量来增加利润。假设这架飞机即将起飞时仍有10个空位，在登机口有乘客愿意支付300元买一张机票，航空公司应该卖给他机票吗？当然应该。如果飞机有空位，多增加一位乘客的成本是微乎其微的，但收益会因此而增加300元。虽然一位乘客飞行的平均成本是500元，但边际成本仅仅是这位额外的乘客将消费的一包花生米和一罐汽水的成本而已。只要这个额外的乘客所支付的钱大于购买这花生米和汽水所需的钱（即边际收益大于边际成本），航空公司卖给他机票就是有利可图的。正如这个例子说明的，个人和企业通过考虑边际量将会做出更好的决策。经济学家将与比较边际收益和边际成本有关的分析统称为边际分析（marginal analysis）。

【问题1－2】 苹果公司根据边际成本和边际收益进行决策。

假设苹果公司每年卖出300万台iPod，现在经理们考虑是否将年产量提高到330万台。一位经理认为："将年产量从300万台提高到330万台是一个好主意，因为这将使我们的总收入达到1亿美元。"你同意他的说法吗？你还需要哪些额外信息才能决定苹果公司是否应该多生产30万台iPod。

解答思路：

第1步，复习本节内容。这一问题与决策有关。当你在经济学教材中看到"额外"一词时，就应当想到"边际"。

第2步，说明你是否同意那位经理的说法。我们已经知道任何决策都应当比较边际收益与边际成本。只有边际收益大于边际成本才会采取行动，并且行动会持续进行到边际收益等于边际成本的决策点。在本题中，苹果公司应当持续生产iPod，直到边际收益等于边际成本。但那位经理未进行边际分析，他只提到生产330万台iPod的总收入，而总收入与是否应多生产30万台iPod的决策无关。

第3步，说明你还需要哪些信息。你还需要更多信息才能做出正确决策，至少你还需要知道苹果公司多卖出30万台iPod所得到的额外收入和生产这些iPod所带来的额外成本。

第四节　人们如何进行互动

在经济生活中，每个人都做出自己的决策并采取一定的行动。这些决策和行动不仅影响我们自己，也会影响其他人。那么，人们是如何互动并相互交易的呢?

一、基本原理五：贸易能使买卖双方的状况变好

交换物品的需求使人类有别于动物。狗从不交换骨头，但人类却一直进行着交换。我给你面包是为了换你的啤酒，一般情况是我卖面包，然后用挣到的钱来买你的啤酒。当你到菜市场买菜时，你放弃了一些钱而交换到了想吃的食材，这种交易令你生活状况变好，也使菜市场老板得到了满意的收入。你和菜市场老板都从中获益，这是一种自愿交换。

自愿交换（voluntary exchange）是指这样一种情形：产品买卖双方的境况都因为交易而得到了改善。

当我们相互交易时，无论买方还是卖方，都从与其他人的交换中获益。人们相互之间的这种自愿交换促成了一个结果——社会分工。想象在一个小村庄里，一开始每个人都是自己烤面包、酿啤酒。慢慢地，一些人变得非常善于烤面包，他们烤制的面包数量超过了自己所需，便将多余的面包卖掉换来啤酒，最终他们不再自己酿制啤酒，而是只专心做面包，并

从擅长酿啤酒的人那里买酒喝。这样人与人之间实现了互惠，于是就有了贸易。

贸易使每个人可以专门从事自己最擅长的活动，并通过与其他人交易而以较低的成本买到各种各样的物品与劳务。国家和家庭一样，也能从相互贸易中获益。贸易使各国可以专门从事自己最擅长的活动，并享有各种各样的物品与劳务。因此，贸易能使买卖双方的状况变好，使人们可以互惠互利。

二、基本原理六：市场通常是组织经济活动的一种好方法

市场经济是指当许多企业和家庭在商品市场上相互交易时，通过它们的分散决策配置资源的经济。

经济学家亚当·斯密在《国富论》中提出了经济学最有名的观察结果：家庭和企业在市场上相互交易，他们仿佛被一只“看不见的手”所指引，引起了合意的市场结果。在经济中，没有人会告诉面包师需要烤制多少面包，没有人会告诉酿酒师应该酿造什么类型的酒。他们会基于自己对销量的预测去做决定，社会由此实现良性运转。这里面看起来似乎有一只承担组织作用的手，但当你试图寻找时它却无影无踪。

“看不见的手”通常会使市场有效地配置资源，因为市场促进了竞争和自愿交换。市场交易的结果使买方和卖方的状况都得到了改善，否则买方就不会去购买，而卖方也不会去销售。当企业之间在市场上的竞争迫使企业以最低的成本来生产产品和提供服务时，就实现了生产效率。当企业之间的竞争以及企业和消费者之间的自愿交换这两者结合在一起，使得企业能够生产消费者最愿意接受的商品（产品和服务）组合时，市场就实现了资源配置效率。只要消费者愿意购买，竞争就会迫使企业继续生产并销售商品。这样，企业所生产的商品组合就反映了消费者的偏好。

当你逛商店时，可以看到店里有一箱箱的零食、牛奶和成堆的报刊。它们为什么会在那里呢？因为店主决定采购它们并将之卖给有需要的人，

这样他就可以赚钱。可见，不是政府，也不是其他人告诉店主应该这么做，是市场这只“看不见的手”在引导店主这么做的。

三、基本原理七：政府有时可以改善市场结果

由于各种原因，“看不见的手”有时是不起作用的。换句话说，市场并不总是有效运行的，有时也不能实现资源配置效率，这种情况我们称为市场失灵。所谓市场失灵，是指市场没有有效配置资源的状态。

如果你经常看新闻，你就会对市场没有做好工作有一个印象。比如，市场使农民工的工资太低，市场使房地产的价格飙升，市场使世界石油价格跌宕起伏，等等。但是，别误会，这些现象并不是市场失灵的案例！

当价格上升时，买者绝对不喜欢市场，但卖者喜欢市场。反过来，当价格下降时，卖者绝对不喜欢市场，但买者可是兴高采烈的。高价给卖者带来更大的利益，因此，存在卖者竭力控制市场的现象。当一个唯一的卖者控制整个市场时，生产者就可以通过限制产品数量来提高价格。这种行为会引起市场失灵，导致消费者得到过少数量的商品。当生产者不考虑自己对其他人的影响时，也会产生市场失灵。例如，发电厂造成了酸雨，毁坏了植物，并减少了农业产量。市场失灵也会出现在像国防、公路这类公共物品的情形中，须由每个人平等消费而产生。因为我们没有一个人愿意支付公共物品的成本，大家都想要搭其他人的便车。但是，如果每个人都想要搭便车，就没有一个人能搭车了。

为了克服市场失灵，有时政府行为也是有效配置和利用资源所必需的。在19世纪和20世纪早期，美国政府很少对市场进行管制。自20世纪中期开始，在美国和其他市场经济国家，政府对经济的干预显著增加了。这主要是由20世纪30年代大萧条期间的高失业率和高破产率所导致的。目前世界上大部分政府都会对经济进行一定程度的干预。

政府干预经济的原因不外乎两个：促进效率和促进公平。效率是指社会能从其稀缺资源中得到的最大利益。公平是指经济成果在社会成员中平

等分配。换句话来说，效率是指经济蛋糕的大小，而公平是指平等分割这块蛋糕。通常，大多数政策的目标不是把经济蛋糕做大，就是优化蛋糕的分割。

政府在设置政策时，效率与公平这两个目标往往不能同时实现。例如，有些人支持对高收入的人征税，为资助穷人的项目提供资金。尽管降低高收入者的收入并提高穷人的收入会促进公平，但其效率可能会降低。如果政府把高收入者的收入的相当一部分拿走的话，那么他们开设新工厂、进行劳动创造的积极性就会降低。其结果是生产的产品和服务减少了。换句话来说，当政府想要把经济蛋糕切为更均等的小块时，这块经济“蛋糕”本身也就变小了。

我们说政府有时可以改善市场结果，但并不意味着它总能这样。公共政策并不是天使制定的，而是由不完善的政治程序制定的，有时政府制定的政策只是为了有利于政治上有势力的人，有时政策是由动机良好但信息不充分的领导人制定的。学习经济学的目的之一就是帮助你判断什么时候一项政府政策适用于促进效率与公平，什么时候则不行。

【嗨经济】

我永远不会输掉这场和炒房者的战争

2020 年新年致辞，韩国总统文在寅信誓旦旦：我永远不会输掉这场和炒房者的战争！

2021 年新年致辞，韩国总统文在寅深鞠一躬：对正在为住房问题而苦恼的民众，我致以深深歉意。

近年来，面对房价，韩国政府实施了 24 轮调控，不但没有控住房价，反而成为房价的推手。

总统的胳膊，扭不过市场的大腿。在房价面前，总统输了！文在寅不是第一个，也不会是最后一个。

当前，深圳楼市也面临着与韩国一样的问题。深圳楼市的事实之一是，**市场举全国（乃至全球）之力推高了深圳的楼市**！深圳楼市就是一个小盘股，因缘际会成了香饽饽，谁都想来分杯羹。全国人民（乃至世界人民）都想分享先行示范区的红利。

深圳就是有再多的房子，也是不够的。因为深圳的对手，是全国（乃至全球）的资金盘。深圳楼市，接不了全国（乃至全球）那么大的单子。深圳楼市当局只想接深圳的单子，不想接全国（乃至全球）的单子。但这事儿很难办。那就只能从分羹资格（购房资格）着手。问题的关键是，谁有分羹的资格？

楼市当局当然选择最容易的方式，于是户口、社保就成了分羹的资格参照。通过户口和社保，缩小分羹资格的人数。有钱有资格，可以甩开膀子享受红利。有资格，不一定有钱；有钱，不一定有资格。为了美好生活，这两类人必然联手。有钱没资格的人，通过没钱有资格的人代持，一起享受深圳楼市红利。这种方式堵不住全国（全球）资金流入深圳楼市，除非楼市当局冻结楼市，所有人都没有购房资格。但这是不可能的。

房子是用来住的，不是用来炒的。深圳楼市的**最大难题是，很难鉴别哪些人购房是用来住的，哪些人购房是用来炒的**。深圳楼市当局做不到，没有能力做到，也不想做到。

为了在正确的时间做正确的事情，楼市当局又一次采取最容易的方式：限价。交易价格，按照政府的参考指导价。

腰斩的交易价格只能带来一件事儿：有价无市。尤其是真正要住的人，受到的心理伤害最大。楼市当局限价，这表明当局向市场投降了。市场的决定性，这一次是秀才遇到兵了。其实，如果市场的决定性作用不被彻底取消的话，最终的结果是，短期，当局胜；长期，市场胜。

深圳楼市**最需要解决的是，如何让炒房的人主动不炒房**？炒房人主动不下单，发自内心地撤离资金，那就是炒房没有钱赚了。

当局想让炒房人主动撤离，办法还是很多的，此处不便赘述。深圳楼市当局不是不想，而是不敢，抑或不愿。这是一个发挥市场决定性作用绕不过的结。不是死结，是活结，但不易解。

市场在，就会说，我不会输掉这场战争！因为，无市场，不生活！

（资料来源：刘住一山金，“嗨经济”公众号，2021-03-05）

第五节　整体经济如何运行

我们每个人做出决策并在市场上相互交易，使彼此状况变好。所有这些决策和相互交易共同组成了“经济”，那么，整体经济是如何运行的呢？

一、基本原理八：一国的生活水平取决于它生产物品与劳务的能力

世界各国生活水平的差距是惊人的。2017 年，中国的人均收入为 8 643美元，美国的人均收入为 5.96 万美元，瑞士的人均收入为 8.64 万美元，而尼日利亚的人均收入为 1 994 美元。毫不奇怪，这种人均收入的巨大差别反映在生活质量的各种衡量指标上。高收入国家的人民比低收入国家的人民拥有更多的电视机、汽车，更好的营养、医疗保健，以及更长的预期寿命。随着时间的推移，同一国家不同时期生活水平的变化也很大。不同国家的人均收入增长速度也有显著差异，美国人均收入大约每 35 年翻一番，日本近 20 年间人均收入翻了一番，韩国在近 10 年间人均收入翻了一番，而我们国家近 10 年间人均收入翻了将近 4 倍。

为什么不同国家之间以及同一国家在不同时期的生活水平会有这么巨大的差距呢？几乎所有生活水平的变动都可以归因于各国生产率的差别。在一定时期内，如果每个工人可以生产更多的汽车，就会有更多的人可以拥有自己的汽车。通过提高人均生产率，我们可以过上更高水平的生活，并购买更多的物品与劳务。正是生产率的提高引起了生活水平的提高。

【生活中的经济学】

2020 年中国 GDP 首超 100 万亿元

根据国家统计局发布的数据，2020 年我国国内生产总值[①]（GDP）达到 101.59 万亿元，首次突破 100 万亿元大关，经济增长 2.3%，经济社会发展主要目标任务完成情况好于预期。全年全国规模以上工业[②]增加值比上年增长 2.8%。12 月份，规模以上工业增加值同比增长 7.3%。全年社会消费品零售总额比上年下降 3.9%。不过，12 月份，社会消费品零售总额同比增长 4.6%。全年全国固定资产投资比上年增长 2.9%。2020 年年均城镇调查失业率为 5.6%。12 月份，全国城镇调查失业率为 5.2%。

（资料来源：中国日报网，https：//language.chinadaily.com.cn/a/202101/18/WS6004fff3a31024ad0baa34c6.html，2021－01－18）

二、基本原理九：当政府发行了过多货币时，物价上升

1921 年 1 月，德国一份日报的价格为 0.3 马克。1922 年 11 月，一份同样的报纸的价格为 7 000 万马克，经济中所有其他物品的价格都以类似的程度上升。这个事件是历史上最惊人的通货膨胀的例子，通货膨胀是经济中物价总水平的上升。

是什么引起了通货膨胀？大多数严重或持续的通货膨胀的罪魁祸首总是相同的，那就是货币量的增长，即“太多的货币追逐太少的物品”。当一个政府创造了大量本国货币时，其货币的价值就下降了。在 20 世纪 20 年代初

① 国内生产总值（gross domestic product，简称 GDP）是指在一定时期内（一个季度或一年），一个国家或地区的经济中所生产出的全部最终产品和劳务的价值，常被公认为衡量国家经济状况的最佳指标。

② “规模以上工业企业”是中华人民共和国自 1996 年开始使用的一个统计学术语，与“规模以下工业企业”相对，2011 年 1 月起用于代指年主营业务收入为人民币 2 000 万元及以上的全部工业企业。

的德国，物价平均每月上升了3倍，是因为货币量每月也增加了3倍。

【嗨经济】

6万亿美元：拜登经济学的威力有多大?

美国总统拜登“百日新政”释放了三支箭，高达6万亿美元，堪比20世纪30年代初期应对大萧条的罗斯福新政。

（1）救济法案（约1.92万亿美元）。疫情防控和疫苗推行4 150亿美元，家庭救助约1万亿美元，小微企业和社区救助约4 400亿美元。

（2）《美国就业计划》（约2.3万亿美元）。8年时间里，对基础设施和人力资本进行大规模投资。道路、桥梁等交通运输基础设施6 210亿美元，水网、电网等社区投资3 110亿美元，房屋投资3 780亿美元，制造业及研发投资4 800亿元，劳动力发展投资1 000亿美元，长期护理人员薪资增长4 000亿美元。

（3）《美国家庭计划》（约1.8万亿美元）。为期10年，学费减免等约1万亿美元，医保税收抵免约8 000亿美元。

这6万亿美元中，2021年将投入2万亿美元，约占2020年美国GDP（约21万亿美元）的10%。

拜登总统虽是耄耋老人，却有雄心壮志，刺激经济用力甚猛。拜登经济学，跃然而出：强投资，稳消费，促增长。拜登宽松的财政政策正式和美联储量化宽松的货币政策握手。2020年，美联储释放了约3.6万亿美元的货币，空前之举。央妈疯狂，财爸亦狂。2020年，美国市场里的唯一玩家是央妈；2021年，美国市场里的玩家是财爸和央妈。

财爸和央妈的疯狂，必然带来市场的疯狂。拜登经济学堪称“疯狂经济学”。

大宗商品市场的疯狂呼啸而来，一场输入型通货膨胀呼啸而来。要知道，当今世界，世人关注拜登经济学，但中国需求是最大的卖点。美国货币，很容易和中国需求握手。

拜登经济学释放天量货币预期，货币追逐商品期货市场。中国需求主导的大宗商品市场应声而涨。

一个链条就这样形成了：拜登宽松政策—美国期货市场涨—中国期货市场涨—中国现货市场涨。近期，中国需求主导的大宗商品（主要是原材料和生产资料），价格上涨更为明显。这预示着，一场成本推动的输入型通货膨胀正在呼啸而来。

又一次“金融业获利，制造业承压”的游戏正在上演：制造业生产成本上升，进而导致消费品价格上涨。

国家统计局为解释经济运行数据操碎了心。4月份，全国工业生产者出厂价格PPI同比上涨6.8%，涨幅比3月份扩大2.4个百分点；全国居民消费价格CPI同比上涨0.9%，涨幅比3月份扩大0.5个百分点。统计局说，PPI同比涨幅之所以扩大，一是受上年同期基数较低的影响；二是国内经济逐步恢复，需求逐步改善；三是受国际大宗商品价格上涨对国内输入性的影响。看来，统计局里有高人。只是，高人没有明说，拜登经济学，确确实实影响了神州人民的美好生活。

全球化时代，没有人能置身事外。是也，非也?!

（资料来源：刘住一山金，“嗨经济”公众号，2021－05－18）

三、基本原理十：通货膨胀与失业率之间存在短期交替关系

如果通货膨胀这么容易解决，为什么决策者有时却在使经济免受通货膨胀之苦上遇到麻烦呢？一个原因是人们通常认为降低通货膨胀会引起失业率的暂时增加。经济学有一条著名的曲线反映了通货膨胀与失业率之间的这种交替关系，即菲利普斯曲线。这一名称是为了纪念第一个研究了这种关系的经济学家菲利普斯而命名的。

迄今，菲利普斯曲线仍然是一个有争议的问题，但大多数经济学家已

接受了这样一种思想：通货膨胀与失业率之间存在短期交替关系。根据普遍的解释，这种交替关系的产生是由于某些价格调整缓慢。例如，假定政府减少了经济中的货币量，在长期，这种政策变动的唯一后果是物价总水平将下降，但并不是所有的价格都将立即做出调整。在所有企业都印发新目录、所有工会都做出工资让步，以及所有餐馆都印制新菜单之前需要几年时间。这就可以认为价格在短期是具有黏性的。由于价格黏性的存在，各种政策都具有不同于长期效应的短期效应。例如，当政府减少货币量时，它就减少了人们支出的数量。较低的支出与居高不下的价格结合在一起就减少了企业销售的物品与劳务数量，销售量减少又引起企业解雇工人。因此，对价格做出完全的调整之前，货币量减少就暂时增加了失业人数。通货膨胀与失业率之间的这种交替关系只是暂时的，但也可能持续数年之久。因此，社会面临通货膨胀与失业率之间的短期权衡取舍，而菲利普斯曲线对于我们理解经济中的许多现象是至关重要的。

第六节　冷静的头脑：作为科学家的经济学家

一、经济学的研究方法

每个研究领域都有自己的语言和思考方式。数学家谈论公理、积分和向量空间；心理学家谈论自我、本我和认知的不一致性；律师谈论案发现场、侵权行为和约定的禁止翻供。经济学家也有自己的术语：供给、需求、弹性、比较优势、消费者剩余、无谓损失……这些术语都是经济学语言的一部分。乍一看，这种新语言似乎有一种没有必要的神秘。但是，它的价值在于能够为你提供一种关于你所生活的世界的崭新的、有用的思考方式。

经济学家努力以科学的方法来探讨世界是如何运行的。或许“科学”这个词会令你想到冒着气泡的试管和黑板上潦草的数学公式，而跟人们如何花钱这样的问题相去甚远。实际上，经济学家试图解释经济，就如科学家发射火箭一样。科学家寻求真理的一个法则是一件事如何去引发另外一件事，例如火箭的重量与火箭升空的高度之间有什么关系。经济学家寻求的是经济法则，例如人口数量的多少如何影响获取食物的总量，等等。

经济学家研究经济的方法与物理学家研究物质、生物学家研究生命的方法一样：提出理论—收集数据—分析数据—证明或否定他们的理论。经济学家运用科学的逻辑来考察经济的方法可以总结为四个步骤：观察与衡量、进行假设、建立模型、检验模型。

1. 观察与衡量

经济学家要跟踪生产资源、工人的工资与工作时间、社会所生产的不同物品与劳务的价格和数量、税收与政府支出，以及一个国家向其他国家买卖物品与劳务的数量等。这些是一个经济学家可以观察并衡量的事情，是经济学研究的一个范围。

2. 进行假设

经济模型是现实的简化版本，用来分析现实世界中的经济情况。任何模型都是建立在一定假设的基础上的。如果你问一位物理学家，一块大理石从 10 楼掉下来需要多长时间，他可能会通过假设这块大理石在真空中落下的情况来回答这个问题。当然，这个假设是不现实的。事实上，楼房周围充满着空气，空气对下落的大理石产生摩擦并使其下落速度变慢。但物理学家将正确地指出，空气对大理石的摩擦如此之小，可以忽略不计。因此，假设大理石在真空中下落能使问题简化，且对答案没有实质性影响。

经济学家由于同样的原因在建立模型时也要做出假设，而假设可以使解释这个世界变得更容易。例如，我们在前面提到的理性人假设；或者，为了研究国际贸易的影响，我们可以假设世界只由两个国家组成，而且每个国家只生产两种产品。一旦我们理解了这种简单抽象世界的国际贸易，就可以更好地理解更为复杂的现实世界的国际贸易。

3. 建立模型

一个经济模型是对经济世界某些方面的描述，这些方面只包括要实现目的所需要的相关特征。模型比它所描述的现实简单，比如高中生物教师用塑料人体模型来讲授基础解剖学。这些模型有主要的器官——心脏、肺、肾等，它使教师得以用一种简单的方式向学生说明，人体的这些重要器官如何结合在一起。当然，这些塑料模型并不是真实的人体，而且没有一个人会错误地把模型当成真人。这些模型是程式化的，略去了许多细节。虽然它缺少了真实性，但研究这些模型对了解人体基本情况是有帮助的。

经济学家也用模型来了解世界，但不是塑料模型，而是图形、表格和数学方程式等。与生物教师的塑料模型一样，经济模型也假设撇开了许多与所研究的问题无关的经济细节，以便说明什么是真正重要的。正如生物教师的模型并不包括人体所有的肌肉和微血管一样，经济学家的模型也不包括经济的每一个特征。

4. 检验模型

一个模型的预测结果可能与实际情况一致或者不一致。通过比较模型的预测结果与实际情况，我们可以检验模型并建立一种经济理论。

经济学家正是通过以上四个步骤来考察经济的，并在此基础上创建了经济理论。

二、第一个简单的经济模型：循环流向图

经济由千百万种活动——购买、出售、工作、雇佣、制造等共同组成。为了理解经济如何运行，我们必须找到某种方法来简化我们对所有这些经济活动的思考。

图 1-1 是一个直观的经济模型，这个模型被称为循环流向图。在这

个模型中，经济由两类决策者——家庭和企业组成。企业用劳动、土地和资本（建筑物和机器）这些投入来生产产品和劳务，这些投入被称为生产要素。家庭拥有生产要素并消费企业生产的产品和劳务。家庭和企业在两类市场上相互交易。在商品（产品和劳务）市场上，家庭是买者，而企业是卖者；在生产要素市场上，家庭是卖者，而企业是买者。家庭和企业通过在这两个市场上的买卖关系，形成了图 1－1 中的两个循环流向圈。

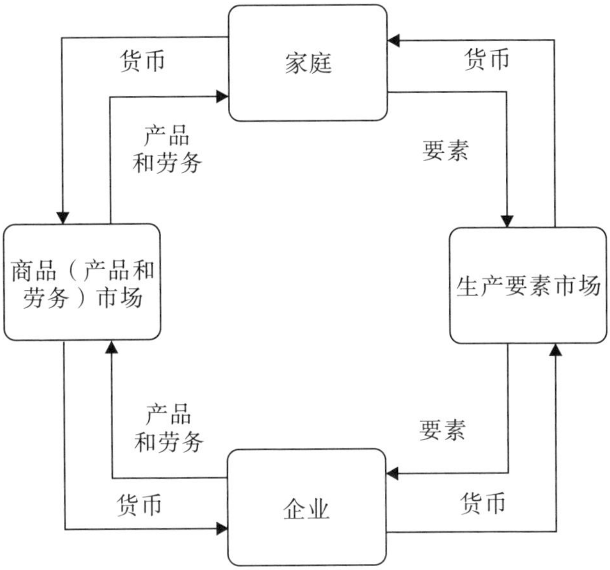

图 1－1　循环流向图

循环流向图里面一圈代表家庭与企业之间产品和劳务的流向。家庭在生产要素市场上把劳动、土地和资本出售给企业使用，然后企业用这些要素生产产品和劳务，这些产品和劳务又在商品市场上出售给家庭。因此，生产要素从家庭流向企业，而产品和劳务由企业流向家庭。

循环流向图外面一圈代表相应的货币流向。家庭支出货币去购买企业的产品和劳务，企业用这种销售的部分收益对生产要素进行支付，如支付工人的工资、企业所有者的利润等。因此，对产品和劳务支出的货币从家庭流向企业，而货币收入以工资、租金和利润的形式从企业流向家庭。

这个循环流向图是一个简单的经济模型，它为了某些目的而略去了很多细节。通常，一个更为复杂、更为现实的循环流向模型应该包括政府和国际贸易，但这些细节对于基本了解经济如何运行并不是至关重要的。由于循环流向图的简单性，它对我们在考虑经济中各部分如何组合在一起时，十分有用。

三、第二个简单的经济模型：生产可能性边界

生产可能性边界，英文是 production-possibility frontier，简称 PPF（或是 production-possibility boundary，简称 PPB），用来表示经济社会在既定资源和技术条件下，所能生产的各种商品最大数量的组合。通常是这样一个图形：纵坐标表示一种商品的数量，横坐标表示另一种商品的数量，在给定的假设条件下，两种商品最大可能的产量组合的轨迹，就是生产可能性曲线（边界）。它是两种商品的生产可能性比较，可以用来进行各种生产组合的选择。

生产可能性边界还可以用来说明生产的潜力与过度的问题。生产可能性边界以内的任何一点，说明生产还有潜力，即还有资源未得到充分利用，存在资源闲置；而生产可能性边界之外的任何一点，则是现有资源和技术条件所达不到的；只有生产可能性边界上的点，才是资源配置最有效率的点，表示在一定的资源和技术条件下可能达到的各种商品最大的产量组合。

【生活中的经济学】

宝马集团宣布电动化战略，全球 10 大工厂都已量产新能源汽车

近日，宝马集团首次公布了第一款纯电动的 MINI 量产车的具体信息。这款车将是3 门车型，计划于2019 年投入生产，其动力传动系统将在位于德国的丁格芬工厂和兰茨胡特工厂生产，而总装将于英国牛津工厂完成。

电动化是宝马集团全新“第一战略”的核心支柱之一。宝马集团此前

已经宣布，旗下所有品牌和车型都将全面电动化，以纯电动或插电式混合动力的方式推出电动版产品。目前，BMW 和 MINI 品牌在全球市场一共推出了 9 款新能源汽车产品。

强大的生产网络是宝马集团贯彻全面电动化战略的基石。麦肯锡今年 3 月份的相关报告显示，宝马集团是全球前三大电动汽车生产商之一。目前，宝马集团在全球的十个工厂生产新能源汽车，其中包括宝马集团全球生产体系中多个重要工厂。

自从 2013 年 BMW i 系列产品推出以来，宝马集团电动车型的所有重要电驱系统部件均由丁格芬工厂和兰茨胡特工厂生产。为了在电动车生产方面拥有更多自主创新，丁格芬工厂还新增了高压电池和电机生产线。在新能源整车制造方面，丁格芬工厂还负责生产 BMW 5 系和 BMW 7 系的插电式混合动力车型。今年 5 月，丁格芬工厂接受了一项新任务——在 2021 年开始生产纯电动 BMW iNEXT 车型，这款车将集中宝马在电动化、自动驾驶和智能互联方面最新的创新成果。截至目前，宝马集团在丁格芬工厂电动化方面的投资累计已超过 1 亿欧元。

宝马集团负责生产的董事齐普策先生（Oliver Zipse）表示："丁格芬工厂和兰茨胡特工厂是我们的电动化技术中心。我们创新、灵活的生产体系可以快速应对客户需求的变化。如果需要，我们能够在短时间内迅速增加电驱系统零部件的生产，以应对市场的发展。"

早在 2007 年，宝马集团就启动了旨在推出电动车产品的"Project i"专门项目，宝马集团的莱比锡工厂在这个项目中扮演了关键角色——从 2013 年起开始生产纯电动的 BMW i3，从 2014 年开始生产插电式混合动力超级跑车 BMW i8。"Project i" 项目孕育了新的生产技术和生产流程，实践了从电动化核心零部件到电动车整车生产的全过程。现在，宝马集团全球其他工厂在开始进行电动车生产时，都纷纷前往莱比锡工厂观摩和学习。近日，宝马集团还宣布，将再追加 2 亿欧元投资用于莱比锡工厂生产线的升级扩建。

中国是宝马集团推行电动化的战略市场之一。早在 2011 年和 2012 年，宝马集团先后在中国展开 MINI E 和 BMW Active E 电动车型的路试工作，为 BMW i 产品的推出积累经验。2013 年，中国与英国和美国一起成为纯电动 BMW i3 全球同步首发的三个市场。目前，宝马集团在中国提供最丰富的新能源汽车产品线，并率先在全国建立联网的公共充电设施。此外，宝马还率先与中国本土的电芯供应商和电池回收企业建立合作伙伴关系，推动新能源汽车上下游产业链的发展。

（资料来源：搜狐新闻网，https：//www. sohu. com/a/165263737_570151，2017－08－17）

虽然在现实经济中生产的产品与服务有千千万万种，但为了方便理解，我们假设一个只生产两种产品的经济。假设宝马集团（BMW）只生产传统汽车与新能源汽车两种产品，这两种汽车共同使用 BMW 的全部生产要素。生产可能性边界就可以表示当生产要素和技术既定时，BMW 所能生产出来的产品——传统汽车与新能源汽车的各种数量组合。

图 1－2 表示 BMW 的生产可能性边界。如果把全部资源用于生产新能源汽车，BMW 可以生产 3 000 辆。如果把全部资源用于生产传统汽车，BMW 可以生产 2 000 辆。生产可能性边界的两个端点代表这两种极端情况的可能性。

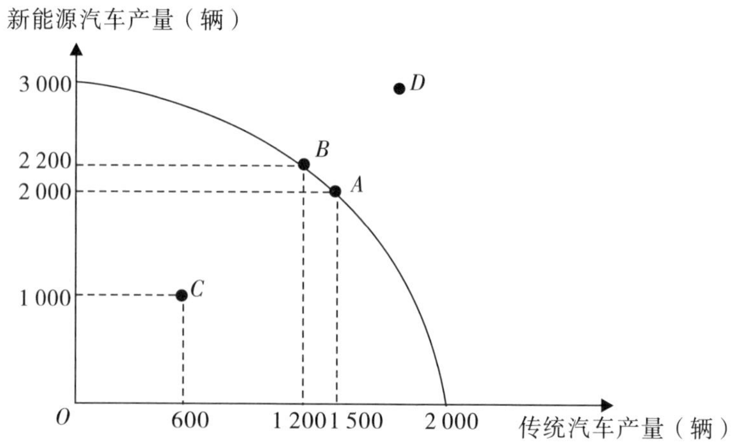

图 1－2　BMW 厂商的生产可能性边界

更为可能的情况是，BMW 把资源分配在两类汽车的生产中，既生产传统汽车，又生产新能源汽车。例如，可以生产 2 000 辆新能源汽车和 1 500辆传统汽车，如图 1 –2 中 A 点所示。或者，通过把一些生产要素从传统汽车生产转向新能源汽车生产，则 BMW 可以生产 2 200 辆新能源汽车和 1 200 辆传统汽车，如图 1 –2 中 B 点所示。

如果 BMW 利用它可以获得的稀缺资源而生产出来了它能生产的全部产品，那么这种结果是有效率的。生产可能性边界上的各个点代表了有效率的生产水平。当在生产可能性边界上的某一个点进行生产时，如图1 –2 的 A 点，BMW 的资源配置是有效率的。此时，如果不减少中一种产品的生产，就没有办法生产更多的另一种产品。图 1 –2 中 C 点则代表了一种无效率的结果。由于某种原因，也许是新冠疫情引起了失业，BMW 只生产了 1 000 辆新能源汽车和 600 辆传统汽车，意味着没有把全部生产要素投入生产，其结果没有效率。如果消除了无效率的来源，厂商就可以增加这两种产品的生产。图 1 –2 中 D 点代表了这个产量组合超出了厂商的生产能力范围，在现有的资源和技术条件下无法实现。

生产可能性边界实际上就是在某一个特定时期内生产不同物品之间的权衡取舍，也表明了用另一种物品来衡量的一种物品的机会成本。在图 1 –2中，当生产从 A 点移到 B 点时，BMW 为了得到增加的 200 辆新能源汽车，而放弃了 300 辆传统汽车。这就是说，在 A 点时，增加 200 辆新能源汽车的机会成本等于 300 辆传统汽车的收益。换言之，多生产 1 辆新能源汽车的机会成本代价是放弃 1. 5 辆传统汽车。

随着时间的推移或条件的变化，生产可能性边界可以改变。例如，上述新闻资料中提到新能源汽车的技术进步，这将增加每个工人每周可以生产新能源汽车的数量，新能源汽车的生产可能性边界就会向外移动，如图 1 –3 所示，纵轴上的端点是由 3 000 辆变为 4 000 辆的新能源汽车，BMW 原来生产的 A 点也移动到 E 点。也就是说，在传统汽车技术不变而新能源汽车技术进步的情况下，生产可能性边界向上旋转，但不是向外平移。如果生产传统汽车的技术也进步了，或者可以将一些新的资源用于传统汽车生产，那么BMW生产的传统汽车的数量也增加，生产可能性边界在坐标轴的两个端点都向外移动。如果BMW生产这两类汽车的资源和技术同等程度地变好（坏），则生产可能性边界会向外（内）平移。生产可能性边界简化了复杂的经济，这就是用经济模型描述的便利性。

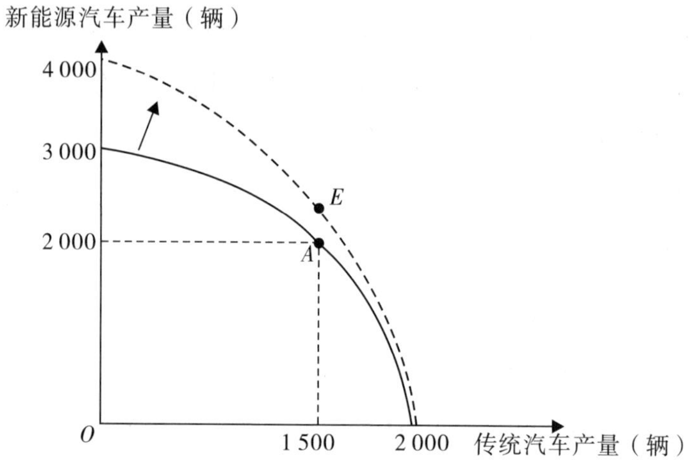

图1－3　生产可能性边界的移动

第七节　善良的心地：作为政策顾问的经济学家

经济学是一门社会科学，经济学家的主要任务是研究经济世界是如何运行的。为了实现这个目标，经济学家可以采用实证分析和规范分析两种方法分别研究：是什么？应该是什么？实证分析是不带任何价值判断的，要探寻事物的内在属性与客观规律。这种方法关于世界的表述，我们称为实证表述。规范分析是基于一定价值判断的，要对问题的好坏做出评价，这种方法关于世界的表述，我们称为规范表述。

例如，假设有两个人正在讨论最低工资法。

小明：最低工资法引起了失业。

小红：政府应该提高最低工资。

不管你是否同意这两种表述，小红和小明想要做的事情是不同的。小明的说法像一个科学家，他说明了工资法的影响，是一种关于世界如何运行的看法，因此是实证表述。小红的说法更像一个政策顾问，她做出了最低工资太低的判断，是关于她想如何改变世界的表述，因此是规范表述。

实证表述是描述性的，是关于世界是什么样子的表述，我们可以通过与事实对照来检验这种表述。经济学家可以通过分析某一时期的最低工资变动和失业变动的数据来验证小明的表述。而规范表述则取决于价值观，是关于世界应当是什么样子的表述。因此，仅仅靠工资数据和失业数据不能判断小红的表述是否正确。确定什么是好政策、什么是坏政策不仅是一个科学问题，还涉及伦理、宗教、政治与哲学的范畴。

当然，实证表述和规范表述也是相关的。我们关于“是什么”的实证结论将影响我们关于“应该是什么”的规范观点。许多科学家仅仅是努力解释世界运行，而经济学家的目标往往是改善世界。

想一想那些难以熬过婴儿期的非洲儿童，我们难道只描述这一场景，然后就迈步走开吗？如果经济学不能做出判断，那么它就是冰冷无情的。一旦将准确的观察和明智的判断结合在一起，经济学就具有改变世界的力量，从而可以创造一个更富裕、更公平的社会。正如英国经济学家马歇尔曾经说的，经济学家需要“冷静的头脑，善良的心地”。这一点毋庸置疑！经济学家既要像科学家那样描述世界，又要对人类周遭的悲惨命运抱有同情，并努力做出一些改变。

自从1946年以来，美国总统一直得到经济顾问委员会的指导。该委员会由三位委员和数十名经济学家组成，其办公室就在离白宫几步之遥的地方，它的职责不外乎向总统提出建议，并撰写每年的《总统经济报告》。总统还从许多政府行政部门的经济学家那里得到建议：财政部的经济学家帮助设计税收政策；劳工部的经济学家帮助分析工人和求职者的数据，以形成劳动市场政策；司法部的经济学家帮助制定国家的反托拉斯法。为了得到政策建议的独立评价，国会听从由经济学家组成的国会预算办公室的建议，美联储这个制定国家货币政策的半官方机构也雇佣了数以百计的经济学家来分析美国和全世界的经济发展形势，等等。

然而，经济学家有时也会受到诟病。萧伯纳说："如果把经济学家首尾相接地排成一队，他们也得不出一个结论。"杜鲁门（Harry Truman）总统曾经说过，他想找一个"独臂"经济学家。因为当他请经济学家提出建议时，他们总是回答："一方面……另一方面……"

为什么经济学家总是难以得到一致的意见呢？主要有以下三个原因：

第一，经济学家可能对关于世界如何运行的不同实证结果的正确性的看法不一致。

第二，经济学家可能有不同的价值观，因而对政策应该努力实现的目标有不同的规范观点。

第三，经济学家可能实际上意见是一致的，但一些不懂装懂的人或古怪的人的建议混淆了这种共识。

为了在纷繁复杂的世界和形形色色的论调中保持冷静的头脑和善良的心地，我们需要有超越自身局限的视野，并掌握观察世界的有效方法，学习经济学有助于我们做到这点。

第八节　微观经济学与宏观经济学

与许多学科一样，经济学也在各种不同层次上进行研究。我们可以研究单个家庭和企业的决策，也可以研究整体经济的运行。按照研究对象的不同，我们可以把经济学分为微观经济学与宏观经济学。

微观经济学（microeconomics）研究家庭和企业如何做出选择，及其在市场上如何相互作用，以及政府如何试图影响他们的选择。微观经济学要解释消费者如何应对商品价格的变化以及企业如何决定其产品的价格，同时还涉及政策问题，如分析减少未成年人吸烟的最有效方法、分析批准销售一种新处方药的成本和收益，以及分析降低空气污染的最有效方法，等等。

宏观经济学（macroeconomics）研究作为整体的经济如何运行。要分析通货膨胀、失业和经济增长等问题，解释为什么经济会经历衰退和失业，为什么有些经济体比其他经济体增长得更快更多。宏观经济学也涉及政策问题，如政府干预能否降低经济衰退的严重性，等等。

微观经济学和宏观经济学之间的区分并不是严格且固定不变的。许多经济现象既涉及微观层面，也涉及宏观层面。例如，从总体来说，企业对于新机器和设备的投资有助于促进经济增长，这是一个宏观经济问题。但要了解单个企业决定购买多少台新的机器设备，我们需要分析单个企业所面临的激励，这是一个微观经济问题。因此，微观经济学与宏观经济学是相互区别又相互联系的。

本章小结

经济学是研究资源配置和资源利用的学科。经济学家将之建立在几个基本思想之上，这些思维逻辑是经济学的基础，即本章所介绍的经济学的四个基本问题和十大基本原理（见表 1 – 1），可以应用于现实世界的不同情况。即使是最复杂的经济分析，也万变不离其宗。

表 1-1　经济学十大基本原理

人们如何选择权衡	1. 人是理性的
	2. 人的选择面临权衡取舍和机会成本
人们如何做出最优决策	3. 决策是对激励的反应
	4. 人们根据边际量做决策
人们如何进行互动	5. 贸易能使买卖双方的状况变好
	6. 市场通常是组织经济活动的一种好方法
	7. 政府有时可以改善市场结果
整体经济如何运行	8. 一国的生活水平取决于它生产物品与劳务的能力
	9. 当政府发行了过多货币时，物价上升
	10. 通货膨胀与失业率之间存在短期交替关系

经济学家基于适当的假设，建立了简化的经济模型，以便我们理解经济的世界。循环流向图和生产可能性边界是两个简单的模型。经济学分析方法包括实证分析与规范分析，相应地关于世界的表述可分为实证表述和规范表述。按照研究对象不同，经济学可以分为微观经济学和宏观经济学。

知道了上述思想和方法，我们接下来就可以正式开启经济学的学习之路了。

思考题

1. 2020 年 2 月新冠疫情爆发，我国政府面临艰难的抉择：停工还是复工复产？请对比列举这两个选项的机会成本。

2. 以下两种情形中哪种是对比边际变化？为什么？

A. 小学生考虑是否以后要获取博士学位。

B. 大学生考虑是否需要再花两三年的时间获取硕士学位。

3. 新冠疫情期间，口罩的价格应该完全由市场决定吗？政府是否应该限制口罩的价格？政府可以采取哪些措施限制口罩的价格？

第二章　完美的平衡：需求与供给

学习目标

【知识目标】了解需求、供给与价格的定义；了解影响需求和供给的主要因素；理解市场均衡与价格的决定。

【技能目标】能举例说明各种因素对需求和供给的影响；会分析政府用“看得见的手”影响价格时市场的回击。

开篇案例

一元一斤“妃子笑”，几人看透荔枝价

2018 年 6 月，有新闻报道荔枝价格出现大跳水的现象，在多家超市、水果店内，半个月前还“身价颇高”的热带水果荔枝，现已是水果店的主要促销产品。妃子笑、白糖荔枝等品种，每斤售价在4.8～6.59 元。在一些水果店，甚至看到一堆“妃子笑”荔枝前摆着“1 元 1 斤”的价牌。而上述品种刚上市时每斤的售价高达 30～40 元。销售人员称，“进了很多货，没有预想中的畅销，只能以 1 元 1 斤的低价减损”。

（资料来源：华声在线，https：//hunan. voc. com. cn/article/201806/201806140947548910. html，2018－06－14）

讨论：2018 年是什么原因导致荔枝价格“大跳水”？在荔枝丰收年，政府怎样才能提高荔枝种植者的收入？

回答这些问题，我们需要了解市场的相关知识。那么，什么是市场？市场价格是怎么决定的？一般而言，市场是指能使买卖双方获得信息并相互交易的一种组织形式或制度安排。简单来说，市场就是商品交换的场所。我们平常去的菜市场是市场，小卖部也是市场，开篇案例中买卖荔枝的超市、水果店就是荔枝的交易市场。

为了分析方便，我们在这里假设市场是完全竞争的。在完全竞争市场（perfectly competitive market）中，有很多的买者和卖者，所有企业生产的产品是同质的，而且没有任何一个买者或卖者能够影响市场价格。完全竞争市场是最容易分析的，但它形成的条件非常严格，以致很难在现实经济实践中出现。可以说，完全竞争市场只是西方经济学家在研究市场经济理论过程中的一种理论假设，是他们进行经济分析的一种手段和方法。在现实中，我们看到的市场类型是多种多样的。为了更好地了解价格是怎么决定的，我们先来研究完全竞争市场这种最简单、最理想的市场形态。

要知道市场价格是怎么决定的，就得知道市场里有哪些参与方及其受哪些因素影响。市场是商品交换的场所，参与方主要是买方和卖方。买方决定市场需求，卖方决定市场供给，商品的市场价格正是由需求和供给共同决定的。需求和供给是经济学家最常用的两个词，也是市场经济发挥作用的关键因素。现代微观经济学其实就是关于需求、供给和市场价格的科学，因此也被称为“价格决定理论”。

在开篇案例中，荔枝价格“大跳水”的原因主要在于当年的荔枝主产区大丰收，也就是荔枝的供给大幅增加，而需求却没有太大改变，于是荔枝市场出现“供过于求”，导致荔枝价格下跌。要回答怎样才能提高荔枝种植者收入的问题，需要你带着这个问题来学习本章内容，到本章结束时你应该就可以回答这个问题了。

第一节　价格与机会成本

经济学产生于稀缺性——相对于人们无穷的欲望而言，资源总是有限的。面对稀缺性，我们必须做出选择。为了做出理性的选择，我们要比较成本和收益，这成本就包括机会成本。生产者只有在价格高到足以弥补机会成本时，才会出售其生产的物品。消费者会通过用便宜物品替代昂贵物品的方式来对机会成本的变动做出反应。那么，价格和机会成本之间有什么关系呢？

在日常生活中，一种商品的价格是指为了换取它而必须放弃的人民币的数量，经济学家把这种价格称为货币价格（money price）。一种选择的机会成本是为此所放弃的其他选择可能给你带来的最高收益（或价值）。如果你购买咖啡所要放弃的具有最高价值的东西是口香糖，那么，你买1杯咖啡的机会成本就是你为此放弃的口香糖的数量。我们可以根据咖啡和口香糖的货币价格来计算这种数量。如果1杯咖啡的货币价格是5元，而1块口香糖的价格是1元，那么，1杯咖啡的机会成本就是5块口香糖。为了计算这种机会成本，我们可以用1杯咖啡的价格除以1块口香糖的价格，从而得出一种商品价格与另一种商品价格的比率，即相对价格（relative price）。可见，一种商品的相对价格是一种机会成本。

我们来强化一下：

一个商品的货币价格，是指为了得到这个商品所必须支付的货币数量。

一个商品的相对价格，是指这个商品与另一个商品的价格比率，这实际上是一种机会成本。

我们可以用咖啡价格与口香糖或其他任何一种物品价格的比率来表示

咖啡的相对价格，它告诉我们，为了得到咖啡，我们必须放弃多少其他物品。

市场供给与市场需求决定价格，这个“价格”实际上就是我们刚才所讨论的相对价格。当我们预判商品的价格将下降时，我们并不是指它的货币价格将下降——尽管大多数情况是这样——而是它的相对价格将下降。也就是说，该商品的价格相对于其他商品的平均价格将下降。

☞ **轮到你了**

1. 请解释为什么相对价格是机会成本。
2. 你能想出一个货币价格与相对价格都上升的商品的例子吗？

第二节　看不见的左手：需求

【PBL 学习情境】

买 iPhone 还是华为？

假设你正在考虑购买一部手机，你选择购买 iPhone 还是华为？如果你选择购买了一部 iPhone，你将有机会获得更多苹果的应用程序，这可以提高你手机的娱乐性和应用性，但这手机本身的价格和后续维修成本都比较高。华为是基于价格和价值的竞争策略，大力提高手机的性价比，不断开发新的应用。如果华为的价格低于 iPhone，你会选择购买吗？如果你的收入增加，会影响你购买哪款手机的决定吗？在学习完本节后，请你看看能否回答这些问题。

如果你对某种东西有需求，那么你有以下特点：

（1）想要得到它。

（2）能买得起它。

（3）已经做出购买它的计划。

欲望是人们对某种产品或服务的渴求或希望，它常常是无限的，但人们的收入总是有限的。试想你有多少次看到心仪的商品时在想“要是能买得起”或者“如果价格不太贵就好了”？因此，资源的稀缺性使人们许多（也许是大部分）欲望得不到满足，而需求反映了人们为尽量满足欲望而做出的决策。那么，什么是需求？是不是只要是我们想要的东西，我们就对其有需求呢？答案是否定的。

通常来说，需求的构成需要两个条件：一是消费者的意愿；二是消费者的实际购买能力。消费者的意愿是指在某一价格水平，消费者有得到商品的愿望。消费者的实际购买能力则是指在现有收入水平下，消费者买得起多少商品的经济条件。需求必须是消费者既有购买欲望又有购买能力的有效需求。如果消费者对某种商品只有购买的欲望而没有购买的能力，则不能算作需求。譬如，奢侈品商店里的漂亮衣服对很多低收入者来说就只能是橱窗购物（window shopping），而不是需求（因为即使想要也买不起）。

一种商品（产品或服务）的需求量是指消费者在一定的时间内，在特定的价格上愿意而且能够（即计划）购买的商品数量。值得注意的是，需求量和实际购买的商品数量（即交易量）不一定相同，有时消费者对一种商品的需求量大于其购买量，也就是说，交易量小于需求量。那么，是什么决定我们对商品的需求（即购买计划）呢？

消费者对一种商品的需求取决于许多因素，也就是说需求的影响因素有很多，主要包括：商品的价格、相关商品的价格、预期的未来价格、收入、人口、偏好，等等。

我们先看看一种商品的需求量与商品价格之间的关系。为了研究这种关系，我们假定其他影响因素都不变，研究商品的需求量是如何随着价格的变动而变动的。

一、需求表与需求曲线

需求反映了商品的价格与需求量之间的整体关系，可以用需求表和需求曲线来说明。需求表列出了在其他因素不变的条件下，消费者在各种价格水平下对商品的需求量。需求曲线反映了在其他因素不变的条件下，某种商品的需求量与价格之间的关系。

表 2-1 是荔枝的需求表，它表示在其他因素不变的条件下，荔枝价格与其对应的需求量之间的一一对应。例如，当荔枝的价格是每公斤 1 元时，荔枝的需求量是每天 125 公斤；当荔枝价格为每公斤 1.5 元时，其需求量是每天 100 公斤，以此类推。由表 2-1 可以看出，随着荔枝价格上升，荔枝的需求量下降。

表 2-1　荔枝的需求表

价格（元/公斤）	需求量（公斤/天）
0.5	150
1.0	125
1.5	100
2.0	75
2.5	50

根据需求表的数据，在以纵轴表示价格，横轴表示需求量的坐标平面上，我们可以画出需求曲线，如图 2-1 所示。需求曲线（demand curve）反映了在其他影响需求（消费者购买计划）的因素都不变的条件下，一种商品的需求量与其价格之间的关系。需求量是指消费者在特定价格水平愿意而且能够购买的商品数量，在图上为需求曲线某一点对应的横轴上的数量。

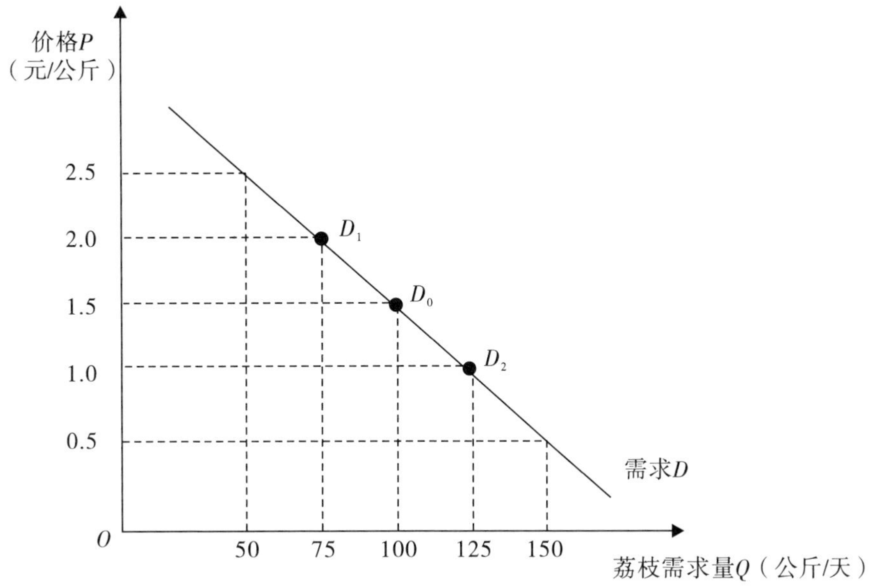

图 2－1　荔枝的需求曲线

图 2－1 中需求曲线上标出的各点与需求表（见表 2－1）的各行是相对应的。通常，需求曲线是一条向右下方倾斜的曲线，可能是一条直线，也可能不是直线。需求曲线反映了商品价格与需求量之间一一对应的关系。需求曲线向右下方倾斜，表明商品的价格越高，需求量就越小；反之，价格越低，需求量就越大。

【注意】

我们研究的是商品价格变化如何影响需求量，因此价格是自变量。需求量是因变量。在数学的坐标系中，一般自变量 *X* 在横轴，而因变量 *Y* 在纵轴。但在经济学的需求曲线图上，这种情况是反过来的。记住，在需求曲线的坐标系中，纵轴价格是自变量，而横轴需求量是因变量。

二、需求定理

通过上面分析，我们可以得出一个反映商品价格和需求量之间关系的规律：在其他条件不变的情况下，当商品价格下降时，这种商品的需求量将会增大；当商品的价格上升时，这种商品的需求量将会减小。也就是说，商品的需求量与价格之间是反方向变动的关系，这就是需求定理（law of demand）。

大家想想，生活中大部分的商品是不是都符合需求定理？其实，即使你不学习需求定理，也一定知道商品价格和需求量的这种反方向变动关系。经济学家只是把这种经济现象进行了总结而已。那么，是不是所有商品的需求量与价格之间的关系都一定符合需求定理呢？未必！实际上，生活中也有少部分商品是不符合需求定理的，这些商品的需求量随着价格的上升而增大。英国的统计学家罗伯特·吉芬最早研究了这种现象：1845年，爱尔兰发生灾荒，土豆价格上升，但土豆需求量反而增加了。这种与需求定理相反的现象在当时被称为“吉芬难题”。土豆的需求量为什么会随着价格上升而增加呢？这是因为当年在发生灾荒的爱尔兰，土豆是穷人的主食。当土豆价格上升时，消费者的实际收入下降，变穷了，于是买不起肉等其他食物，只能买更多的土豆填饱肚子，这就导致土豆的需求反而增大了。后来经济学家把这种需求量与价格同方向变动的低档品称为“吉芬物品”（Giffen goods）。

需要注意的是吉芬物品是一种特殊的低档物品，但低档物品不一定是吉芬物品。

生活中跟吉芬物品有相似需求规律的物品还有诸如黄金、股票、期权等奢侈物品或投机物品（就像股民说的“买涨不买跌”）。再如，下雨的时候，人们急需雨伞，雨伞的供给者会提高雨伞的价格，可雨伞的需求量还是增加了，这种情形就是一种“吉芬现象”。

值得注意的是，吉芬物品的存在并不代表需求定理不成立。经济学的理论是建立在一定的假设前提之上的，我们研究一个经济现象不可能把所有情况都同时考虑进来，只能选择最主要的方面来研究变量之间的关系，从而准确地把握事物的本质，总结出最基本的规律。在现实生活中，绝大部分商品是符合需求定理的。可以说，在假设其他条件都不变的情况下，需求定理揭示了商品需求量与价格之间关系的普遍规律，是经济学的一个基本定理。

为什么商品需求量与价格的关系会出现反方向变动呢？经济学认为价格变动会对消费者产生替代效应和收入效应。正是这两种效应的共同作用导致了需求定理所反映的经济现象。

替代效应（substitution effect）是指一种商品的价格变化会使其替代品变得相对更贵或者相对更便宜，进而导致该商品的需求量发生变化。譬如，当牛肉价格上升时，消费者会用猪肉来替代牛肉，于是牛肉的需求量就减少。可见，替代效应反映了商品的需求量与价格之间的反方向变动关系。

收入效应（income effect）是指一种商品价格的变化会使消费者的实际收入水平上升或下降，进而导致该商品的需求量发生变化。譬如，当大米的价格上升时，消费者同样多的钱就买不起他们原来能够购买的等量的大米了，也就是消费者的实际收入相对下降了，于是大米的需求量也就减少了。可见，收入效应也反映了商品的需求量与价格之间的反方向变动关系。

为了说明替代效应和收入效应的作用，我们以荔枝的价格变动为例。假设荔枝最初是每斤 10 元，现在价格上涨一倍，每斤 20 元，于是人们就会用其他水果来替代荔枝而减少对荔枝的购买——替代效应；同时，原本购买 10 斤荔枝只需要 100 元，而现在却需要 200 元，这就相当于消费者的实际收入水平减少了一半，于是他们会减少对荔枝的购买——收入效应。可见，无论是替代效应还是收入效应，都导致荔枝的需求量与价格之间出现了反方向变动。需要注意的是，并非所有商品的收入效应都是需求量与价格反方向变动，通常，只有正常商品才有这种收入效应，而低档商品的收入效应是需求量与价格之间呈同方向变动关系。对于大部分商品（包括低档商品）而言，替代效应大于收入效应，因而遵循需求定理，但作为一种特殊低档物品的吉芬物品，则收入效应大于替代效应，因此其需求量与价格呈同方向变动关系。

三、影响需求的因素

除了商品本身的价格以外，还有一些因素也会影响消费者对商品的购买计划（即需求）。现在我们来看看这些因素是如何影响需求的。

（一）消费者的收入水平

如果某个夏天你失去了工作，你对荔枝的需求会发生什么变化呢？很可能的情况是需求变小了，因为收入下降意味着消费者的总支出要减少。当你的收入水平下降时，你不得不在大多数物品上少支出一些。当然，这时你不会减少对所有商品的开支，具体要区别你购买的商品是正常商品还是低档商品。正常商品（normal goods）是需求随着收入上升而增加的商品，例如乘出租车；低档商品（inferior goods）是需求随着收入上升而减少的商品，例如坐公交车。

当我们的收入增加时，我们出行对乘出租车（正常商品）的需求就增加了，如图 2－2（a）所示；而对坐公共汽车（低档商品）的需求就减少了，如图 2－2（b）所示。

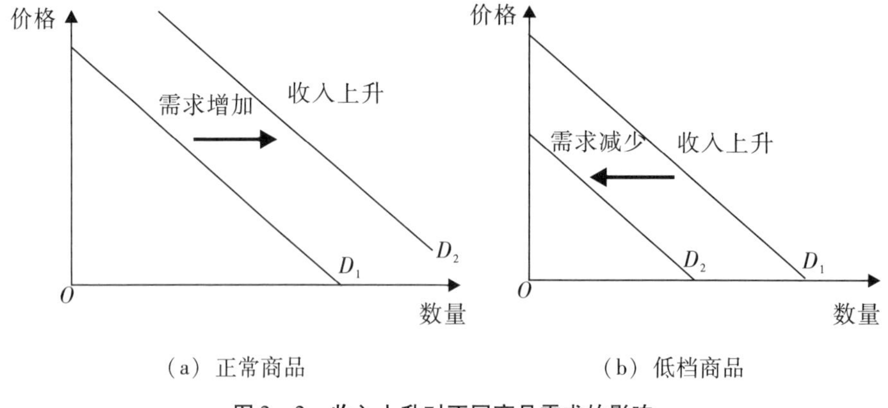

图 2－2　收入上升对不同商品需求的影响

☞轮到你了

疫情期间为何鼓励发展“地摊经济”？

为适应常态化疫情防控形势，中央文明办在2020年全国文明城市测评指标中已明确要求不将占道经营、马路市场、流动商贩列为文明城市测评考核内容，许多地方纷纷开始发展“地摊经济”。地摊经济是否属于低档消费？试从收入对需求影响的角度，分析疫情期间政府为何鼓励发展“地摊经济”？

【生活中的经济学】

疫情改变高端餐饮

不论是出于现实考虑还是烹饪理念，高端餐厅正变得越来越“亲民”。丹麦哥本哈根的Noma餐厅曾4次获得英国《餐厅》杂志“全球50最佳餐厅”第1名的称号。今年3月，和许多高端餐厅一样，受疫情影响的Noma关店。5月21日，它重新营业时，却变成了一家有酒喝的户外汉堡店……

原来的Noma餐厅

现在的Noma餐厅

（图片来源：nomacph，2020-06-13）

过去，一个人去Noma享受一顿“完全有机”的午餐需要500美元；现在，在草坪上吃一个Noma的汉堡，只需要18美元。Noma主厨雷内·雷哲皮（Rene Redzepi）的解释是，这么做是为了迎合当下的消费需求：“疫情之下，人们不愿花数个小时享受一顿精致料理，而汉堡是更面向本地人的形式。”……首日重新营业后的4个小时里，Noma卖出了约1 200个汉堡……

疫情期间，很多高端餐厅选择永久关店。雷内·雷哲皮的好朋友，餐饮集团Momofuku的创始人张大卫（David Chang）宣布永久关闭位于华盛顿州的CCDC和纽约市的Nishi餐厅，这两家餐厅在疫情前生意都非常红火。张大卫在最新一期播客上也说，未来会大幅度精简业务。

相比之下，Noma已经算是幸运的了。丹麦政府为它支付了疫情期间80%的固定成本，因此Noma可以继续雇佣全部的85名员工，并每天提供免费的员工餐。

也是因为现金流断裂，2017年的全球第一餐厅Eleven Madison Park宣布永久关闭。主厨丹尼尔·休姆（Daniel Humm）却认为疫情带给了他新的视角，他想要重新思考奢侈饮食的含义，并赋予其意义。

雷内·雷哲皮在《洛杉矶时报》上的采访中谈道：“疫情凸显了餐饮行业长期以来的脆弱性。我们已营业了将近17年，我们税后的平均利润仅为3%，全球都是如此。”对于高端餐厅来说，重新思考自己的顾客在哪里，变成一个紧迫的现实问题。雷内·雷哲皮承认，Noma汉堡店是极端外部环境下的反应策略，不过他不确定这个形态会持续多长时间，可能是一年，也可能是几年。

不论是出于现实考虑还是烹饪理念，高端餐厅正变得越来越“亲民”。丹尼尔·休姆在接受商业网站Business Insider采访时说，他想继续以创造性的方式用最珍贵的食材烹饪，但仅仅给最需要它们的人。

（资料来源：张凯，搜狐新闻，2020－06－13）

（二）相关商品的价格

消费者对某种商品的购买计划（即需求）与其相关商品的价格有关。一种商品的相关商品通常可分为替代品和互补品。对消费者而言，能够用于相同目的的商品属于替代品，例如荔枝与龙眼、鸡肉与鸭肉，等等。需要一起使用的商品则属于互补品，例如炸薯条和番茄酱、网球和网球拍、汽油和汽车，等等。当一种商品的替代品价格上升，其需求会增大，即两者是同方向变动的。譬如，消费者计划购买荔枝的数量部分取决于荔枝替代品的价格，当荔枝的替代品价格上升，人们就少买替代品而多买荔枝，于是荔枝的需求就增大了。当一种商品的互补品价格上升，其需求会减小，即两者是反方向变动的。譬如，消费者计划购买网球的数量部分取决于网球拍的价格，当网球拍价格下降，人们就买更多的网球拍，进而买更多的网球，于是网球的需求就增大了。

（三）消费者的偏好

影响需求的最明显因素是消费者的偏好或嗜好。如果你很喜欢吃荔枝，你就会多买一些荔枝，因而对荔枝的需求就增大。一个摇滚乐迷对摇滚 CD 的嗜好大于一个五音不全的工作狂，因而就算他们有同样的收入，他们对 CD 的需求也会大相径庭。

（四）人口

人口数量和结构也会影响需求。当人口数量增加时，消费者数量也在增加，那么市场对大多数商品的需求也会增大。譬如，广州市（2 000 多万人口）对汽车、停车场、电影、食物或任何一种东西的需求都要大于澳大利亚墨尔本市（500 多万人口）。随着一个国家或地区人口结构的变化，某些产品的需求也会增加或减少，因为不同年龄组的人对于相同产品具有不同的偏好。譬如，中国人口老龄化导致了未来我国对医疗、养老、保健等产品和服务的需求大大增加。

【生活中的经济学】

理性看待人口老龄化 “银发蓝海”潜力大

2020 年 5 月 11 日，第七次全国人口普查数据结果公布，数据凸显我国面临的人口变局。数据显示，我国 60 岁及以上人口有 2.6 亿人，在整体人口中的比重达到 18.70%，其中，65 岁及以上人口为 19 064 万人，占 13.50%。数据表明，我国人口 10 年来继续保持低速增长态势，人口老龄化程度进一步加深，未来一段时期将持续面临人口长期均衡发展的压力。

当前，全球老龄化形势严峻，并呈不可逆之势。放眼全球，日本、德国等更是进入了“高龄社会”……人口老龄化是社会发展的重要趋势，也是今后较长一段时期我国的基本国情……

人口老龄化势必减少劳动力的供给数量，增加家庭的养老负担和基本公共服务供给的压力。但也要看到，人口老龄化促进了“银发经济”发展，扩大了老年产品和服务消费，有利于推动技术进步。以养老用品为例，此前工信部联合其他部门发布的《关于促进老年用品产业发展的指导意见》中提到，2025 年老年用品产业总规模将达到 5 万亿元。艾媒咨询认为，在多方需求的驱动下，我国养老产业市场规模将会保持相对稳定的增长态势，到 2022 年预计突破 10 万亿元。可以说，我国养老产业是一个万亿级的蓝海市场，未来发展空间巨大。

（资料来源：孙兆，《中国经济时报》，2020－05－17）

（五）未来的预期价格

消费者对商品价格未来的预期也会影响商品的需求，预期价格下降，则现在对该商品的需求会减少；反之，预期价格上升，则现在对该商品的需求会增加。譬如，当你预期明年的汽车价格会下降时，你就会不太愿意以现在的价格去买汽车，你会推迟购买而使现期需求减少。反过来，当你预期住房价格在未来会上升，你就会提前购买，于是住房的现期需求就增加了。

四、需求量变动与需求变动

了解影响需求变动的因素对于理解需求变化与需求量变化之间的区别非常重要。需求量变动是因为商品本身的价格发生变化，而需求的变动则是因为商品本身的价格以外的因素发生了变化。在需求曲线图上，需求量的变动表现为同一需求曲线上点的移动，而需求的变动表现为需求曲线的移动。

在其他条件不变的情况下，如果一种商品的价格发生变化，那么该商品的需求量会变动，在需求曲线图上表现为点的移动。如图 2－3（a）所示，当荔枝价格上升时，荔枝的需求量就从原来的 100 公斤下降到 75 公斤，也就是从需求曲线的 a 点向左上方移动到 b 点。反过来，如图 2－3（b）所示，当荔枝价格下降时，荔枝的需求量从原来的 100 公斤上升到 125 公斤，也就是从需求曲线的 a 点向右下方移动到 c 点。

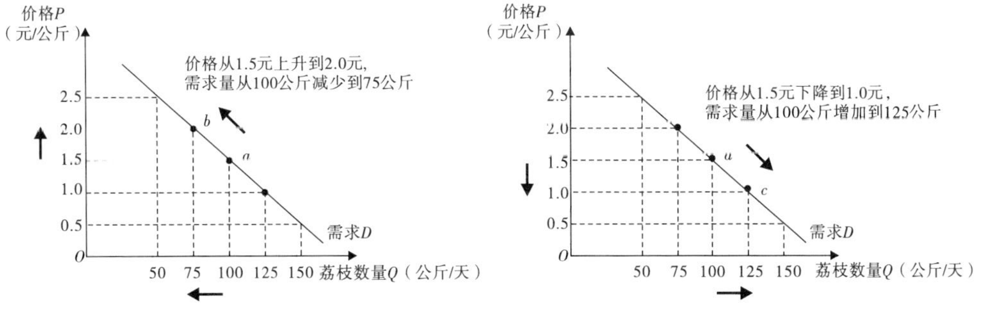

（a）需求量减少　　　　（b）需求量增加

图 2－3　需求量变动

在商品本身价格保持不变的情况下，如果某种影响因素（如收入、相关商品的价格等）改变了，那么消费者对这种商品的需求就会变动，在需求曲线图上表现为需求曲线的移动。需求增大，则需求曲线向右平移；需求减小，则需求曲线向左平移。在荔枝的价格不变的情况下，如果喜欢吃荔枝人变多了，那么荔枝的需求增加，其需求曲线 D_0 就向右移动到 D_1，如图 2－4（a）所示；如果大家都不想吃荔枝了，那么荔枝的需求减少，其需求曲线 D_0 就向左移动到 D_2，见图 2－4（b）所示。

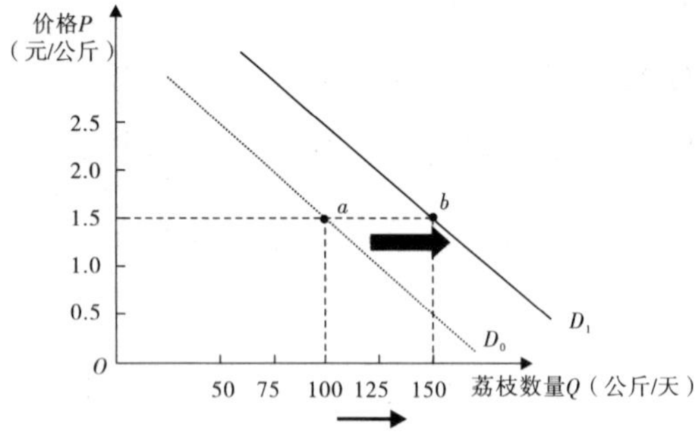

（a）需求增加

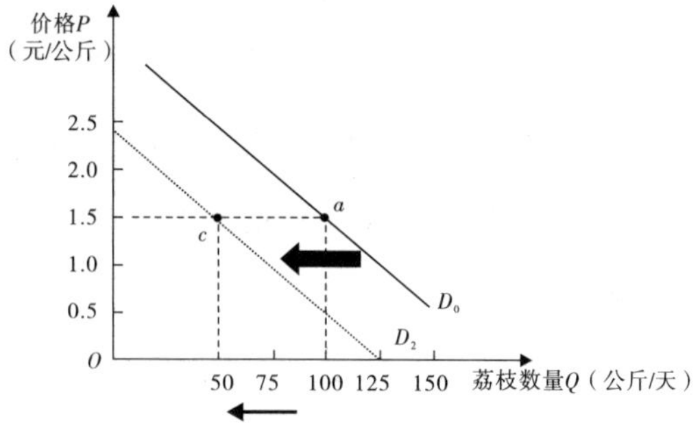

（b）需求减少

图 2－4　需求变动

【注意】

需求变动与需求量变动的区别：需求变动是由价格之外的其他因素变化引起的，表现为需求曲线的移动；而需求量变动是由商品价格变化引起的，表现为在同一需求曲线上点的移动。

☞ 轮到你了

如果龙眼价格下降，而其他所有影响荔枝购买计划的因素都不变，那么，荔枝的需求量和需求会发生怎样的变化？

第三节　看不见的右手：供给

如果一个企业供给某种商品（产品或服务），那么该企业具有以下特点：

（1）拥有生产该商品的资源和技术。

（2）可以从生产中获利。

（3）制订了生产和销售计划。

资源和技术决定了多少产品或服务可能被生产出来，而供给反映了企业使用何种技术来生产多少产品或服务的决策。

一种商品的供给量（quantity supplied）是生产者在一定时期内，在特定价格水平上愿意而且能够（即计划）出售的商品数量。注意：供给量和实际出售量（即交易量）不一定相同，有时市场供给量大于需求量，因而企业实际的商品出售量就小于供给量。但为了分析的简便，我们通常假设生产者就是销售者。那么，是什么决定生产者的销售计划（供给）？

生产者计划出售的任何一种商品或服务的数量取决于许多因素，也就是说，供给的影响因素有很多，主要有：技术、商品价格、用于生产商品的资源的价格、生产的相关商品价格、预期的未来价格、供给者的数量。

现在我们先来考察一种商品的价格与供给量之间的关系。为了研究这种关系，我们假设其他所有影响供给的因素保持不变。

一、供给表与供给曲线

供给反映了商品的价格与其供给量之间的整体关系，可以用供给表和供给曲线来说明。

供给表列出了在其他因素不变的条件下，生产者在各种价格水平下对商品的供给量。

供给曲线反映了在其他因素不变的条件下，某种商品的供给量与价格之间的关系。

表 2－2 为荔枝的供给表，它表示在其他因素不变的条件下，荔枝的价格与其对应的供给量之间的关系。当荔枝价格为 0.5 元时，荔枝的供给量为每天 50 公斤；当荔枝价格为 1 元时，荔枝的供给量为每天 75 斤，以此类推，由表 2－2 可以看出随着荔枝价格上升，荔枝的供给量增加。

表 2－2　荔枝的供给表

价格（元/公斤）	供给量（公斤/天）
0.5	50
1.0	75
1.5	100
2.0	125
2.5	150

根据供给表的数据，在以纵轴表示价格、横轴表示供给量的坐标平面上，我们可以画出供给曲线。

图 2－5 为荔枝的供给曲线，是一条向右上方倾斜的曲线，意味着当价格上升时，供给量就会增加；反过来，当价格下降时，供给量就会减少。

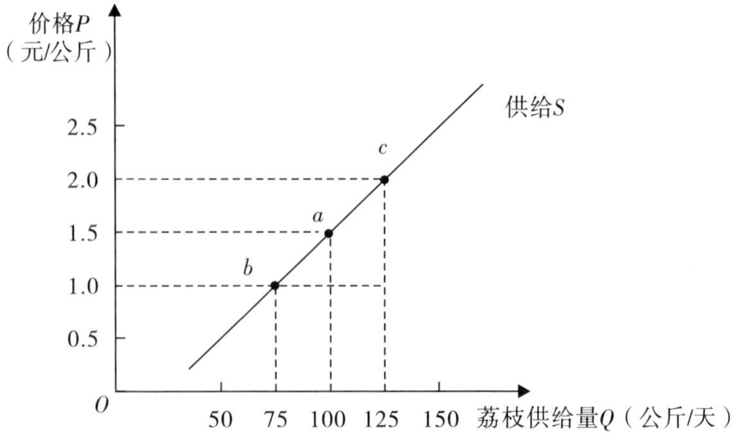

图 2－5　荔枝的供给曲线

二、供给定理

通过以上分析，我们可以得出一个反映商品价格和供给量之间关系的规律：在其他条件不变的情况下，一种商品的价格上升，这种商品的供给量将会增大；反之，当一种商品的价格下降时，这种商品的供给量将会减小。也就是说，商品的供给量与价格之间是同方向变动的关系，这就是供给定理（law of supply）。

商品的供给量与价格为什么是同方向变动的呢？待到以后我们学完生产者行为理论后就会明白。

三、影响供给的因素

除了价格之外，还有许多因素会影响商品的供给，比较重要的有以下五个因素：

（1）生产资源的价格。生产资源的价格上升，生产者的生产成本就会上升，在特定价格水平上，他愿意供给的商品数量就减少。因此，生产资源价格上升导致供给减少。例如，巧克力的原料（如可可粉）的价格上涨，生产巧克力的成本就会增加，这样，在每个价格上出售巧克力就不那么有利可图，巧克力的供给就会减少。同理，最低工资的增加也会减少汉堡包的供给。

（2）生产的相关商品价格。生产的替代品是指可以用相同资源来生产的商品。如果一种商品生产的替代品的价格下降，则该种商品的相对价格上升，其供给就增加。例如，鲫鱼的价格下降，鲤鱼的供给就会增加。生产的互补品是指必须同时生产出来的商品。如果一种商品生产的互补品的价格下降，则该种商品的需求就增大，其价格就上升，相应的供给就增加。例如，眼镜架的价格下降，眼镜片的供给就增加。

（3）未来的预期价格。如果一家企业预计其产品的价格在将来会上升，那么它就可能减少当前的供给而增加将来的供给。只要时间不太长，商品不至于坏掉。例如，在房地产市场，有些楼盘会“捂盘”，就是因为开发商预计房价会上涨，所以现在不卖而在将来增加供给；但像荔枝这种很容易坏掉的产品就不能这样，生产者只能把它晒成荔枝干先储藏起来。

（4）技术变革。正向的技术变革创造出新的产品并提高生产率，从而导致供给的增加。因为这种技术变革会带来成本下降，从而增加企业利润。因此，当出现积极的技术变革时，生产者会增加供给。消极的技术变革相对罕见，但它可能因为自然灾害或战争而发生，这会降低企业的生产能力，导致供给减小。

（5）市场上企业的数量。一种商品的供给者数量越多，该种商品的产量就越大，其供给也越多。例如，一个地区种植荔枝的农民越来越多，该地区的荔枝供给也就越大。

四、供给量变动与供给变动

供给量变动是指由于商品价格变化所导致的供给数量的变动，在供给曲线图上表现为沿着同一供给曲线点的移动。如图2－6所示，从 a 点移动到 b 点表示在其他因素保持不变的条件下，一种商品（例如荔枝）价格上升，导致该商品的供给量增加。

供给变动是指由于价格以外的因素发生变化（如投入品价格等）导致的供给数量的变动，在供给曲线图上表现为供给曲线的左右平移。如图2－7所示，在价格不变的情况下，技术进步或其他因素的正向变化使得生产某种商品变得更加容易、更有效率，则该商品的供给曲线就从 S_1 向右移动到 S_2，即供给增加。反之，当供给减少时，供给曲线向左平移，例如从 S_1 移到 S_3。

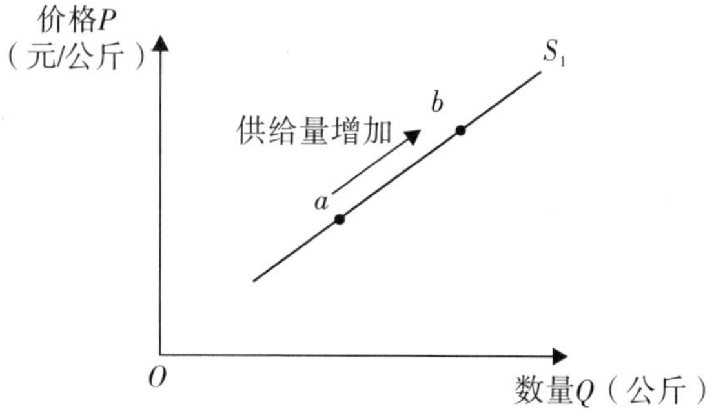

图2－6　供给量的变化

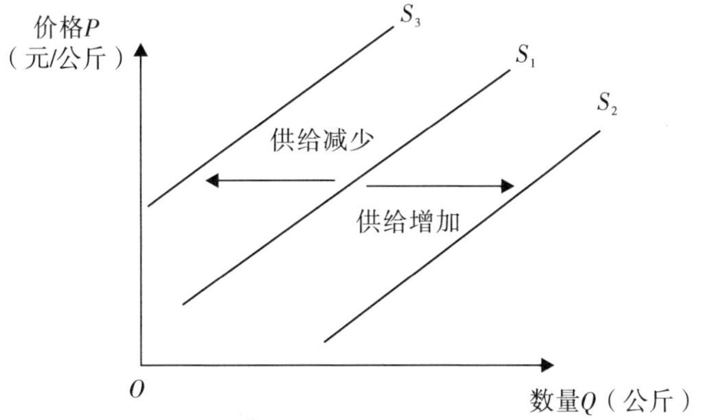

图2－7　供给变动

【注意】

供给变动与供给量变动的区别：供给变动是由价格之外的其他因素引起的，在图上表现为供给曲线的移动；而供给量变动是由价格因素引起的，在图上表现为在同一供给曲线上点的移动。

第四节　左右手互搏之术：市场均衡

某一特定商品的市场价格是如何决定的？由前面的学习我们知道：需求量与价格是反方向变动的，而供给量与价格是同方向变动的。因此，最后交易时商品的价格和数量就由需求与供给像左右手互搏一样决定，最终达到一种均衡的结果。

一、市场均衡

在荔枝市场上，到底是需求曲线还是供给曲线决定荔枝的价格呢？这就像问剪刀的哪一个锋面在发挥作用一样。其实，剪刀的两个锋面都在起作用，同样，价格是由需求和供给二者共同决定的。当荔枝的需求量和供给量完全相等时——需求曲线和供给曲线相交时，市场便达到了均衡。

均衡（equilibrium）是一种对立力量相互平衡的状态。

均衡价格（equilibrium price）是需求量等于供给量时的价格，也就是商品的供给曲线与需求曲线相交时的价格。

均衡数量（equilibrium quantity）是在均衡价格水平下的供给量或需求量。

当买卖双方的计划平衡时，市场均衡就出现了。当买卖双方的计划不平衡时，买卖双方的计划将根据价格来调整。那么，如果市场处于不均衡状态，价格会发生什么情况呢？图 2－8 反映了某一商品（荔枝）的均衡价格和均衡数量是如何决定的。当买卖双方在讨价还价后，都达到了自己满意的结果，这时市场达到均衡，即供给曲线和需求曲线相交，交点 E 为均衡点，其对应市场成交价为 1.5 元，即均衡价格；市场成交量为 100 公斤，即均衡数量。

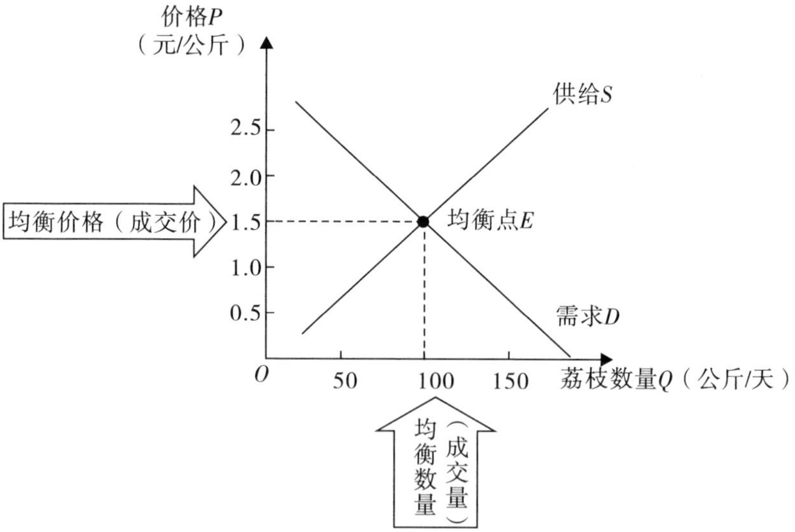

图 2－8　均衡价格与均衡数量的决定

如图2－9所示，由于某种原因，荔枝价格上升为每公斤2元，高于均衡价格每公斤1.5元，那么生产者会觉得能挣更多钱了，就更有动力提供更多的荔枝，而消费者会觉得价格太贵了，得少吃点儿荔枝。于是，荔枝的供给量（125公斤/天）就超过了需求量（75公斤/天），出现商品过剩的状况，此时供给量比需求量多出50公斤/天，最终成交75公斤/天。供大于求，有卖不出去的荔枝。生产者为了把这过剩的荔枝卖出去，只好降低价格，而当价格下降时，消费者就会买更多的荔枝，两者相互作用，最后荔枝的价格和交易数量会回到均衡点 E，此时供给量等于需求量，买卖双方就不再调整了。

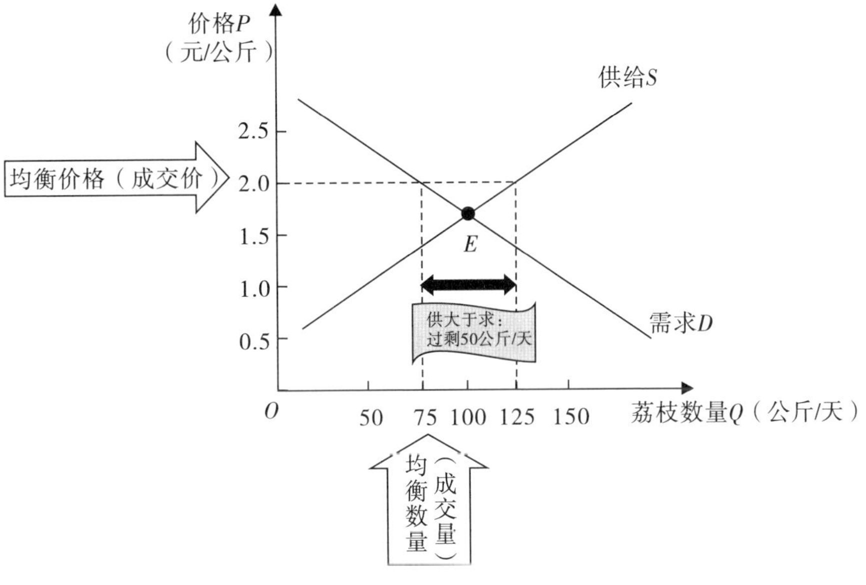

图2－9　供大于求

在某种情况下，如图2－10所示，荔枝价格下降为每公斤1元，低于均衡价格每公斤1.5元，那么消费者就愿意多买点荔枝，而生产者则不愿意供给那么多荔枝了。于是，荔枝的供给量（125公斤/天）就少于需求量（75公斤/天），出现商品短缺的情况，此时供给量比需求量少了50公斤/天，最终成交75公斤/天，也就是供不应求，有些人买不到荔枝。

消费者为了买到自己想要的荔枝，就愿意给更高的价格，而当价格上升时，生产者就愿意出售更多的荔枝，两者相互作用，最后荔枝的价格和交易数量也会回到均衡点 E，此时供给量等于需求量，买卖双方就不再调整了。

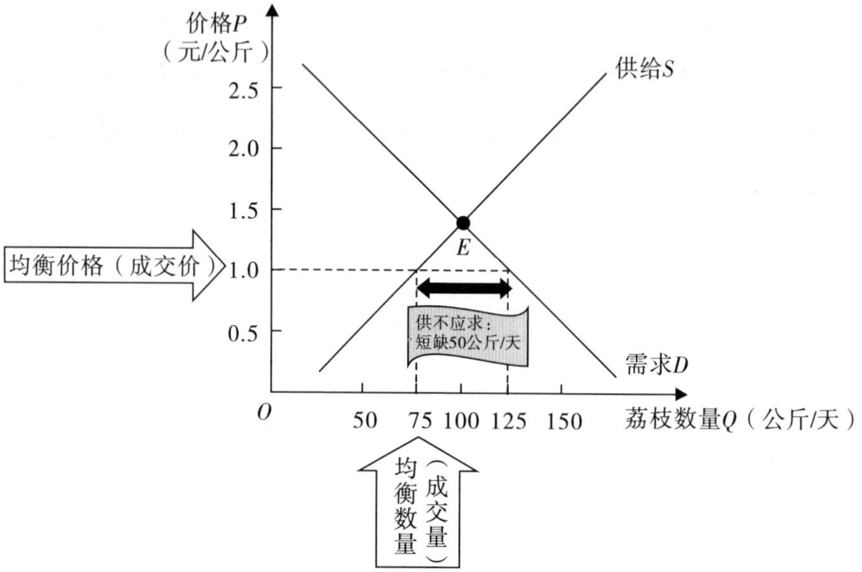

图 2－10　供不应求

可见，商品的成交价不一定等于均衡价格，成交量也不一定等于均衡数量。当价格高于均衡价格时，会出现商品过剩，导致价格下降；当价格低于均衡价格时，会出现商品短缺，导致价格上升。只有在均衡价格水平上，买卖双方才能达到一种均衡状态，需求量等于供给量。因为在均衡状态，所有愿意以市场价格购买商品的消费者都能买到他们想买的数量，而所有愿意接受市场价格的企业都能卖出它们想卖的数量，于是均衡价格和均衡数量就确定了，没有理由发生变化了，除非有一些因素变化导致供给或需求发生了变化。

二、需求变动与供给变动对均衡的影响

均衡价格和均衡数量并非一经决定就永不变化，有时需求或供给由于某些原因发生了变化，均衡价格和均衡数量就会改变。例如，假设吃能量棒成为今年的一种消费时尚，那么能量棒的消费需求就会增加，其均衡价格会上涨，均衡数量会增加。对于企业而言，如果增加能量棒的供给，导致成本增加，价格也会因此上升。假以时日，能量棒的高价会鼓励生产者建立新的工厂，于是能量棒的供给增加，价格也会随之回落。可见，均衡价格和均衡数量只是暂时不变，并非不可改变。

到此为止，我们说明了供给与需求如何共同决定市场均衡，以及市场均衡时商品的价格以及买者所购买和卖者所供给的该商品数量，即均衡价格和均衡数量。当然，均衡价格和均衡数量并非一成不变的，当某些事件使供给曲线或需求曲线发生移动时，市场均衡就改变了，相应的均衡价格和均衡数量也会发生变化。关于这种变动的分析被称为比较静态分析，它只涉及原均衡结果与新均衡结果的比较，而不涉及原均衡是怎样随时间推移而变化到新均衡的。供求理论是经济学最基本的工具之一，其应用非常广泛，可以解释很多市场行为。

【分析均衡变动的三个步骤】

当分析某个事件如何影响一个特定的市场时，我们可以按以下三个步骤来进行：

第一步，确定该事件是使供给曲线移动，还是使需求曲线移动，抑或使供给曲线和需求曲线都移动。

第二步，确定发生变动的曲线是向左移动，还是向右移动。

第三步，考察这种移动如何影响均衡价格和均衡数量。

下面我们按照这三个步骤来讨论需求变动和供给变动是如何影响均衡

价格和均衡数量的。

1. 需求变动引起的均衡变动

假设某年有一位著名的医学专家说吃荔枝有利于健康，那么这种情况如何影响荔枝市场呢？为了回答这个问题，我们遵循三个步骤进行分析：

第一步，专家的观点通过改变人们对荔枝的偏好而改变人们在任何一种既定价格水平想购买的荔枝数量，从而影响荔枝的需求，需求曲线会移动。但是，专家关于荔枝的这个观点并没有直接影响销售荔枝的农民，因而不影响荔枝的供给，供给曲线 S 不变。

第二步，因为专家的观点使人们想吃更多的荔枝，因此，荔枝的需求增加，如图 2－11 所示，需求曲线由 D_1 向右移动到 D_2。这种移动表明，在每一个价格水平上，荔枝的需求量都增大了。

第三步，由于需求曲线向右移动而供给曲线不变，均衡点 E_0 会向右上方移动到 E_1，对比这两个均衡点对应的价格和数量，可知专家的观点提高了荔枝的价格，增加了荔枝的销售量。也就是说，专家关于吃荔枝有利于健康的观点，使均衡价格（即交易价格）和均衡数量（即成交量）都增大了。

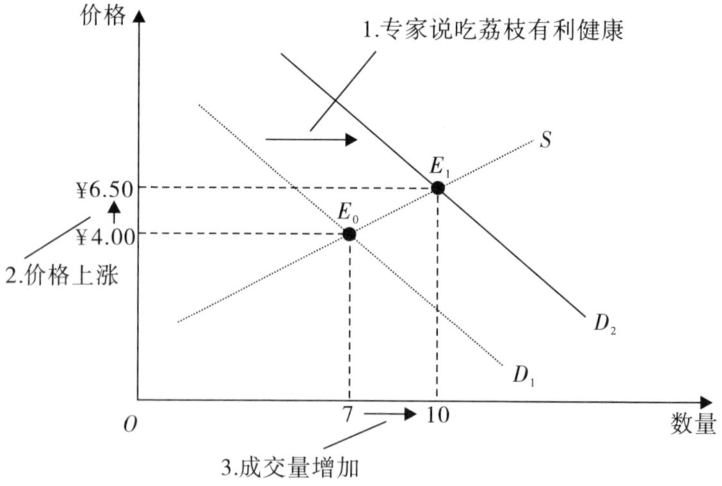

图 2－11　需求变动引起的均衡变动

2. 供给变动引起的均衡变动

假设在某年夏季，连续的台风摧毁了不少荔枝树，那么这个事件如何影响荔枝市场呢？为了回答这个问题，我们同样遵循前述三个步骤进行分析。

第一步，台风摧毁了荔枝树，改变了农民在任何一种既定价格时生产并销售的荔枝数量，也就是影响供给，导致供给曲线发生移动。但是，台风不影响消费者希望购买的荔枝数量，因而不影响需求，需求曲线 D 不变。

第二步，由于台风摧毁了不少荔枝树，这会减少荔枝的供给，如图 2－12所示，供给曲线 S_1 向左移动到 S_2。这种移动表明，在每一个价格水平上，荔枝的供给量都更少了。

第三步，由于供给曲线向左移动而需求曲线不变，均衡点 E_0 会向左上方移动到 E_1，对比这两个均衡点对应的价格和数量，可知台风的破坏提高了荔枝的价格，减少了荔枝的销售量。也就是说，台风导致荔枝市场的均衡价格（即交易价格）上升了，但均衡数量（即成交量）减少了。

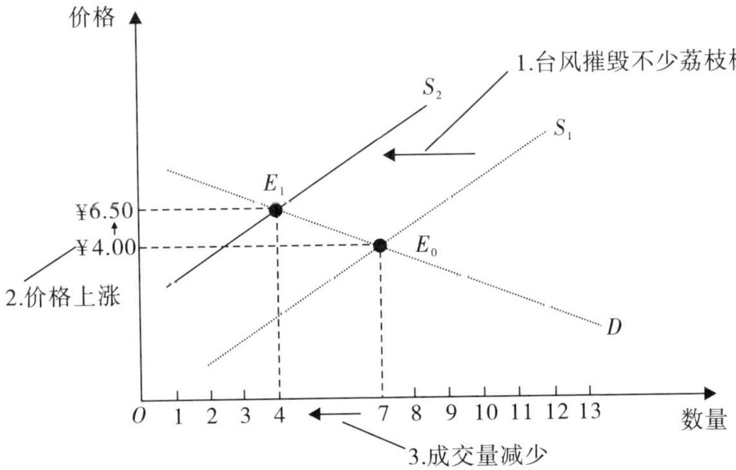

图 2－12　供给变动引起的均衡变动

3. 供给与需求同时变动引起的均衡变动

假设在专家宣布其关于荔枝的研究结果那年，台风天气频繁发生并摧毁了荔枝树，也就是上述两种情况同时发生，这对荔枝的均衡价格和均衡数量会有什么影响呢？我们仍遵循前述三个步骤进行分析。

第一步，确定两条曲线都会移动。专家的观点影响需求曲线，因为它改变了消费者在任何一种既定价格水平要购买的荔枝数量。同时，台风影响供给曲线，因为它改变了农民在任何一种既定价格水平要出售的荔枝数量。

第二步，确定这两条曲线移动的方向。按照我们前面分析的结果，需求曲线向右移动，而供给曲线向左移动。

第三步，对比情况发生变化前后的均衡结果。供给和需求同时变动的具体结果取决于需求变动和供给变动的相对大小。如图 2 – 13 所示，需求曲线向右平移，同时，供给曲线向左平移，而且供给曲线移动的幅度大于需求曲线移动的幅度，结果均衡点从 E_0 移动到 E_1。结果，均衡价格上涨了，均衡数量基本持平，说明台风的影响与专家观点的影响程度大体相当。当然，如果台风对荔枝市场的影响明显小于专家观点的影响，那么，荔枝价格同样会上涨，均衡数量也会增加，因为这时主导均衡价格和均衡数量变动的因素是需求变大。如果台风的影响程度更大，则荔枝市场的变动主要由供给减少决定，结果就是均衡价格上升，均衡数量减少。可见，当专家发布吃荔枝有利于健康的观点和台风摧毁荔枝树这两件事同时发生时，荔枝价格肯定会上涨，但荔枝的销售数量到底是增加还是减少或者是不变，是不确定的。其实，如果一种商品的需求和供给同时变动，那么，我们无法同时确定该商品的均衡价格和均衡数量如何变动，具体要看需求变动和供给变动的方向与

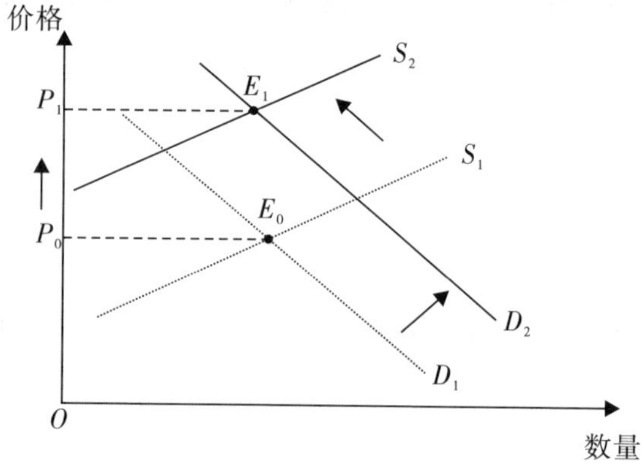

图 2 – 13　需求与供给同时变动引起的均衡变动

大小。

至此，我们可以用表2－3总结需求变动和供给变动对均衡价格和均衡数量的影响，从而更好地掌握商品的供求规律。

表2－3　供求规律

需求	供给	均衡价格	均衡数量
增大	不变	上涨	增大
减小	不变	下降	减小
不变	增大	下降	增大
不变	减小	上涨	减小
增大	增大	不确定	增大
增大	减小	上涨	不确定
减小	增大	下降	不确定
减小	减小	不确定	减小

【问题2－1】回到开篇案例第二问：政府怎样才能提高荔枝种植者的收入？

解答思路：

先简单考虑荔枝的供给，供给增加，供给曲线向右移，则价格下降，但成交量会增加；供给减少，供给曲线向左移，则价格上升，但成交量会减少，因此，供给变动导致的荔枝种植者的收入（价格乘以成交量）变化是不确定的。再来考虑荔枝的需求，需求增加，则需求曲线向右移，则价格和成交量都增加，荔枝种植者的收入就增加；反之则减小。因此，政府要想增加荔枝种植者的收入，只能想办法去增加荔枝的需求。

☞轮到你了

尝试画出以上分析对应的供求曲线变化图。

第五节　对抗“看不见的手”：市场的回击

很多时候，政府对自由市场产生的结果不满，他们都在不断与“看不见的手”对抗，对市场采取干预政策。然而，市场运行有其自身的内在规律，政府对经济的干预常常也会遭到市场的回击。

在这里，我们将分析政府采取价格管制的情况。当政府认为市场价格在某种意义上是不合理的，存在过低或过高的情况时，他们会对价格进行管制，任何在政府规定的价格水平之上或之下销售商品的人都将遭受惩罚。政府的这种价格上的管制政策通常有两种：一是规定最低价格，这种价格叫作“价格下限（或支持价格）”；二是规定最高价格，这种价格叫作“价格上限（或限制价格）”。那么，政府对市场价格进行管制时，市场会有什么反应呢？

一、价格上限（限制价格）

价格上限或限制价格（price ceiling）是政府为了限制某些商品的物价上涨而规定的这些产品的最高价格。限制价格一般适用于各种生活必需品，如食品、交通、水、电、煤气，以及房子（廉租房）、利率上限，等等。

政府实施价格上限可能有两种情况，从而导致两种结果：

（1）如图2－14（a）所示，当限制价格高于商品的均衡价格时，价格上限无效，对市场没有约束力。

（2）如图2－14（b）所示，当限制价格低于商品的均衡价格时，价格上限有效，对市场具有约束力，但会导致市场供不应求，出现商品短缺。

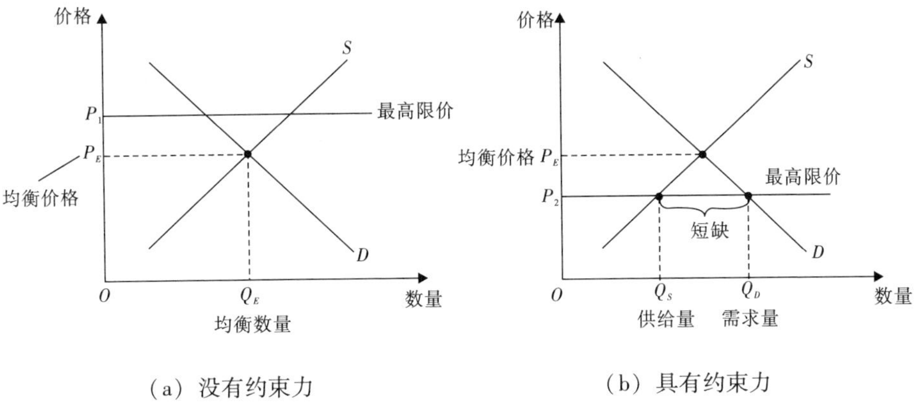

图 2-14 最高限价

【生活中的经济学】

食品价格控制

俄新社3月31日报道，俄联邦反垄断局公布的数据显示，俄零售商已经冻结56种消费品的零售价格。食品类主要有牛肉、猪肉、鸡肉、饺子、食用油、面包、食盐、巧克力、奶酪、胡萝卜、咖啡、苹果等。日用品主要有卫生纸、肥皂和牙膏等。此前，俄零售业协会做出冻结部分商品零售价格的决定，有12家大型零售商响应并签订协议，规定冻结20个品种以上的食品的零售价，每个零售商根据清单自行限价。

在中国，2008年国家发改委宣布，自1月15日起对包括粮食、食用植物油、肉类及其制品、牛奶、鸡蛋、液化石油气等重要商品实行临时价格干预措施。提价需申报政府批准，调价须备案。

（资料来源：和讯新闻，2015-04-03）

从各国政府实施价格上限的众多案例来看，几乎都出现了类似或相同的结果：持续的商品短缺。因为有效的价格上限导致需求量超过供给量。这种情况不是因为商品的供给减少，而是因为商品的价格受到抑制，导致人们想买也买不到，不仅要通过出价方式去竞争，还要依靠非价格方式去竞争，于是就容易出现非法的“黑市”，一些供给者趁机高价贩卖商品，一些需求者则愿意冒险来非法市场满足未实现的需求。例如政府明令禁止的“黄牛党”“倒票”等现象就是在这种价格上限的情况下出现的。

【生活中的经济学】

二手房指导价重拳出击

2021 年 8 月 31 日，住建局发布广州市住房政策研究中心关于发布首批热点区域住宅小区二手住房交易参考价格的通告。根据《广州市住房和城乡建设局关于建立二手住房交易参考价格发布机制的通知》文件要求，现将广州首批热点区域住宅小区二手住房交易参考价格予以发布，首批二手小区涉及 96 个。

截至目前，全国已经有超 10 个城市出台文件对二手房市场进行了限制。在这些城市里，深圳、成都、西安等，二手房参考价相比挂牌价普遍打了 8 折以上，虚高挂牌制造的房价“水分”被挤了出来。

深圳：建立二手住房成交参考价格发布机制，引导市场理性交易
2021-02-08 12:47

成都成第二个发布二手房参考价城市：较市场行情最多打了六折
2021-05-28 18:44

西安建立二手房成交参考价机制，下架价格虚高的二手住房房源
2021-07-08 15:56

上海实施二手房源价格核验，房源没通过价格核验不得对外发布
2021-07-09 13:30

炒房客的日子，真不好过了。有网友表示，昨夜过后，广州很多人资产腰斩。

相比深圳和西安，广州的限价楼盘，打折程度非常“心狠手辣”，成交价和指导价的价差非常巨大，某些楼盘高达 5 万元/平方米。按此计算，一套 100 平方米的房产，成交价和指导价价差大约 500 万元。

据统计，官方新颁布的住房指导价和真实交易的二手房价相比，广州全市不少项目打了 7 折，绝大部分都是 5～8 折，个别“网红”楼盘甚至直接打了 3 折。房主若是按指导价出手，毫无疑问会直接在收益上打折；

如果不按指导价出手，那么对于买家的付款就提出了更高的要求，直接带来的结果便是——不好出手。

一时间，“二手房怎么出手”的焦虑再次蔓延。

更让购房者战栗的是：银行是必然会贯彻执行这份政府指导价的，这对炒房是巨大的打击。这意味着，如果二手房指导价打了7折，那么所能获得的贷款额度也将打7折，二手房指导价从“限价”悄然完成了“限贷”式调控。

一套挂牌1 000万元的二手房，如果指导价只有700万元，那么按照首套70%的贷款上限，可以获得银行按揭贷款将从700万元大幅减少到490万元，这意味着实际首付将从300万元提高到510万元。这就相当于无形之中提高了首付。

（资料来源：广州楼市情报，https：//www. 163. com/dy/article/GISPR4HO0535UEYP. html，2021－09－02）

☞ **轮到你了**

二手房指导价政策是否能够真正抑制房价的快速上涨？尝试用价格上限的相关知识进行分析。

二、价格下限（支持价格）

价格下限或支持价格（price floor）是政府为了扶植某一行业的生产而规定的该行业产品的最低价格。支持价格应用的典型例子是对农产品实施支持价格或对出口农产品进行补贴以及实行最低工资法。例如，欧盟每年的农业补贴高达660亿美元，每头奶牛每天就补贴2. 2美元；美国每年的农业补贴为230亿美元，每个棉花农场主每年获得的补贴高达10万美元以上。

政府实施价格下限也可能有两种情况，从而导致两种结果：

（1）如图2－15（a）所示，当支持价格低于商品的均衡价格时，价格下限无效，对市场没有约束力。

（2）如图2－15（b）所示，当支持价格高于商品的均衡价格时，价格下限有效，对市场具有约束力，但会令市场供过于求，导致商品过剩。

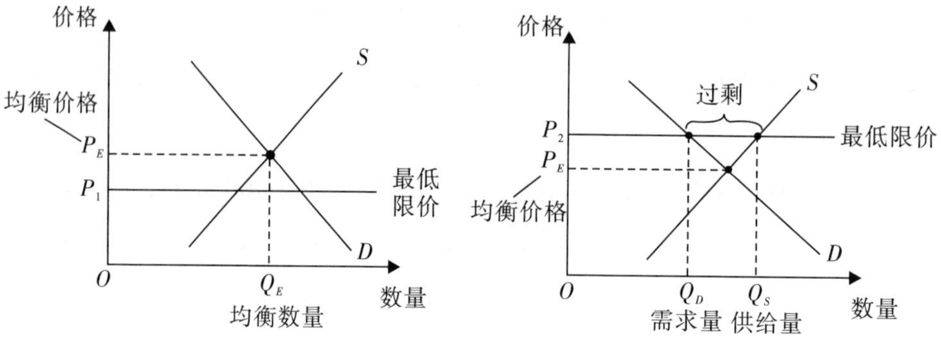

（a）没有约束力　　（b）具有约束力

图2－15　最低限价

政府实施支持价格的市场效果是怎么样的？下面以我国的粮食保护价为例来进行分析。

粮食保护价是指国家对农民的余粮收购实行保护价制度。我国自从实行粮食保护价收购以来，广大农民种粮积极性高了，粮食生产已经出现了一个稳定增长的局面。但同时，我国国有粮食部门却发生了巨额亏损挂账，特别是1996年以后，数额剧增，1998年竟高达2 140亿元。有关部门指责粮食部门失误造成巨大损失，媒体曝光“粮鼠”成为一时新闻热点。然而，从经济学角度观察，巨额亏损挂账的主要原因是保护价政策。

为什么？因为从长期看，该政策支持了农业的发展，调动了农民种田的积极性，使农产品的供给大大增加，甚至出现供给大于需求的情况。对于过剩的农产品，政府只有大量收购才能保障农民利益，但这会导致政府背上了沉重的债务负担。而且，靠保护成长起来的事物是缺乏生命力的，随着加入世界贸易组织承诺的全部兑现，如果仍用这种方式支持价格，就不能从根本上改变我国农业的落后状况。因此，政府解决收购过剩农产品的方法之一就是扩大出口，但这又会引起国家与国家之间为争夺世界农产品市场而进行的贸易战。

价格管制无论是出于何种好意，都会产生负作用。正如一个硬币总有两面，鱼与熊掌不可兼得。

法定最低工资标准也是一种典型的最低限价管制。最低工资是指劳动者在法定工作时间提供了正常劳动的前提下，其雇主或用人单位支付的最低金额的劳动报酬。经过一百多年的发展，目前全世界所有发达国家以及绝大部分发展中国家都已施行最低工资制度或有类似规定。

下图为2021年6月全国31个省市最低工资标准情况，北京、天津、浙江、江苏、广东、上海6省市最低月工资在2 000元以上，福建目前仍执行2020年的标准，一档最低月工资标准为1 800元。

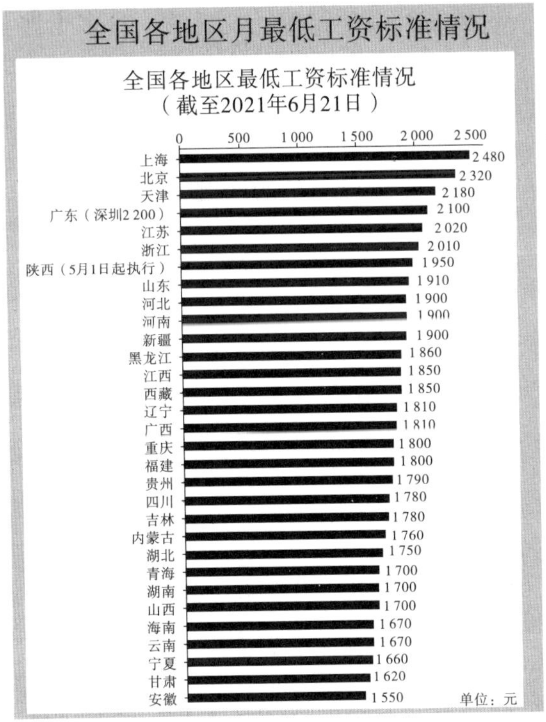

（资源来源：https：//new. qq. com/omn/20210621/20210621A0654J00. html）

☞ 轮到你了

2003 年起我国各省市最低工资标准连续增长，试结合最低限价政策效果来分析最低工资增长的利弊。

本章小结

本章介绍的是一个供求模型，分析了价格决定理论。供求模型是分析市场的一种十分有用的工具，我们在以后的学习中会经常使用这个模型。在市场经济中，价格机制是配置稀缺资源的基本机制，是市场在供给和需求之间的平衡术。只有供给量等于需求量时，市场才会达到均衡。然而，市场均衡的结果不一定是合意的结果，政府有时候会干预市场。虽然政府干预市场的出发点是好的，但也改变了市场运行的结果，最终都会受到市场的回击。正如一位著名经济学家曾经说过的，过多干涉自由市场运作的社会很快会明白，看不见的手是无处不在的。相信你学会了这个最基本的经济学模型以后，余生将受益匪浅！实际上，这个最简单的经济学模型能够解答纷繁复杂的经济社会中最复杂的问题，希望大家在以后的生活中能学以致用。

【嗨经济】

口罩价格：到底谁说了算？

一

我叫口罩，本是人间平常物。没想到，2020 年春节，我却成了最为抢手的年货了。这一切都要拜新型冠状病毒所赐……我知道，我并不能消灭病毒，但我可以隔离病毒……这是我成为年货的根本原因。但是，我的兄弟姐妹数量有限，远远不能满足需要。神州大地，14 亿人，每天有 5% 的人外出带着我，就需要 7 000 万只。这个数量是巨大的……

因为我的身价上涨，经济学家吵得不可开交。有人说，价格上涨是发国难财。有人说，价格上涨，可以使更多的人得到我。我感觉，有些经济学家并不懂经济学，或者说，只懂心中小算盘的经济学。我的身价到底该不该上涨？到底谁说了算？

二

不要听经济学家说，还是听我说说吧。和我一起来一次价格旅程，看看我的身价是怎样形成的。

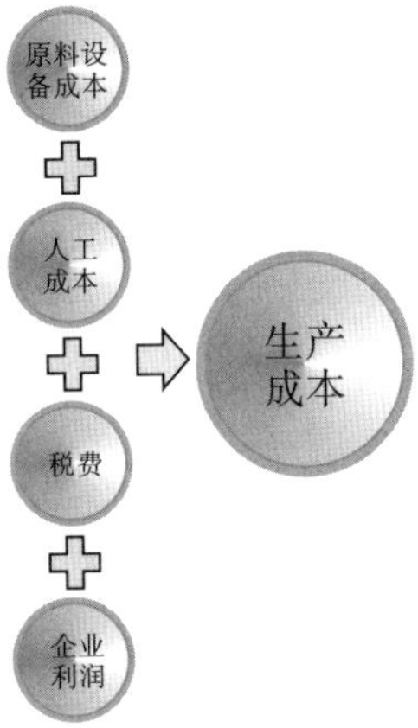

企业为了生产我，要购买棉纱布等原材料，要用水电，要用机器设备，要雇工人，要缴税费，还要一些合理利润。这是我身价的第一部分——生产成本。

我被生产出来之后，要被送到目的地，物流企业就登场了。需要车辆油料运输成本、仓储成本、人工成本，要缴税费，要合理利润。这是我身价的第二部分——物流成本。

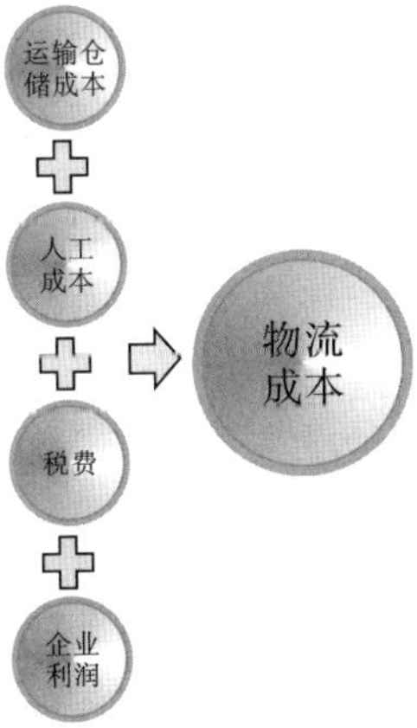

然后，销售企业就登场了。其进货成本就等于生产成本与物流成本之和。

销售企业进货后，要租房、买设备、雇人卖东西，还要缴税费，挣些合理利润。这样就形成了我的身价，即销售价格。

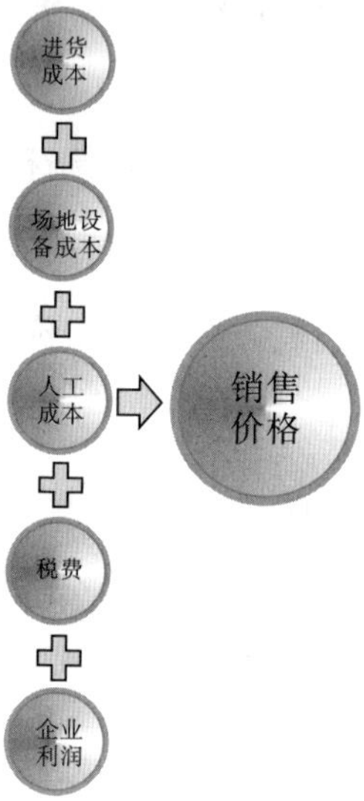

从原材料采购到最终到消费者手中，我的价格就这样形成了。生产企业、物流企业、销售企业及各企业员工、政府和消费者，都在这趟旅程中。

三

那我到底该不该涨价呢？这个我说了不算，谁说了算呢？问题说了算！

当前最大的问题是，我的兄弟姐妹数量严重不足。病毒面前，无论高低贵贱，无论年龄性别，都应该有我陪伴。这是一个底线保障。怎么实现这个底线保障呢？只有我的兄弟姐妹数量充分多，才能有效隔离病毒。怎样才能充分多呢？必须激励生产。

春节期间，企业组织协调原材料、设备、员工，尽快复工。生产流通过程中，生产成本、物流成本、销售成本必然上升，企业也想多挣些利润。看来，我的身价上涨，首先是一种成本推动型上涨。

但是，我的身价一上涨，就和恩泽大众的底线保障的初心背离了。我太难了！怎么办呢？怎么样把上涨的成本给对冲掉呢？怎样才能把我的身价降下来呢？

此刻，仅靠市场，那我的身价肯定是飞涨的。供求缺口太大了，严重短缺！

此刻，仅靠市长，仅仅用行政手段摁住我的身价，恐怕也不行。如果不涨价，不让企业多挣钱、不能冲销成本，企业没有生产积极性，那也就和恩泽大众的底线保障的初心背离了。

此刻，一定要市场和市长握手，一起商量，看看我的身价怎么办。

市长应该首先摆出姿态，财政绝对不发国难财，特殊时期降低甚至取消税费，甚至补贴企业。的确，最容易的冲销，就是降低各种税费，甚至让税费在短时间内趋向于零。

当然，企业多挣点钱，也是可以理解的，毕竟成本在上升。但市长一定要告诉市场，绝不可发国难财。

什么是国难财呢？以患为重，利用突发事件引发供求急剧变化带来的价格上涨，不劳而获地攫取暴利。

这就是说，价格上涨，不是因为自己在组织协调资源配置中做出了贡献（成本上升），而纯粹是因为突发事件的供求变化，导致暴利产生。如果这一暴利和恩泽大众的底线保障的初心背离了，这种不劳而获，就是发国难财。

近期，因为我的身价上涨，市长雷厉风行，严厉惩罚了一些销售企业。一罚可就是好几百万元……

市长威风凛凛，堵住了发国难财的门，却也在一定程度上吓退了一些成本上涨的企业。

如果吓退了企业，我的兄弟姐妹数量就严重不够了，这就和恩泽大众的底线保障的初心背离了。市长很痛苦，市长太难了！

怎么办呢？这是考验市长大智慧的时候了！病毒面前，激励生产是头等大事，底线保障是头等大事，宜疏不宜堵。

市长只有两个选择：胡萝卜，大棒。要么补贴企业，冲销上涨的成本，激励企业快快行动；要么进行价格管制，允许一定比例的上涨，《价格法》时刻在手。市长不能吓着市场，而是要顺着市场，解决问题是关键，问题的优先序最关键！

说了半天，我的身价，到底谁说了算？面对疫情，我仰天长叹：三分天注定（疫情带来市场变化），三分靠打拼（运营带来成本上升），四分靠威风（底线保障限制比例）！

（资料来源：刘住一山金，“嗨经济”公众号，2020－01－31）

思考题

1. 如果一场台风摧毁了荔枝的主要产区，那么荔枝的需求量和需求分别会发生什么变化？

2. 假设全球原油价格上升，新能源汽车的需求将如何变化？请画图分析。

3. 分析一下以下事件分别会怎样影响七座商务车市场的供给和需求，并说明供给和需求是增加还是减少。请画图分析。

（1）国家放开三胎政策；

（2）商务车的生产技术进步；

（3）小型跑车价格下降；

（4）股票市场大涨，人们股票收益上升；

（5）汽油价格下降。

4. 我国人口老龄化现象日趋凸显，试用供求定理分析今后 20 年养老服务的价格将如何变化。

5. 2021 年 8 月 31 日，广州连夜官宣二手房指导价政策，据统计，官方新颁布的住房指导价和真实交易的二手房价相比，不少项目打了 7 折。请用供求模型分析指导价将会给二手房的供给与需求带来怎样的变化。

第三章　薄利未必多销：弹性理论

学习目标

【知识目标】了解需求价格弹性、需求交叉价格弹性、需求收入弹性和供给价格弹性的定义；了解影响需求价格弹性的主要因素；理解需求价格弹性与厂商收益之间的关系。

【技能目标】掌握各种弹性的计算公式；能举例说明各种因素对各种弹性的影响；能应用需求价格弹性和需求收入弹性分析现实经济现象。

开篇案例

人们会对汽油价格变化做出反应吗?

有的人认为人们对汽油的购买量不会因为价格的变化而不同，因为人们上班、上学或去办事的驾车里程大致是不变的。然而，2008 年，当美国很多地方汽油价格飙升的时候，消费者都对此做出了反应。例如，2008 年 7 月，美国汽油的平均价格为 4.09 美元 1 加仑，比 2007 年 7 月的 2.96 美元 1 加仑上涨了将近 40%，由此导致了消费者所购买的汽油量减少了将近 6%。有的加油站老板意识到了消费者对于汽油价格上涨所做出的反应，其中，纽约斯塔滕岛的加油站老板为了避免客源的大量流失，将价格保持在每加仑不到 4 美元的水平。虽然这意味着利润非常低，但他担心提高价格将导致汽油的销售量大幅下降而使其境况更糟糕。

讨论：①在购买汽油时，哪些因素会影响你对价格的反应？②在不同人生阶段，你对价格变化的反应有没有不同？③为什么消费者对于某个特定加油站汽油价格变化的反应似乎要比对所有加油站汽油价格同时上涨或下降的反应更强烈？

回答这些问题需要了解弹性理论的相关知识。请你学完本章内容之后，试着回答以上问题。

第一节　橡皮筋与尼龙绳：需求价格弹性

在物理学上，弹性是描述一个物体在外力的作用下运动或发生形变的专用术语。譬如，用同样的力度拉一根橡皮筋和一条尼龙绳，两者的形变程度是不同的，可以说橡皮筋和尼龙绳的弹性不同。

经济学借鉴物理学的弹性概念来描述一个经济变量（例如需求量）对另一个经济变量（例如价格）变动的“反应程度”，通常用两个经济变量变动的百分比的比率来表示。它告诉我们：当一个经济变量发生1%的变动时，由它引起的另一个经济变量变动的百分比是多少。例如，需求弹性可表示当一种商品的价格上升1%时，相应的需求量变化的百分比是多少。

无论你是农民还是企业、超级市场、加油站老板，你都需要知道自己的产品价格变化是如何影响需求量的。需求定理告诉我们：降价会增加需求量，而涨价会减少需求量。现在关键的问题是：到底是价格下降幅度大还是需求量增加幅度大？一定的价格变动究竟会导致需求量有多大幅度的变动？知道了商品需求价格弹性的大小，你就可以计算价格变动对需求量变动的影响了。那么，什么是需求价格弹性，它的大小如何计算呢？

一、需求价格弹性

假设你开了一间比萨（pizza）店，给你带来了丰厚的利润。现在你知道旁边的一家 pizza 连锁店正在计划大规模扩张，这大概会引起本地 pizza 的供给增加，进而价格下降，从而加剧你们之间的竞争。那么，pizza 价格下降对你有什么影响呢？

图 3－1 反映了你旁边的 pizza 连锁店扩大规模后，本地 pizza 市场可能出现的两种情况。在这两种情况下，供给曲线最初都是 S_0，pizza 连锁店扩张后，供给曲线都向右移动到 S_1；但 pizza 的需求曲线斜率不同，也就是当价格发生变动时，消费者的反应不同，于是 pizza 的需求量变化不一样。

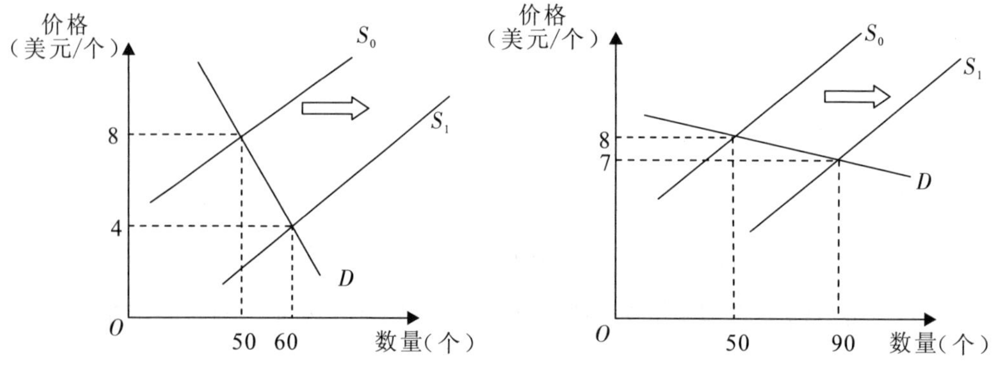

（a）价格大幅度变动与数量小幅度变动　　（b）价格小幅度变动与数量大幅度变动

图 3－1　需求价格弹性

图 3－1（a）反映了 pizza 的需求曲线比较陡峭的情况，也就是在 pizza 连锁店扩大规模后，pizza 的价格会大幅度下降，由 8 美元下降到 4 美元，但由此带来的需求量增加并不多，是从 50 个增加到 60 个，只增加了 10 个。相比之下，在图 3－1（b）中，pizza 的需求曲线比较平坦，意味着 pizza 连锁店扩大规模后，pizza 的价格不会下降很多，由原来的 8 美元下降到 7 美元，只下降了 1 美元，但由此导致需求量大幅增加，一下子从 50 个增加到了 90 个，增加了 40 个。可见，这两种不同的结果是由于需求曲线的斜率不同，也就是需求量对价格变动的反应程度不同。

一种商品的需求价格弹性（price elasticity of demand）是指在一定时期内一种商品的需求量对于该商品价格变动的反应程度。或者说，表示在一定时期内当一种商品价格变动百分之一所引起的该商品的需求量变动的百分比。公式为：

$$需求价格弹性(E_d)=\frac{需求量变动的百分比}{商品价格变动的百分比}$$

在图 3-1（a）的情况下，pizza 价格从 8 美元下降到 4 美元，需求量从 50 个增加到 60 个。我们计算需求价格弹性的步骤如下：

首先，计算出价格变动百分比为：

$$价格变动百分比=(8-4)\div 8\times 100\%=50\%$$

其次，计算出需求量变动百分比为：

$$需求量变动百分比=(50-60)\div 50\times 100\%=-20\%$$

最后，计算出需求价格弹性为：

$$需求价格弹性=\left|\frac{-20\%}{50\%}\right|=0.4$$

在这个例子中，pizza 的需求价格弹性是 0.4，反映了需求量变动的比例是价格变动比例的 0.4 倍。需要注意的是：因为一种商品的需求量与其价格负相关，所以按照公式计算出来的需求价格弹性为负值，但为了方便比较需求价格弹性的大小，一般的做法是取其绝对值，把所有价格弹性作绝对值计算。因此，我们就可以根据需求价格弹性的大小来判断需求量对价格变动的反应程度，需求价格弹性越大，意味着需求量对价格变动的反应越敏感。

☞ 轮到你了

试计算图 3-1（b）中 pizza 的需求价格弹性是多少。

二、需求价格弹性的类型

根据弹性绝对值的大小，我们可以把需求价格弹性分为五类，表 3-1 总结了不同类型需求价格弹性的主要特征。

表 3-1　需求价格弹性的五种类型

需求价格弹性类型	弹性系数	含义	图形	举例
富有弹性	$\|E_d\|>1$	价格变动百分比小于需求量变动百分比	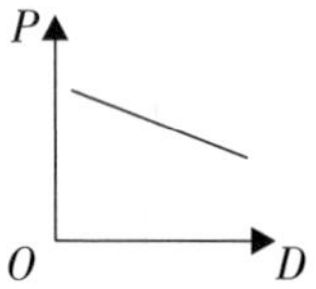	汽车、家具和保健品
缺乏弹性	$1>\|E_d\|>0$	价格变动百分比大于需求量变动百分比	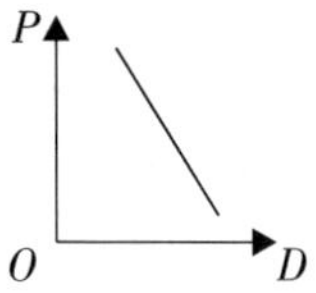	食品、住房
单位弹性	$\|E_d\|=1$	价格变动百分比等于需求量变动百分比	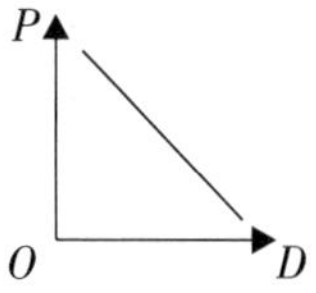	普通衣服
完全无弹性（或零弹性）	$\|E_d\|=0$	无论价格如何变动，需求量不变	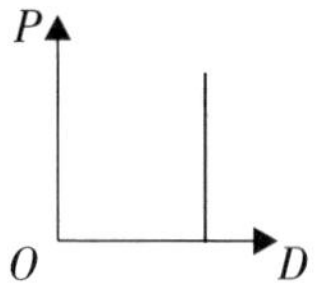	胰岛素
完全弹性	$\|E_d\|\to\infty$	价格既定，需求量无限	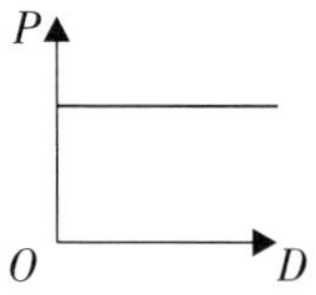	校园里两台相邻的饮料机中售卖的可以完全替代的软饮料

（1）富有弹性。需求量对价格变动的反应很敏感，需求量变动的百分比大于价格变动的百分比，这时需求价格弹性的绝对值大于1（$|E_d|>1$），需求曲线比较平坦。汽车、家具和保健品等都是需求价格富有弹性的例子。

（2）缺乏弹性。需求量对价格变动的反应不那么敏感，需求量变动的百分比小于价格变动的百分比，此时需求价格弹性绝对值小于1（$1 > |E_d| > 0$），需求曲线比较陡峭。食品、住房等很多必需品都是需求价格缺乏弹性的物品。

（3）单位弹性。在某些特殊情况下，需求量变动的百分比正好等于价格变动的百分比，此时需求价格弹性绝对值正好等于1（$|E_d| = 1$），需求曲线的斜率等于-1。这种商品比较少见，相对接近的例子是大众的普通衣服。

还有两种需求价格弹性的极端情况，虽然现实基本不存在，但我们也应该清楚。

（4）完全无弹性（或叫零弹性）。需求量对价格的变动完全没有反应，需求价格弹性绝对值等于零（$|E_d| = 0$），不管价格上升或下降了多少，需求量都保持不变，这时需求曲线是一条垂线。这是一种极端的情况，只有极少数物品是这种商品，如胰岛素。糖尿病病人每天必须服用一定量的胰岛素，胰岛素价格的下降不会改变病人需要的剂量，因此，不会增加胰岛素的需求量；同样，价格上升也不会减少对胰岛素的需求量（当然，一些病人无法负担更高的价格，在这种情况下，需求曲线就不是垂线，从而需求也不是完全无弹性的）。

（5）完全弹性。需求量对价格的变动的反应无限敏感，此时需求价格弹性绝对值是无限大的（$|E_d| \to \infty$），需求曲线是水平的，反映了价格极小的变动（如价格上升）会引起需求量极大的变动（价格上涨一点点，需求量马上下降为0）。这也是一种极端的情况，比较接近的例子可以是校园里两台相邻的饮料机中售卖的可以完全替代的软饮料。如果两台饮料机提供的软饮料价格相同，那么一些人从其中一台饮料机购买，而另一些人从另一台饮料机购买。但如果其中一台饮料机的软饮料价格略高于另一台的，那么，即使只是贵了一丁点儿，也没有一个人会从价格较高的饮料机中购买软饮料了，也就是其需求量下降为0。

现实世界中不同商品的需求价格弹性存在着较大的差别。表 3－2 显示了一些经济学家通过收集的数据估计出的一些商品的需求价格弹性。有一点很重要，就是大家一定要记住不同产品的需求价格弹性估计值可能不一样，这取决于使用的数据以及做出估计时考虑的时间范围。

表 3－2　不同商品的需求价格弹性估计值

物品或劳务	弹性估计值
豌豆	1.62
家具	1.26
软饮料	1.22
葡萄	1.18
汽车	1.14
饭馆就餐	0.67
水（家用）	0.38
鸡肉	0.37
歌剧	0.26
香烟	0.25
汽油	0.06
糖	0.04

【问题 3－1】 提高香烟征税从而使香烟的售价变高会有效抑制青少年吸烟吗？

解答思路：

首先分析青少年对香烟的需求价格弹性。如果需求弹性很大（即富有弹性），那么征税是有效的，因为香烟的价格只要轻微上涨，就能使青少年的消费量出现大幅度下降；反之，需求价格弹性较小时，情况恰好相反。据统计，青少年吸烟者与成人吸烟者相比，对价格上涨的反应更加敏感。通过估值发现，其需求价格弹性大约为 0.7～1.6（成人吸烟者的需求价格弹性大约为 0.2），这就意味着对香烟增税使得价格上升 10% 时，青少年的香烟消费者下降的幅度可能为7%～16%。由此可以推断：提高香烟征税使香烟的售价变高在一定程度上有效抑制人们吸烟，但相对而言，对香烟增税可促使青少年更高比例地戒烟。

第二节 薄利未必多销：影响需求价格弹性的因素

我们看到生活中有些商品的需求是富有弹性的，而有些商品的需求则是缺乏弹性的。那么，为什么不同商品的需求价格弹性会不同？为什么豌豆的需求价格弹性会远远大于歌剧的？需求价格弹性的影响因素有哪些？我们经常说“薄利多销”，但对于商家而言，真的所有商品只要降价就能有更多销量并获得更大收益或利润吗？

一、影响需求价格弹性的因素

需求价格弹性主要有以下一些重要的影响因素：

（1）相近替代品的可获得性。通常，有相近替代品的物品都具有较大的需求价格弹性，替代品越多，其需求越富有弹性，因为当该商品价格上涨时，消费者从购买这种物品转向购买其他物品较为容易。回想一下表3－2中各种商品的需求价格弹性估计值，豌豆的需求明显比歌剧更富有弹性，因为豌豆价格上涨将使一些人转而购买其他蔬菜来替代，但歌剧则不然，因为每一部歌剧的替代品是很少的，而且喜欢看歌剧的人是固定的人群，歌剧的票价变化对他们的需求影响并不会很大。

（2）时间跨度。随着时间变长，商品的需求往往更富有弹性。譬如，当汽油价格上升时，在最初的几个月中人们往往继续购买差不多等量的汽油，但是随着时间的推移，人们可以找到一些解决油价上涨问题的方法，比如购买更省油的汽车、转向公共交通或迁移到离工作地点近的地方。这样，在较长时期内，汽油的需求量会因为价格上涨而大幅度减少。

（3）商品本身的被需要程度。一般而言，商品的被需要程度越高，其需求越缺乏弹性。譬如，大米是我们的生活必需品，当大米的价格上升时，尽管可能会导致人们比平常少买一些，但不会大幅度地减少大米的购买量，因为人们吃米饭的分量不会大幅下降，因而大米的需求缺乏弹性。相比之下，游艇是一种奢侈品，当游艇价格上升时，很多人会选择不买游艇了，因而其需求量会大幅度减少，故游艇的需求富有弹性。可见，必需品倾向于需求缺乏弹性，而奢侈品倾向于需求富有弹性。当然，一种物品是必需品还是奢侈品并不取决于物品本身的固有属性，而是取决于买者的偏好。对于一个热衷航行而不太喜欢吃米饭的游艇发烧友来说，游艇可能是需求缺乏弹性的必需品，而大米是需求富有弹性的奢侈品。

（4）市场定义。任何一个市场上的需求价格弹性都取决于我们所划定的市场范围。范围小的市场的需求价格弹性往往大于范围大的市场的需求价格弹性，因为在范围小的市场上，商品更容易找到相近的替代品。例如，食物是一个广泛的范畴，其需求相当缺乏弹性，因为没有好的食物替代品。冰激凌是一个较狭义的市场范畴，其需求相对富有弹性，因为很容易用其他甜点来替代它。香草冰激凌则是一个更加狭小的市场范畴，其需求更加富有弹性，因为其他口味的冰激凌几乎可以完全替代它。在本章的开篇案例中，纽约斯塔滕岛的加油站老板担心汽油提价会使其消费者流向竞争者的加油站，这说明如果将汽油市场定义为一个加油站的汽油，那么价格变动对需求量的影响是较大的，因为消费者还可以选择其他加油站的汽油。但如果我们考虑的是整个国家乃至全球的汽油市场，那么汽油的替代品并不多，其需求缺乏弹性。因此，我们对于市场的定义越狭窄，那么该市场商品的需求弹性就会越大。

（5）商品支出占家庭支出的比例。一般来说，在家庭支出中所占比例越小的商品，价格变动对其需求量的影响越小，该商品的需求价格弹性越小；反之，则其需求价格弹性就越大。譬如，油米酱醋茶这些物品在家庭总开支中所占的比例很小，价格涨跌对这些物品的需求量影响不大，因而其需求价格弹性小。然而，诸如住宅、汽车和家具等大件商品在家庭总支出中所占的比例很大，其价格上涨极有可能导致需求量大幅度减少，因而需求价格弹性较大。

二、需求价格弹性与厂商收益

在现实经济中，作为商家，为了追求更多收益，可以对什么商品定高价，对什么商品打价格战，薄利多销是否适合所有商品呢？需求的价格弹性给出了解决这些问题的简单思路。

销售一种物品的总收益（total revenue，TR）等于该物品的价格乘以销售量（即需求量）。

$$总收益 = 商品价格 \times 销售量\ (TR = P \times Q)$$

当价格变动时，总收益也变动，但总收益是增加还是减少，则取决于商品的需求价格弹性绝对值的大小。

（1）如果商品的需求价格弹性绝对值小于1（即缺乏弹性），那么当价格下降时，需求量增加的比例小于价格下降的比例，厂商的总收益减少；反之，价格上升，厂商的总收益增加。

（2）如果商品的需求价格弹性绝对值大于1（即富有弹性），那么当价格下降时，需求量增加的比例大于价格下降的比例，厂商的总收益增加；反之，价格上升，厂商的总收益减少。

（3）如果商品的需求价格弹性绝对值等于1（即单位弹性），那么当价格下降时，需求量增加的比例与价格下降的比例相同，厂商的总收益不受影响，保持不变。

根据需求价格弹性和厂商收益之间的关系所揭示的经济规律，厂商在确定商品的需求价格弹性后，不仅可以测算使总收益增加的合理调价范围，还可以确定使得企业获取利润最大的最优价格。

为了算出产品的需求价格弹性，企业一般通过市场试验来估计。在新产品上市前，企业可以制定不同的价格，然后观察由此导致的需求量的变化，以估计该商品的需求价格弹性。譬如，苹果公司在2007年6月推出第一代iPhone时，价格为599美元，但其实际需求比苹果公司所预期的更具弹性，销售量没能达到苹果公司的预期。于是，该公司在两个月后将价格降到399美元。①

现在，我们来看看生活中一些常见的经济现象。试想商场里最经常打折的商品是什么？我们观察到每年换季时衣服打折销售特别普遍，而且女装比男装打折更为频繁，这是因为各种款式的衣服通常是需求价格富有弹性的，而且相对于一成不变的男装而言，不断推陈出新、变换潮流的女装的需求往往更富有弹性，而富有弹性的商品降价可以增加收益，即薄利多销。

对于缺乏弹性的商品，商家可以通过涨价来增加收益。譬如，春运期间由于大家都想回家，火车票、汽车票往往一票难求，旅客对价格变化反应不敏感，其需求缺乏弹性，因此售票机构可以采取涨价的方式提高收益。

商品的需求价格弹性可以帮助我们理解很多经济现象并做出各种决策。如果不同消费者对同一商品的需求价格弹性不同，那么理性的商家可以针对不同的消费者制定不同的价格，即实施价格歧视战略。对于需求富有弹性的消费者，商家可通过降价来获得更大的收益；对于需求缺乏弹性的消费者，商家可通过制定较高的价格来获取更大的收益。那么，商家如何判断消费者对商品的需求价格弹性呢？

我们时常会看到这样一个现象：移动、联通等电信服务商经常推出一些话费优惠套餐。为什么它们不直接将话费标准往下调，而只让参加套餐的用户能够享有较低的话费标准？其实，这是电信服务商在实施价格歧视战略：因为办理优惠套餐需要花费时间，通过这种方式可以把“闲人”（也就是时间成本较低的用户）甄别出来，用低得多的价格吸引他们，从

---

① 此举使得之前用较高价格购买该手机的人很不高兴，苹果公司主席史蒂夫·乔布斯觉得必须要为他们购买苹果的其他产品提供100美元的优惠才行。

而创造本来不会发生的营业额以增加公司的总收益。

这种让消费者自己暴露自身消费特征的现象叫“自我选择”。商家针对需求弹性较低的消费者制定一个高价，从而增加其利润。而现实生活中这种自我选择现象随处可见，例如麦当劳、肯德基经常会发放一些优惠券，消费者凭优惠券可以享受较低的价格。然而，搜寻这些优惠券是要花费时间和精力的，而高收入者时间机会成本较高，低收入者时间机会成本较低，于是麦当劳、肯德基就可以通过是否持有优惠券来区分消费者的需求弹性，进而制定不同的价格，以谋取最大利润。

【生活中的经济学】

多地重启或延续发放消费券能否成为促进消费的常规工具?

为了进一步促进消费，活跃市场，推动经济稳步复苏，近日，多地重启或延续发放消费券。新一波消费券有什么新特点？消费券能否成为促消费的常规工具？如何在消费券带来的短期刺激中挖掘出长期消费潜力？

新一波消费券返场，在发放方式上明显改进，发放对象更具针对性，重点集中在受新冠肺炎疫情影响较大的体育、旅游、电影等行业。

在体育消费方面，日前，福建省开展“健身消费季”，将于国庆节前夕发放1 600万元体育消费券。湖南长沙市推出“你健身，我买单”活动，从8月底至10月15日，面向长沙市民发放体育消费券。上海计划从9月9日开始持续到年底，面向市民发放约2 000万元的体育消费券。多地表示，此举旨在促进体育消费，鼓励体育企业克服疫情影响，迎难而上。

在旅游消费方面，近日，湖北武汉宣布将发放8 000万元文旅消费券，引导带动武汉全市文旅消费。内蒙古赤峰决定于9月16日发放10万张面值为100元、总计为1 000万元的“赤峰旅游消费券”。黑龙江哈尔滨于9月15日发放文旅消费券500万元，助力旅游业复苏。

此外，为推动电影市场复工复产，近日，北京、浙江、湖北等地还发放了“观影券”，以补贴市民的电影消费。

除了聚焦特定行业，各地还抓住关键时间节点，结合当地消费季、购物节和法定节假日等发放消费券，力求消费券的精准高效使用。例如，围绕消费促进月，近日，北京市发放140万张消费券。结合中秋、国庆假期，四川成都市于9月14日至11月8日，拟发放超过2亿元的消费券，涉及旅游、餐饮、文创等多个行业……

发放消费券不但为消费者带来实惠，而且为国内经济持续发展提供了充足动力。那么，消费券能否成为促消费的常规工具？对此，多位专家表示，消费券在发挥积极作用的同时，也要注意其中潜在的负面因素。

“消费券本质上是由相关部门和机构在一定时期内打造的，主要用于消费目的的，能够起到促进消费作用的一种凭证。消费券能让消费需求提前释放。”中南财经政法大学数字经济研究院执行院院长盘和林表示，人们的消费行为主要取决于永久性收入，而不是偶然所得的“暂时性收入”。消费券作为一种“暂时性收入”，能够提前释放消费者的购买力，主要用于原本就会产生的必需消费，短期效应明显，但长期来看，消费者的消费需求并没有显著地提升。

苏宁金融研究院高级研究员付一夫表示，虽然发放消费券可以一次性提升消费者的支付能力，但并不能从根本上改善消费者对于未来收入增加程度的预期。出于规避风险的本能，普通人往往会倾向持币观望，这意味着一旦消费券用完了，如果没有良好的发展预期，消费者的消费意愿可能会出现回落。

不过，也有专家认为，消费券能够直接刺激需求，迅速拉动即期消费，并能通过杠杆作用有效提振经济。并且，随着政府主导、平台运营、多方参与模式的日趋成熟，消费券作为撬动消费的长期杠杆的作用也将不断显现。

（资料来源：李华林，《经济日报》，2020－09－17）

☞ 轮到你了

试用需求价格弹性理论分析哪些行业发放消费券的效果会更好。

第三节　举一反三：其他弹性

通过前面的学习，我们知道影响商品需求的因素有很多，除了价格之外，还有相关商品的价格、消费者的收入等。当这些因素发生变化时，在同一价格水平下，商品的需求量是不同的。那么需求量对这些因素变动的反应是否敏感呢？另外，当商品价格发生变化时，供给量也会变动，那么价格变动对需求量有多大影响呢？这些问题也可以用弹性来说明，本节介绍需求交叉价格弹性、需求收入弹性、供给价格弹性。

一、需求交叉价格弹性

回到前述你的 pizza 店，你想知道旁边麦当劳的汉堡包降价对你的pizza的销售量会有什么影响。因为麦当劳的汉堡包和你做的 pizza 是替代品，所以当汉堡包的价格下降时，pizza 的需求会减少。因为 pizza 和饮料是互补品，所以当饮料价格下降时，pizza 的需求就增加。因此，能否通过降低对饮料的收费来保持或增加 pizza 的销售量？

为了回答这个问题，你需要计算需求交叉价格弹性（cross-price elasticity of demand）。它是指在其他条件不变的情况下，一种商品的需求量变动对其替代品或互补品价格变动反应的敏感程度；或者说，它表示当另一种商品价格变动百分之一时所引起的该商品的需求量变动的百分比。其公式为：

$$\text{需求交叉价格弹性}=\frac{\text{一种商品需求量变动的百分比}}{\text{另一种商品价格变动的百分比}}$$

需求交叉价格弹性为正值还是负值？这取决于两种商品的关系是替代

品还是互补品。替代品是指可以用于同一目的或用途相同的产品，例如pizza和汉堡包。一种商品的替代品价格上涨，将导致该商品的需求量增加，其需求交叉价格弹性为正值。互补品是指需要同时使用的产品，例如pizza和饮料。一种商品的互补品价格上涨，将导致该商品的需求量减少，其需求交叉价格弹性为负值。当然，如果两种商品不相关，例如电脑与pizza，那么其需求交叉价格弹性为0。如果两种商品的替代关系（例如两种品牌的矿泉水）或互补关系（例如pizza和饮料）较为密切，那么其需求交叉价格弹性就较大。

二、需求收入弹性

作为pizza店老板，你开始思考：经济在增长，人们的收入在增加，这种繁荣引起所有物品与劳务的需求都在增加。那么，人们对pizza的需求会增加多少呢?

这个问题的答案取决于pizza的需求收入弹性。需求收入弹性是衡量一种物品需求量对消费者收入变动反应的敏感程度。或者说，它表示当消费者收入变动百分之一时所引起的该商品的需求量变动的百分比。其公式为:

$$\text{需求收入弹性}=\frac{\text{需求量变动的百分比}}{\text{收入变动的百分比}}$$

在学生时代，我们会到服装批发市场甚至地摊上去淘衣服；但工作后，我们会去专卖店买衣服；当我们富有了，我们会买奢侈品或私人定制的服装；等等。为什么我们会在不同阶段对服装有不同的需求？收入不同是一个重要的影响原因。

在生活中，大多数商品是正常物品，其需求量随着消费者收入的提高而增加，因此，正常物品的需求收入弹性为正值。当然，少数的低档物品或劣等品是例外，例如搭乘公共汽车，其需求量随着消费者收入的提高而减少，因此低档物品的需求收入弹性为负数。

即使同样是正常物品，不同类型商品的需求收入弹性的大小差别也很大（见表3－3）。比如粮食、蔬菜、食盐和衣服等这类生活必需品的需求收入弹性往往较小（小于1，大于0），因为消费者无论收入多低也要选择购买这类物品；而冰箱、彩电、小汽车等耐用消费品以及燕窝和游艇这类奢侈品的需求收入弹性往往较大（大于1），因为如果消费者的收入很低，他们可以不购买这类物品。

表3－3　现实世界一些商品的需求收入弹性估计

需求收入富有弹性的商品	弹性估值	需求收入缺乏弹性的商品	弹性估值
航空旅行	5.82	烟草	0.86
电影	3.41	酒	0.62
国外旅游	3.08	家具	0.53
电子产品	1.94	衣服	0.51
餐馆吃饭	1.61	报纸杂志	0.38
理发	1.36	电话	0.32
汽车	1.07	食物	0.14

了解了需求收入弹性及其特点可以帮助企业进行各种决策。

（1）预测。在已知需求收入弹性、未来收入变化的趋势情况下，企业可以对产品的未来市场需求量进行预测。

（2）分析企业产品结构策略。在经济高速增长时期，生产需求收入弹性大的产品，企业可以获得更大的增长机会；在经济衰退时期，这类企业可能首当其冲地受到更大的冲击。

（3）帮助企业进行市场细分。随着人们收入的增加，对不同类型的商品需求量增加的速度是不一样的，要根据对经济的预期和人们收入变化趋势来考虑企业发展的策略。随着消费者收入的增加，企业生产需求收入弹性大的商品，则利润大，但风险也大；企业生产需求收入弹性小的商品，则利润小，但风险也小。企业生产需求收入弹性不同的商品组合，既可以减小风险，也可以获得较大的利润。

当你了解了需求的各种弹性后，那你对 pizza 店的思考就可以找到答案了。

三、供给价格弹性

作为 pizza 店的老板，你可以思考更多的方面：随着人们收入的增加，你预计 pizza 的需求会增加，但需求增加会引起价格上升。而当价格上升很小幅度时，你的 pizza 供给量应有大幅度的增加吗？

这个问题的答案取决于供给量对价格变动的反应程度，我们称之为供给价格弹性。其公式为：

$$\text{供给价格弹性} = \frac{\text{供给量变动的百分比}}{\text{价格变动的百分比}}$$

注意，供给曲线是向右上方倾斜的，也就是供给量与价格是同方向变动的。因此，供给价格弹性通常是一个正数。

图 3－2 显示了供给价格弹性的两种可能情况。在这两种情况中，最初的需求曲线都是 D_0。在图 3－2（a）中，供给曲线 S 表示 pizza 的供给；图 3－2（b）中，供给曲线 S' 表示 pizza 的供给。供给曲线的斜率不同对应商品的供给价格弹性肯定不同。假设最初每个 pizza 都是 8 美元，生产和销售量是每天 50 个。

现在由于收入和人口增加，pizza 的需求增加，其需求曲线向右上方移动到 D_1。在图 3－2（a）的情况下，每个 pizza 价格上升了 4 美元，为 12 美元，而供给量只增加了 10 个。在图 3－2（b）的情况下，每个 pizza 价格仅上升了 1 美元，为 9 美元，但供给量却增加了 50 个。这两种不同的结果是由于供给量对价格变动的反应程度即供给价格弹性不同。

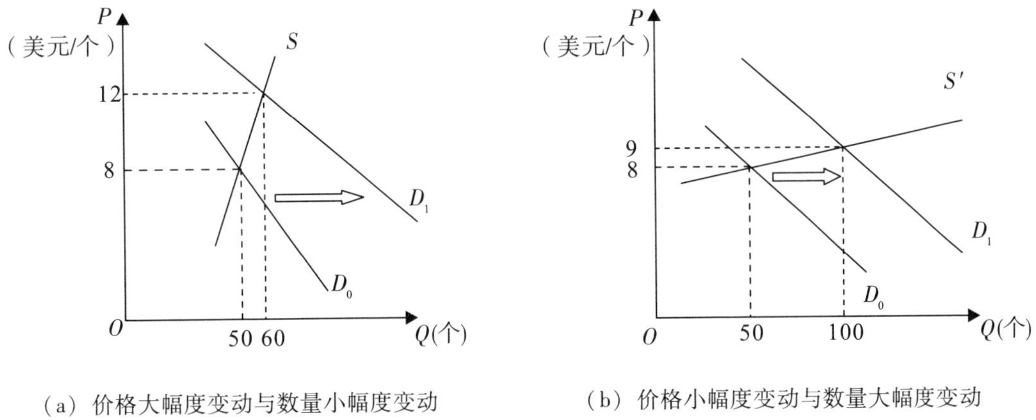

图3－2　供给价格弹性

【问题3－2】分别计算在图3－2（a）（b）两种情况下pizza的供给价格弹性。

解答思路：

（1）在图3－2（a）的情况下，

价格变动百分比为：（12－8）÷8×100%＝50%；

供给量变动百分比为：（60－50）÷50×100%＝20%；

供给价格弹性为：20%÷50%＝0.4；

供给价格弹性是0.4，表示供给量变动的比例是价格变动比例的0.4倍。

（2）在图3－2（b）的情况下，

价格变动百分比为：（9－8）÷8×100%＝12.5%；

供给量变动百分比为：（100－50）÷50×100%＝100%；

供给价格弹性为：100%÷12.5%＝8；

供给价格弹性是8，表示供给量变动比例是价格变动比例的8倍。

现在，我们来讨论一下影响供给价格弹性的因素，总结起来主要有以下两个因素：

（1）卖者改变他们生产的商品产量的可能性。当产品的价格变化时，如果卖者很容易改变产量，则其供给价格弹性就大；反之，供给价格弹性就小。例如，海滩土地供给价格弹性很小，几乎为0，因为无论海滩土地价格提高多少，卖者都几乎不可能增加这种土地。相比之下，诸如书、汽车和电视等这类商品的供给价格弹性大，因为生产这些商品的企业可以对价格上升迅速做出反应而容易增加供给量。

（2）所考虑的时间长短。在大多数市场上，长期的供给价格弹性通常都大于短期的。在短期中，企业不能轻易地改变工厂规模来增加或减少一种物品的生产，因而供给量对价格变动的反应非常不敏感。相比之下，在长期中，企业可以建立新工厂或关闭旧工厂，同时，也有一些新企业可以进入这个市场，一些旧企业可以退出这个市场，因而供给量可以对价格变动做出较大的反应。

我们可以利用供给价格弹性来解释为什么国际石油价格如此不稳定。由于石油开采过程的长期性和复杂性，石油供给价格弹性在很长一段时间内非常低。同时，世界各国对石油的需求在快速增加。这是20世纪70年代以来石油输出国组织（OPEC）在很长一段时间内能够通过限制成员国石油供给量而成功操纵国际石油价格的原因。2008年，全球金融危机爆发后，世界对石油需求大幅度下降，几个月内，石油的均衡价格也大幅度下降，从原来的每桶140美元快速下降到每桶40美元。石油价格的这种浮动不仅反映了石油需求的变化，也说明了石油供给价格弹性较低的特点。

【生活中的经济学】

弹性与正在消失的家庭农场数量

近年来，不少美国人注意到一个现象：虽然粮食产量持续快速增长，但农场和农民数量却一直在减少。如1950年全美有500万个农场，2 300多万人生活在农场，但到了2009年却只存在200万个农场，不到300万人生活在那里。因此，有人就担心正在消失的家庭农场正成为美国的一个濒危“物种”。为什么会出现这种现象呢?

结合供求理论和弹性理论，我们可以对这一现象做出解释。这主要是因为农业产量的快速增长以及大部分农产品所具有的需求价格弹性低和需求收入弹性低的特点。

由于美国农业生产技术的发展大幅度提高了农业生产率，如小麦品种的改进和种植工艺的提高，因此尽管小麦的种植面积有所减少，但小麦的总产量还是出现了大幅增长，导致农业供给曲线大幅右移。

然而，对美国农民来说，小麦产量的增长导致其价格大幅度下降。由于小麦的需求缺乏弹性，而且小麦需求的收入弹性很低，小麦价格下降。虽然美国的人口比1950年有了很大增长，收入水平也大大高于1950年，但美国人对小麦的需求却没有大幅增长，需求曲线表现为小幅度右移。于是，快速增长导致过剩的小麦只能降价出售。由于小麦的需求缺乏弹性，要想让小麦市场出清，则小麦降价的幅度必须很大。

因此，供给的大幅变动、需求的小幅变动以及需求缺乏价格弹性和需求收入弹性小的特点一起促成了小麦价格的下降。在价格下降的情况下，只有最有效率的农场才能保持盈利，小的家庭农场难以生存下来，因而逐渐消失（见图3－3）。

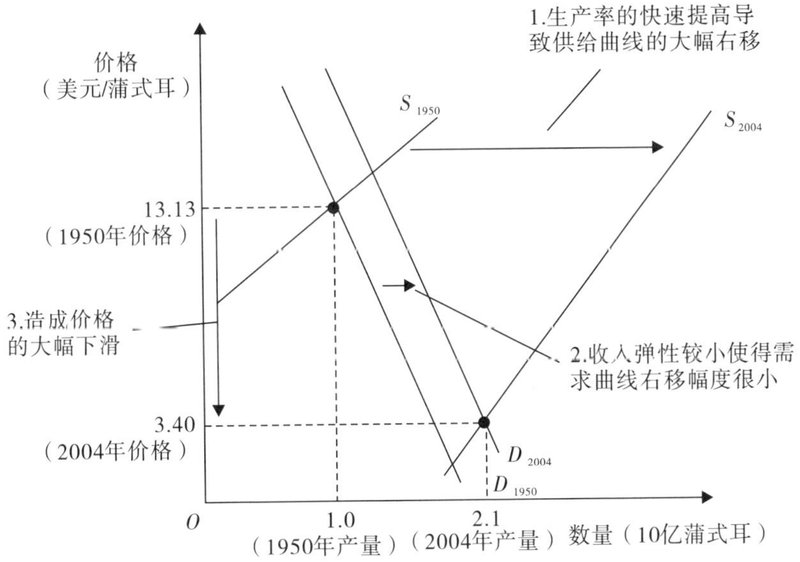

图3－3　弹性与正在消失的农场

（资料来源：哈伯德，奥布赖恩．经济学：微观［M］．张军，罗汉，等译．3版．北京：机械工业出版社，2011）

【PBL 学以致用】

汽油价格对你影响有多大?

在本章结束前，我们先来回答在开篇案例中提到的三个问题：①在购买汽油时，哪些因素会影响你对于价格的反应？②在不同人生阶段，你对价格变化的反应有没有不同？③为什么消费者对于某个特定加油站汽油价格变化的反应似乎要比对所有加油站汽油价格同时上涨或下降的反应更强烈?

通过这章的学习，我们知道，很多因素都可能影响你对汽油价格变化的敏感度，包括你的收入水平（以及汽油购买在你的预算中所占的比重）、你居住的地区是否有良好的公共交通服务（这可能成为使用私家车的一种替代品）、你的居住地离学校或工作地点的距离等。在你的一生中，这些因素都可能改变，从而使得你对于汽油价格变化的敏感度也发生变化。最后，消费者之所以对某特定加油站汽油价格变化做出反应，是因为其他加油站所提供的汽油是一种很好的替代品。汽油作为一种产品，目前却很少有好的替代品。

本章小结

供给与需求的工具能帮助你分析许多重要的事件以及影响经济的政策；弹性理论能进一步帮你提高决策的科学性，从而尽量减少决策的盲目性。现在你正在成为经济学家的路上前进。

第四章　把钱用在刀刃上：消费者选择

学习目标

【知识目标】了解效用、预算和消费者均衡等概念；理解边际效用递减规律；理解消费者是如何做出最优消费选择的；了解消费者剩余及其意义。

【技能目标】能对比分析基数效用论与序数效用论的基本观点；能用预算线和无差异曲线分析消费者的选择。

开篇案例

"双十一"变成一场全民狂欢的购物盛宴

"双十一"即指每年的 11 月 11 日，是指由电子商务代表的，在全中国范围内兴起的大型购物促销狂欢日。由于日期特殊，由四个"1"组成，因此被网友戏称为"光棍节"。从 2009 年开始，天猫等众多大型电子商务网站在"双十一"当天进行了大规模的打折促销活动，极大地提高了销售额，并获得巨大的利润。这个活动迅速席卷了全国众多电子商务平台，并延伸到线下实体店的销售，取得了巨大的成功。2009 年，天猫商城"双十一"销售额为 0.5 亿元；2010 年，提高到 9.36 亿元；2011 年，跃升到 33.6 亿元；2012 年，飞速增长到 191 亿元；2013 年，总交易额达 350.19 亿元；2014 年，成交额为 571 亿元；2015 年，交易额高达 626.42 亿元……在 2014 年 10 月，阿里巴巴集团取得了"双十一"注册商标，天猫就"双十一"商标享有专用权，受法律保护。网购改变了人们的消费方式，“双十一”也从一个由网友自嘲单身兴起的称呼，发展成为一个人尽皆知且具有特殊意义的节日，成了互联网中消费者固定的网购狂欢盛宴。

讨论：“双十一”为什么能够变成一场全民狂欢的网购盛宴？在“双十一”网购中我们的消费选择是理性的吗？

消费者购买商品的目的是得到满足（效用），而某物品效用的大小完全取决于消费者在消费该物品时感受到的满足程度。经济学关于消费者行为最基本的假设是消费者追求效用最大化。那么，我们该如何去度量效用的大小呢？对于任何消费者来说，收入总是有限的。在有限收入的约束下，消费者如何选择商品才能实现效用最大化的目标呢？这一章，我们就来讨论效用、预算与消费者均衡，研究消费者如何把钱用在刀刃上，做出最优的消费选择。

第一节　花钱买开心：效用与边际效用递减规律

生活中，我们总是需要吃喝玩乐，需要花钱购买一些物品和服务来满足各方面的需求，从而获得一定的满足感或愉悦感，也就是说“花钱买开心”。这种“开心”就是消费者在消费商品时所感受到的满足，经济学称之为“效用”。

一、效用：得到满足

效用（utility）是指消费者在消费商品（物品或劳务）时所能感受到的满足程度，或者是商品或劳务满足人的欲望或需要的能力。效用是消费者的心理感受，消费某种物品实际上是提供一种刺激，使人有一种满足的感受或心理上有某种反应。一种商品是否具有效用，取决于消费者对其是否有消费的欲望，以及这种商品是否具有满足消费者欲望的能力。因此，效用是消费者对商品满足自己欲望的能力的一种主观心理评价。效用的大小因人而异，因时而异，因地而异。那么，如何来度量效用的大小呢？对此，西方经济学家先后提出了基数效用论和序数效用论两种观点。

（1）基数效用论，是19世纪和20世纪初期西方经济学普遍使用的理论，其基本观点是：效用的大小可以用基数（1、2、3……）来表示，是可以计量并可以加总求和的，表示效用大小的计量单位被称为效用单位（utility unit）。例如，某人吃一个鸡蛋获得的满足程度为10个效用单位，看一场电影获得的满足程度是12个效用单位，因此看一场电影比吃一个鸡蛋的效用更大；而这两种商品的效用总和是22个效用单位。一般情况下，商品数量越多，总效用就越大；商品种类越多，总效用也越大。

（2）序数效用论，是由希克斯和艾伦在1934年《价值理论的再思考》这篇著名论文中提出的，其基本观点是：效用作为一种心理现象是无法计量的，也不能加总求和，效用之间只能通过顺序（第一、第二、第三……）或等级来比较。也就是说，消费者消费商品获得的满足无法用数量来表示，只能通过排序来比较。例如，消费者知道在看一场电影和吃一个鸡蛋这两种消费之间，他更偏好前者，那么他看一场电影比吃一个鸡蛋获得的效用更高，但电影和鸡蛋的效用大小的具体数值则不得而知。

二、边际效用递减规律

基数效用论认为效用是可以计量并可以加总求和的，效用的大小可以用基数来表示。也就是说，消费商品的满足感这种主观心理感受可用一个基数来计量，消费不同商品的总满足感可用基数进行加总。基数效用论将效用分为总效用和边际效用，并提出了边际效用递减规律。

（一）总效用与边际效用

总效用（total utility，简称TU）是指消费者在一定时间内从一定数量商品的消费中所得到的效用的总和，也就是消费者从消费一定数量的物品组合中所获得的总满足程度。边际效用（marginal utility，简称 MU）是指消费者在一定时间内增加一单位商品的消费所得到的效用的增量，也就是消费者在消费商品的过程中，每增加消费一单位商品所带来的满足程度的增加量。

总效用函数是表示总效用与消费的商品数量之间关系的函数表达式。以 TU 代表总效用水平，以 Q 代表消费的商品数量，则总效用函数表示为 $TU(Q)$ 。

边际效用函数是表示边际效用与消费的商品数量之间关系的函数表达式。以 MU 代表边际效用水平，以 Q 代表消费的商品数量，则边际效用函数表示为 $MU(Q)$ 。

总效用函数与边际效用函数的关系是怎样的？假设消费者在消费商品的过程中，增加消费了 ΔQ 个商品，由此引起的总效用变化量为 ΔTU ，那么增加消费一单位商品所带来的效用改变量，即边际效用为 MU ，可表示为：

$$MU = \frac{\Delta TU}{\Delta Q}$$

假设某消费者从消费某商品（例如吃苹果）中得到的总效用和边际效用的情况如表 4 - 1 所示，我们可以从中看出总效用和边际效用的变化过程以及两者之间的关系。该消费者吃第 1 个苹果，感觉香甜可口，非常舒服，其满足程度较高，为 10 个效用单位，这时总效用及其增量（即边际效用）均为 10 个效用单位。接着消费者吃第 2 个苹果，虽然第 2 个苹果与第 1 个苹果一模一样，但消费者感觉第 2 个苹果不如第 1 个好吃，将满足程度定为 8 个效用单位，于是总效用由 10 个效用单位增加到 18 个效用单位，边际效用则由 10 个效用单位下降为 8 个效用单位。以此类推，当消费者吃的苹果越多，后一个苹果带来的满足程度总是不如其前一个苹果高。当消费者拿到第 6 个苹果时，感觉这个苹果可吃可不吃，若吃了其满足程度不增不减，这时总效用达到最大值，为 30 个效用单位，而边际效用已递减为0。在此之后，如果消费者继续吃第7个苹果，那么，他会因肚子胀而难受，这个苹果带来的满足程度变成了负值，为-2个效用单位，此时边际效用为-2个效用单位，而总效用则下降为28个效用单位。

表4-1　某商品的效用表

消费量 Q	总效用 TU	边际效用 MU
0	0	0
1	10	10
2	18	8
3	24	6
4	28	4
5	30	2
6	30	0
7	28	-2
8	24	-4
9	18	-6
10	10	-8

从表4-1可以看出，随着消费者消费商品数量的增加（从1到10），边际效用和总效用呈现不同的变化过程：边际效用不断减小，从10个效用单位变为-8个效用单位；总效用则先增加后减少，先从10个效用单位增加到30个效用单位，再减少为10个效用单位。由此，我们可以得出结论：在消费者消费商品的过程中，随着商品消费量的不断增加，总效用呈现先增加后减少的变化趋势，而边际效用则呈现不断减少的变化趋势。总效用与边际效用的关系是：当边际效用为正值时，总效用呈上升（递增）趋势；当边际效用为零时，总效用达最大值；当边际效用为负值时，总效用呈下降（递减）趋势。

据此，我们可将总效用函数与边际效用函数曲线大体描绘出来，如图4-1所示。

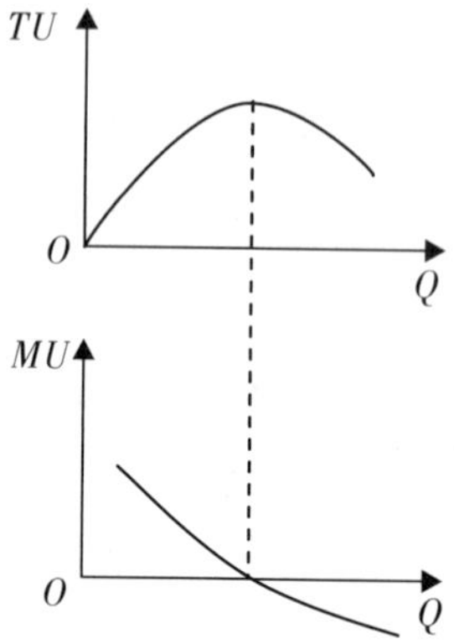

图 4－1　效用曲线

从图 4－1 中可以看出，随着商品消费数量的增加，总效用函数曲线先上升，达到最高点后下降；边际效用函数曲线从左上方向右下方倾斜。在总效用上升阶段，边际效用大于零；在总效用的最高点，边际效用等于零；在总效用下降阶段，边际效用变为负值。

（二）边际效用递减规律

消费者对同一种商品的消费或拥有的数量越多，其对该商品的欲望或迫切程度就越低。在一定时间内，在其他条件保持不变的情况下，随着消费者对某种商品消费量的增加，消费者从该种商品连续增加的每一单位消费中所得到的效用增量即边际效用是递减的，这就是边际效用递减规律。譬如，当你极度口渴的时候，你喝下的第一杯水是最解燃眉之急且最畅快的，其效用也是最大的。接下来，随着你喝水数量的连续增加，虽然每一杯水是一样的水，但在你连续喝水的过程中，每多喝一杯水给你带来的效用增量即边际效用却是递减的。当你喝到已经完全不渴时，水的总效用达到最大值，而边际效用则降为零。如果你此后继续喝水，就会感到不适，这意味着水的边际效用已进一步降为负值，而总效用也因此开始下降了。其实，无论什么商品，随着消费数量的增加，边际效用都是递减的。可以说，我们对商品的消费总是喜新厌旧的。

为什么消费者的消费过程会呈现边际效用递减规律呢？首先，从人的生理和心理的角度来看，消费某种物品实际上是受到一种刺激，从而有一种满足的感觉。人在消费某种物品的过程中，开始对这种刺激的反应比较大，因而满足程度就比较高，但随着同一种商品的消费量不断增加，同一种刺激不断反复，人在心理上的兴奋程度或满足程度就会下降。其次，由于物品本身用途的多样性，消费者总是将第一单位的消费品用在最重要的用途上，第二单位的消费品用在次要的用途上，以此类推，因而第一单位的商品重要性最大，带给消费者的满足程度最高，而最后一单位商品的效用最小。例如，按重要程度递减的顺序，水的用途依次有饮用、洗浴、洗衣、浇花等。当消费者拥有的水很少时，水会被用来饮用，以发挥其最重要的用途，这时水的边际效用最大。随着消费者得到的水不断增多，水会被逐次用到洗浴、洗衣、浇花等相对越来越不重要的用途上，于是水的边际效用就会逐渐下降，呈递减趋势。

边际效用递减规律是客观存在的，它可以用来解释生活中的很多现象。有一句大家耳熟能详的话：“所谓旅游，就是从自己待腻的地方去看别人待腻的地方。”为什么我们总是想出去旅游，到其他地方去看看呢？因为我们对熟悉的环境也存在边际效用递减规律。再如，自从互联网出现后，我们感觉好像越来越离不开它了。那么，是什么让网络紧紧抓住了我们的生活？答案肯定是信息。网络上的信息能让我们以最快速度了解全世界各个角落发生的新鲜事情，但其实我们对信息也存在边际效用递减规律。因为我们能从网络上了解的信息实在太多了，初次看到的信息往往是最有价值的，而不断重复的信息达到一定程度后就会被视为毫无价值。

边际效用递减规律是消费者行为理论的基础规律，在经济学中占有重要的位置，它与本书后面要讲到的边际生产率递减，从而边际成本递增规律，被看作资源配置理论的两大支柱。

第二节 甜蜜的负担：预算和偏好

消费者的目标是效用最大化，如果有足够多的钱，他会选择效用最大的那一种商品。但是，消费者的收入总是有限的，他在购买商品的时候，要面临一种甜蜜的负担：有多少钱可以用来购买自己想要的商品？在这一节，我们分析消费者面临的预算约束及其对各种商品组合的偏好程度，即预算线和无差异曲线，它们是序数效用论用于分析消费者均衡的两种工具。

一、预算约束：有多少钱可以花

由于财力有限，当我们走进商店，面对成千上万的商品时，我们需要考虑商品的价格，并在自己有限的财力范围内去选购商品。预算线就是用来分析我们是否“买得起”这个问题的工具。

预算线（budget line），又称为预算约束线、消费可能线或价格线，是指在商品价格和消费者收入既定的条件下，可供消费者选择的两种商品的最大可能组合关系曲线。它表示在消费者的收入和商品的价格给定的条件下，消费者的全部收入所能购买到的两种商品的各种组合。注意，为了简化分析，我们假设只有两种商品可供选择，于是在预算线的直角坐标系中，横轴表示一种商品的数量，纵轴表示另一种商品的数量。

假设卢卡的收入是900元，他将收入全部用来购买晚餐和新衣服。其中，一件新衣服的价格是300元，即 $P_1 = 300$ 元；一顿晚餐的价格是20元，即 $P_2 = 20$ 元。那么，可供卢卡购买的这两种商品的最大组合（X_1，X_2）关系可以表示为：$300X_1 + 20X_2 = 900$，这就是卢卡预算线的表达式。据此可知，如果卢卡把全部收入都用来购买晚餐，则可吃45顿晚餐；如果把全部收入都用来购买新衣服，则可买3件新衣服。由此，可作出预算线，即图4－2中的线段 AB。预算线 AB 把坐标平面图分为三个区域：在预算线 AB 上的每一点代表的两种商品的组合都刚好花掉900元的收入；在预算线 AB 的左下方，任何一点如 C 点代表晚餐和新衣服的组合花不完全部收入900元；在线段 AB 的右上方，任何一点如 D 点代表两种商品的组合是全部收入900元买不到的。图4－2中阴影部分的三角形区域就确定了卢卡选择商品组合的空间，被称为消费者的预算空间。也就是说，在预算线上和预算线左下方的空间中，所有的点对应的商品组合，消费者都可以实现购买；预算线右上方空间中的点对应的商品组合，消费者则无法全部购买。可见，预算线勾勒出可供消费者选择的商品组合的最外边缘。

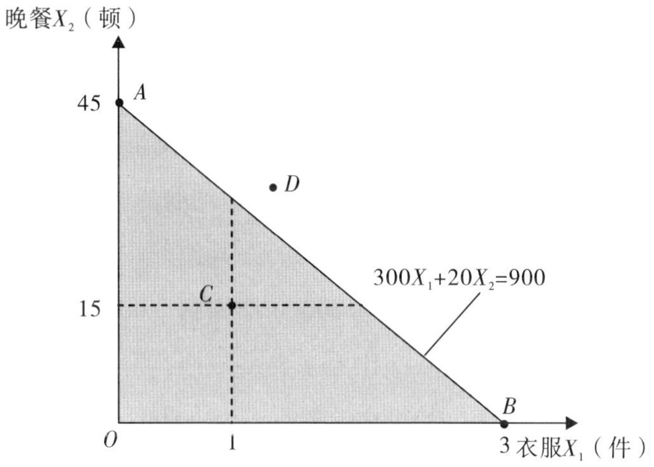

图4－2　预算线

下面，我们从以上具体的例子转向对预算线的一般分析。

假定消费者的既定收入为 I，两种商品的既定价格分别为 P_1 和 P_2，购买两种商品的数量分别为 X_1 和 X_2，那么，相应的预算线方程可表示为：

$$P_1X_1 + P_2X_2 = I$$

该式表示：消费者购买两种商品的总支出等于其全部收入。预算线方程经过恒等变形可表示为：

$$X_2 = -\frac{P_1}{P_2}X_1 + \frac{I}{P_2}$$

这是典型的一元一次减函数形式。由此可知，在纵坐标为 X_2，横坐标为 X_1 的坐标平面上，预算线是一条从左上方向右下方倾斜的直线，斜率为 $-\frac{P_1}{P_2}$，纵截距为 $\frac{I}{P_2}$。预算线左下方区域的任何一点，表示消费者的收入在购买该点表示的商品组合后还有剩余；预算线右上方区域的任何一点，则表示消费者的收入不可能买得到的商品组合；只有在预算线上的任何一点，才是消费者刚好花掉全部收入所能购买的商品组合。在同一条预算线上，不管两种商品怎样组合，对消费者而言预算开支都是相同的，即花掉其既定的全部收入。

可见，只要给定消费者的收入 I 和两种商品的价格 P_1 和 P_2，则相应的预算线的位置和形状也就确定了。如果消费者的收入 I、商品 1 的价格 P_1 和商品 2 的价格 P_2 这三个变量中至少有一个变量发生变化，那么原有的预算线就会发生变动。在图 4－3 中，假设卢卡的收入 $I=1\ 800$ 元，衣服的价格 $P_1=600$ 元，晚餐的价格 $P_2=40$ 元，在其他条件不变的情况下，预算线为线段 AB。如果卢卡的收入由 1 800 元增加到 2 000 元，则卢卡花掉全部收入所能购买的衣服和晚餐都比原来要多一些，因此预算线 AB 的位置会向右平移到 $A'B'$；同理，如果卢卡的收入由 1 800 元减少到1 600元，则预算线 AB 的位置会向左平移到 $A''B''$ ［见图 4－3（a）］。如果卢卡的收入和晚餐的价格保持不变，只有新衣服的价格发生变化，那么，当新衣服的价格 P_1 由 600 元下降到 400 元时，预算线 AB 会因为斜率减小而变得平坦一些，变为 AB'；当新衣服的价格 P_1 由 600 元上涨到 800 元时，预算线 AB 会因为斜率增大而变得陡峭一些，变为 AB'' ［见图 4－3（b）］。如果收入和新衣服价格保持不变，只有晚餐的价格发生变化，那么，当晚餐的价格 P_2 由 40 元下降到 20 元时，预算线 AB 会因为斜率增大而变得陡峭一点，变为 $A'B$；当晚餐的价格 P_2 由 40 元上涨到 60 元时，预算线 AB 会因为斜率减小而变得平坦一点，变为 $A''B$ ［见图 4－3（c）］。如果消费者的收入和两种商品的价格都以同比例同方向发生变化，则预算线 AB 不会发生变化，因为这时消费者的全部收入用来购买任何一种商品的数量都不会发生变化。

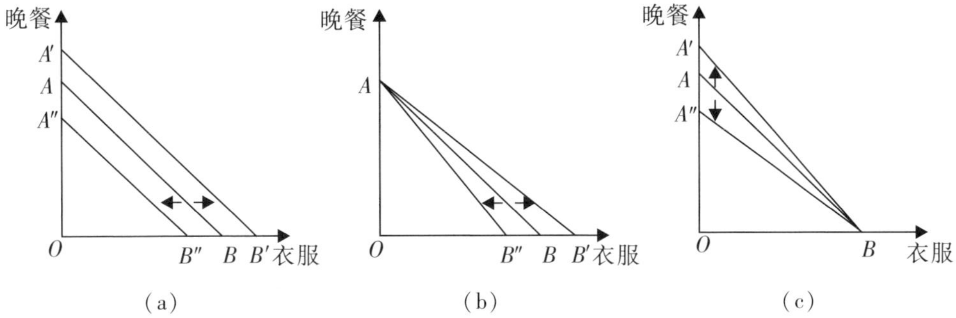

图 4－3　预算线的变动

二、偏好：无差异曲线

消费者如何做出消费选择？分析预算约束线只是其中一个方面，因为消费者的选择不仅取决于其预算约束，还取决于其对商品的偏好。偏好决定消费者从商品消费中获得的效用水平，因此，偏好是我们分析消费者选择的另一个方面。在序数效用论中，消费者偏好可用无差异曲线来反映。

所谓偏好，就是爱好或喜欢的意思。对于不同的商品组合，消费者的偏好程度是有差异的，正是这种偏好程度的差异，才导致消费者对不同商品组合的效用水平的评价不同。准确来说，偏好是指消费者对商品各种组合所做的一个排序。假设消费者卢卡面对 A、B 两种商品组合，他对商品组合 A 的偏好程度大于商品组合 B，那么他就会认为商品组合 A 的效用水平大于商品组合 B；如果卢卡对商品组合 A 和 B 的偏好程度是一样的，那么这两种商品组合给他带来的效用就是无差异的。在二维坐标平面上，我们可以用无差异曲线来表示给消费者带来相同效用的两种商品的所有组合。

无差异曲线是用来表示能够给消费者带来相同效用水平或满足程度的两种商品的所有组合的曲线。它表示消费者在消费两种不同的商品时，能够给他带来相同效用水平的这两种商品的组合关系。或者说，它表示消费者偏好相同的两种商品的所有组合。在前面分析的例子中，卢卡要在晚餐和新衣服之间做出选择，假定给他提供这两种商品的两种不同组合，其中商品组合 A 的晚餐多一点，商品组合 B 的新衣服多一点。如果商品组合 A 和 B 同样符合他的嗜好，他对这两种商品组合的偏好程度是一样的，那么商品组合 A 和 B 的点就位于同一条无差异曲线上（见图 4－4），我们用 U_2 表示这条无差异曲线。如果再给他提供一种商品组合 C，其中的晚餐和新衣服组合数量比商品组合 A 和 B 的相对较多，则卢卡会更加偏好商品组合 C，或者说商品组合 C 可给他带来更高的效用水平，这样，C 点就位于无差异曲线 U_2 右上方的另一条无差异曲线 U_3 上；如果还有一种商品组合 D，其中的晚餐和新衣服组合数量比商品组合 A 和 B 的相对较少，则卢卡会不那么喜欢这种数量较少的商品组合 D，因而 D 点就位于无差异曲线 U_2 左下方的另一条无差异曲线 U_1 上，其对应的效用水平较低。

由图 4－4 可见，在一个坐标平面图上，我们可以画出无数条无差异曲线。这些无差异曲线之间的关系是：离原点越远的无差异曲线代表的效用水平越高，离原点越近的无差异曲线代表的效用水平越低。假定消费者更加偏好商品数量较多的商品组合，那么当消费者对商品组合的偏好变大时，无差异曲线就向右平移，表示效用水平提高；当消费者对商品组合的偏好变小时，无差异曲线就向左平移，表示效用水平下降。在图 4－4 中，无差异曲线 U_3 代表的效用水平最高，无差异曲线 U_1 代表的效用水平最低。在这平面上的无数条无差异曲线中，任何两条无差异曲线都是不会相交的。因为如果相交，则交点所代表的效用水平就会同时等于经过交点的不同无差异曲线所对应的不同的

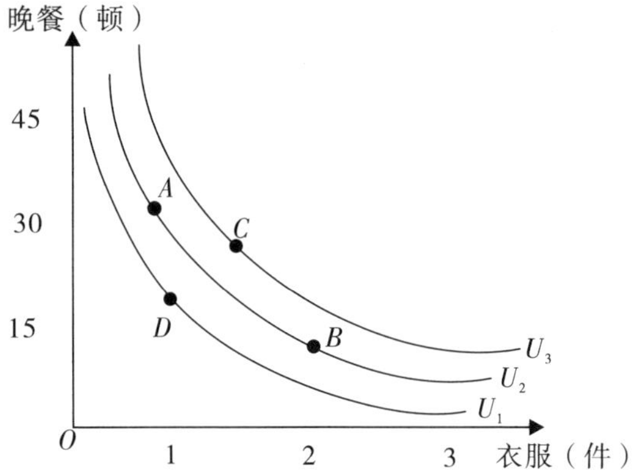

图 4－4　某消费者的无差异曲线

效用水平，这显然会出现矛盾。因此，对于任何一个消费者来说，两条无差异曲线都是平行而不会相交的。另外，无差异曲线通常是向右下方倾斜且凸向原点的，因为同一条无差异曲线表示的效用水平相等，增加一种商品的数量就必然要减少另一种商品的数量，因此无差异曲线的斜率是负的。因为商品的边际效用是递减的，所以在其他条件不变的情况下，随着一种商品的数量不断增加，它对另一种商品的替代能力是递减的。也就是说，消费者在消费两种商品的过程中，要保持效用水平不变，增加一单位某种商品的消费所必须放弃的另一种商品的数量，即边际替代率，是递减的。边际替代率表示效用水平既定时两种商品之间的替代比例，其大小等于无差异曲线斜率的绝对值。因为商品的边际替代率是递减的，所以无差异曲线通常是凸向原点的。

当然，如果两种商品甲和乙之间的替代比例是固定不变的，也就是说，两种商品是完全替代品，那么相应的无差异曲线是一条斜率不变的直线［见图4－5（a）］。例如，在某消费者看来，一个苹果和一个雪梨之间是无差异的，两者总是可以以1：1的比例相互替代，那么相应的无差异曲线就是一条斜率为－1的直线。如果两种商品必须按固定不变的比例同时被使用，也就是说，两种商品是完全互补品，则相应的无差异曲线为直角形状［见图4－5（b）］。例如，一副眼镜架必须和两个眼镜片同时配合才能构成一副可供使用的眼镜，因此对于一副眼镜架而言，只需两个眼镜片即可，任何超量的眼镜片都无法替代眼镜架，都是多余的。

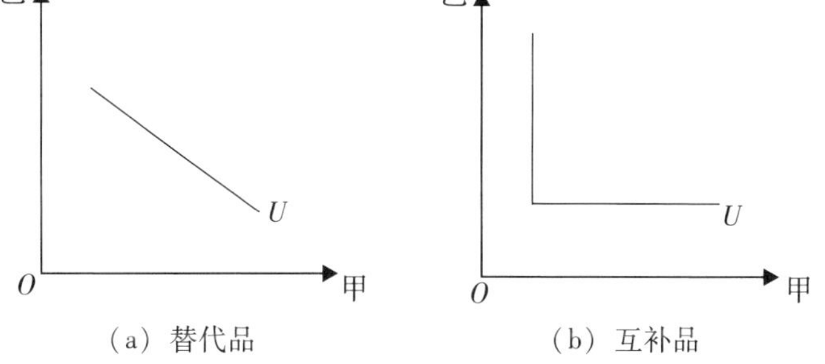

图4－5 无差异曲线的特殊情况

综上可知，在通常情况下，无差异曲线有如下四个特点：①由左上方向右下方倾斜，即斜率是负的；②离原点越远，代表的效用水平越高；③任何两条无差异曲线都不相交；④凸向原点。

第三节　把钱用在刀刃上：消费者均衡

在有限的收入约束下，消费者如何把钱用在刀刃上，选择能够实现效用最大化目标的商品（组合）？也就是说，消费者均衡是如何实现的？所谓消费者均衡（consumers equilibrium）是指消费者在消费商品的过程中达到的均衡状态。消费者处于均衡状态，是已经达到最大满足的状态，即总效用达到了最大化。此时，消费者不愿意发生任何改变，因为如果改变，总效用水平将下降。

一、消费者均衡的条件：消费者如何实现效用最大化

在西方经济学中，基数效用论和序数效用论的观点不同，相应的分析消费者均衡的方法也不同。基数效用论用边际效用分析法来分析消费者均衡，而序数效用论用无差异曲线分析法来研究消费者均衡。

通常基数效用论者用边际效用分析法来说明消费者均衡的条件，假定货币的边际效用 λ 不变，消费者购买的商品价格不变，先以消费者购买两种商品为例，然后再做一般性的概括。

如果消费者要购买 X 与 Y 两种商品，X 的价格为 P_X，Y 的价格为 P_Y，消费者用于购买两种商品的收入为 I，MU_X 为 X 商品的边际效用，MU_Y 为 Y 商品的边际效用，P_X、P_Y、I 均保持不变，那么消费者均衡的条件为：

$$\frac{MU_X}{P_X}=\frac{MU_Y}{P_Y}$$

$\frac{MU_X}{P_X}$表示消费者花一个单位的货币增加购买 X 商品所带来的效用增加值，$\frac{MU_Y}{P_Y}$表示消费者花一个单位的货币增加购买 Y 商品所带来的效用增加值。如果$\frac{MU_X}{P_X} > \frac{MU_Y}{P_Y}$，说明花一个单位的货币增加购买 X 商品要比增加购买 Y 商品更好，消费者就会增加对 X 商品的购买，减少对 Y 商品的购买，从而增加总效用；如果$\frac{MU_X}{P_X} < \frac{MU_Y}{P_Y}$，说明花一个单位的货币增加购买 Y 商品要比增加购买 X 商品更好，消费者就会增加对 Y 商品的购买，减少对 X 商品的购买，从而增加总效用。总之，如果$\frac{MU_X}{P_X} \neq \frac{MU_Y}{P_Y}$，消费者就会通过调整对 X 商品与 Y 商品的购买数量结构来达到增加总效用的目的；而当$\frac{MU_X}{P_X} = \frac{MU_Y}{P_Y}$时，消费者不需要再进行调整，因为消费者已经获得最大的效用水平，此时消费者均衡得以实现。

对于上述消费者均衡条件，可以做更一般性的概括：消费者消费多种商品且单位货币花在各种商品上所带来的边际效用相等时，消费者达到均衡状态。假设消费者购买 n 种商品，每种商品的边际效用和价格分别是：MU_1，MU_2，MU_3，…，MU_n；P_1，P_2，P_3，…，P_n，则消费者均衡条件为：

$$\frac{MU_1}{P_1} - \frac{MU_2}{P_2} - \frac{MU_3}{P_3} - \cdots - \frac{MU_n}{P_n}$$

由于假定货币的边际效用 λ 不变，消费者均衡条件也可以表述为：

$$\frac{MU}{P} = \lambda$$

上式表明：只要满足任何一种商品的边际效用与其价格之比等于货币的边际效用，消费者均衡就得以实现。

以上根据基数效用论的观点，用边际效用分析法说明了消费者均衡的条件。下面结合前面关于消费者卢卡的例子，根据序数效用论的观点，用无差异曲线分析法来分析消费者追求效用最大化的选择，并考察消费者均衡的实现过程和条件。

如前所述，已知卢卡的收入水平，也就是他的收入为 1 800 元，说明他的预算线是既定的。无差异曲线反映了能给他带来相同满足程度的晚餐和新衣服这两种商品数量的所有组合。在收入既定的情况下，卢卡如何选择晚餐和新衣服这两种商品的购买组合，才能让钱花得物有所值，从而实现效用最大化?

我们把预算线和无差异曲线放在同一个坐标平面上，如图 4－6 所示。在图 4－6 中一共有三条无差异曲线 U_1 、U_2 、U_3 ，其中，U_3 离原点最远，代表的效用水平最高，但 U_3 在预算线 AB 的上方，表明 U_3 上的所有点对应的商品组合，消费者卢卡都是无法获得的，因为 1 800 元的收入是不够的；U_1 有部分曲线在预算线 AB 的下方，表明曲线上这部分的点对应的商品组合，是消费者卢卡可以获得的，但是 U_1 不是卢卡能够实现的最高效用水平。卢卡能够实现的最高效用是与预算线 AB 相切的那条无差异曲线 U_2 代表的效用水平。无差异曲线 U_2 与预算线 AB 相切于 E 点，卢卡能够支付得起 E 点对应的商品组合（2 件新衣服、15 顿晚餐），而且刚好用完全部收入 1 800 元。不存在另一条代表效用水平更高，且是消费者卢卡能够实现的无差异曲线。因此，预算线与无差异曲线相切的 E 点是消费者卢卡的均衡点，它所表示的新衣服和晚餐的消费数量组合，就是卢卡的最优购买点。因为 E 点满足了消费者均衡的两个条件：一是消费者的收入正好花光，这个点位于预算线 AB 上；二是在既定收入水平下，这是消费者能够达到最大满意程度的最优商品组合，这个点位于离原点尽可能远的地方，即是预算线与无差异曲线的切点，而不是交点。可见，在 1 800 元的预算约束下，卢卡的最优消费选择是 15 顿晚餐和 2 件新衣服。

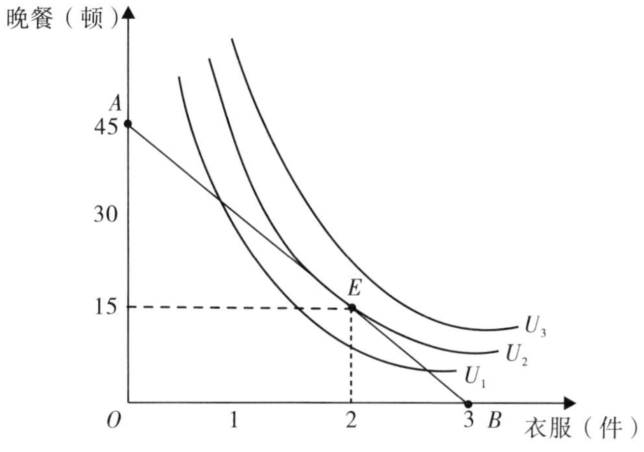

图 4 -6　某消费者的无差异曲线

结合基数效用论的观点，对于 15 顿晚餐和 2 件新衣服这个最优商品组合，也就是在最优购买点上，卢卡会觉得一块钱花在晚餐和新衣服上带来的边际效用是相等的。为什么呢？试想，如果卢卡觉得花 600 元买一件自己喜欢的新衣服给他带来的边际效用是 1 200 个效用单位，而花 600 元吃 15 顿晚餐给他带来的边际效用却只有 600 个效用单位，也就是 $\frac{MU_{衣服}}{P_{衣服}} > \frac{MU_{晚餐}}{P_{晚餐}}$，那么，同样一块钱，花在新衣服上带来的边际效用有 2 个效用单位，而花在晚餐上带来的边际效用只有 1 个效用单位。作为理性的消费者，卢卡会迅速调整自己的购买行为，也就是增加对新衣服的购买，减少对晚餐的购买。而当 $\frac{MU_{衣服}}{P_{衣服}} < \frac{MU_{晚餐}}{P_{晚餐}}$ 时，卢卡就会增加对晚餐的购买，减少对新衣服的购买。显然，卢卡在晚餐和新衣服上分别花一块钱所带来的边际效用不相等时，心里就会觉得不满意，于是会不断调整自己的购买行为。只有当一块钱花在增加购买晚餐和新衣服上带来的边际效用相等时，也就是当 $\frac{MU_{衣服}}{P_{衣服}} = \frac{MU_{晚餐}}{P_{晚餐}} = \lambda$（式中，$\lambda$ 是货币的边际效用）时，卢卡才不会再去调整自己的购买行为，这时晚餐和新衣服消费数量的组合就是最优

的购买点，这样卢卡会觉得他的每一块钱都花得很值，这就是我们经常说的“把钱花在了刀刃上”。

可见，无论是用基数效用论的边际效用分析法还是序数效用论的无差异曲线分析法，关于消费者均衡的分析结果是一致的。在自愿交易的条件下，消费者可以通过选择购买最优的商品数量组合，来实现效用最大化的目标。

二、消费者均衡的变动

前面关于消费者均衡条件的分析是以假定消费者收入既定以及商品价格既定为前提的。实际上，当消费者的收入或任何一种商品的价格发生变动时，消费者均衡就会随之发生变化。

（一）收入变动的情况

在商品价格不变的情况下，如果消费者的收入水平变化了，消费者均衡也会变化。如图 4 - 7 所示，在初始状态下，预算线 AB 与无差异曲线 U_1 相切于均衡点 E，最佳的商品数量组合为（X_e，Y_e）。当商品价格不变时，收入的增加会导致预算线从 AB 向右平移到 $A'B'$，于是，消费者均衡点就由 E 点移动到 E'点，最佳的商品数量组合由（X_e，Y_e）变为（X_e'，Y_e'），消费者获得的效用水平因此提高，由 U_1 增加到 U_2。

（二）价格变动的情况

在消费者收入水平不变的情况下，如果任何一种商品价格变化了，消费者均衡会随之变化。如图 4 - 8 所示，以商品 X 价格下降为例，在初始状态下，预算线 AB 与无差异曲线 U_1 相切于均衡点 E，最佳的商品数量组合为（X_e，Y_e）。在收入不变的情况下，商品 X 价格下降后，预算线以 A 点为圆心，从 AB 逆时针转动到 AB'位置。新的预算线 AB'与无差异曲线 U_2 相切于均衡点 E'，最佳的商品数量组合变为（X_e'，Y_e'），消费者获得的效

用由 U_1 增加到 U_2。可见，虽然消费者收入没有变化，但因为商品 X 的价格下降，使得消费者的实际收入水平提升，从而提高了效用水平。

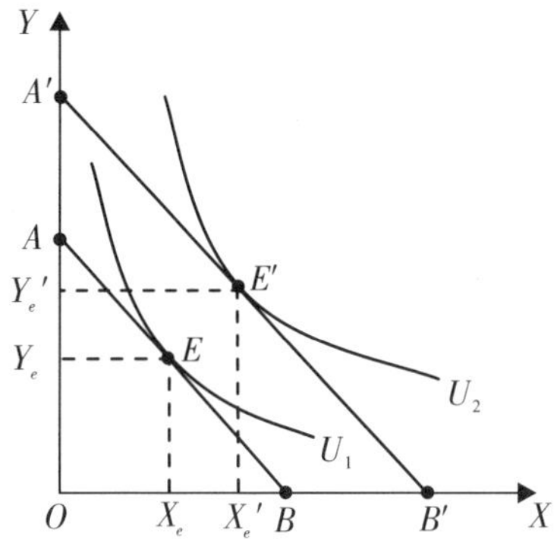

图 4－7　收入变动的消费者均衡

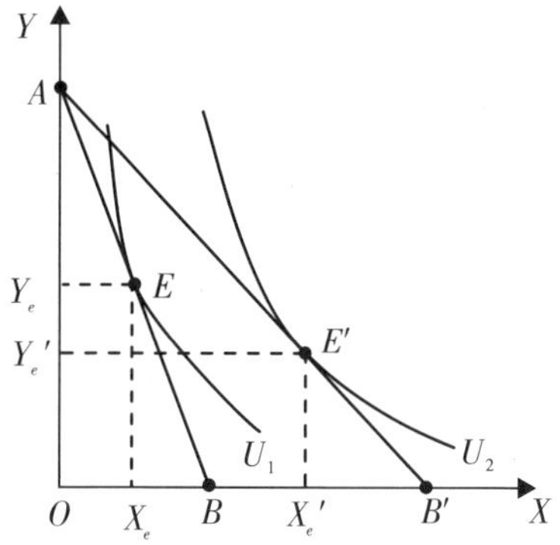

图 4－8　价格变动的消费者均衡

☞ **轮到你了**

请分析收入减少和商品 X 价格上涨及商品 Y 价格变动的情况。

三、消费者剩余

在购买商品时，消费者对每一单位商品所愿意支付的最高价格取决于该单位商品的边际效用。由于存在边际效用递减规律，消费者对某一特定的商品所愿意支付的最高价格是随着数量的增加而逐步下降的。然而，在现实市场中，消费者在购买商品时是按实际的市场价格来支付一定数量的商品的，而不是对每一单位的商品都支付其愿意给的最高价格。于是，在消费者愿意支付的最高价格和实际的市场价格之间就产生了一个差额，这个差额就是消费者剩余。例如，某种矿泉水的市场价格是每瓶 3 元，某消费者在购买第 1 瓶矿泉水时，根据这瓶矿泉水的边际效用，他认为值得花 5 元去购买，也就是他愿意支付的最高价格为 5 元。但实际上，这个消费者是以市场价格 3 元购买了这瓶矿泉水，这时就产生了额外 2 元的消费者剩余。在继续购买矿泉水的过程中，随着矿泉水的边际效用递减，他为购买第2瓶、第3瓶、第4瓶矿泉水所愿意支付的最高价格依次递减为4.5元、4元和3.5元。这样，他为购买4瓶矿泉水所愿意支付的最高总金额为5+4.5+4+3.5=17元，但他实际按市场价格支付的总金额是3×4=12元。两者的差额为17-12=5元，这个差额就是消费者剩余。也就是说该消费者按市场价格购买4瓶矿泉水的消费者剩余是5元。消费者剩余是一种心理感觉，正是因为这种感觉，他认为购买4瓶矿泉水是值得的。

前面我们已学习，商品的需求曲线表示商品价格与需求量之间的关系。其实，不仅如此，需求曲线上特定的某个点也反映了消费者在购买特定数量商品时所愿意支付的最高价格。因为市场价格是给定的，所以对消费者而言，在其支付意愿与实际支付之间就存在一个差值，这就构成了一种"心理剩余"，即消费者剩余，它是消费者为得到一定数量的某种商品愿意支付的数额与实际必须支付的数额之间的差额。消费者剩余可以用消费者需求曲线以下、市场价格之上的面积来表示，如图4-9中的阴影部分面积所示。譬如，卢卡特别喜欢一件新衣服，他愿意支付800元购买，而市场价格只要600元，这样他就获得了200元的消费者剩余；而如果我不是很喜欢这件新衣服，我只愿意支付400元购买，那我购买这件衣服就没有消费者剩余，因此我不会去购买这件衣服。

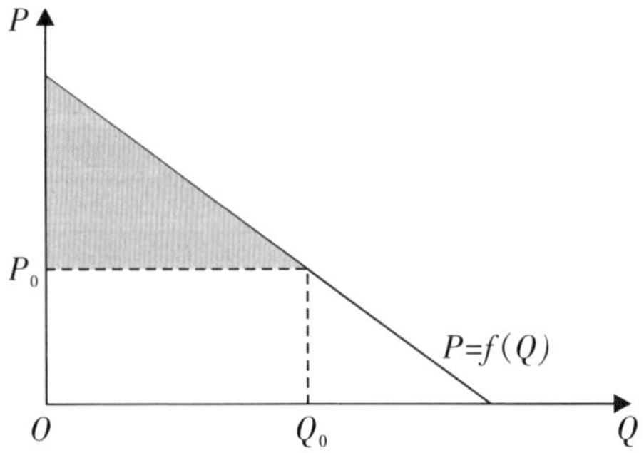

图4-9　消费者剩余

在通常情况下，降低商品价格会增加消费者剩余。反之，如果商品价格上涨，则消费者剩余会下降。在大多数商品市场上，消费者剩余反映了经济福利。每年“双十一”购物狂欢节的汹涌客流和极为庞大的单日成交量都显示了老百姓较强的消费意愿和较高的消费能力。在“双十一”那天，人们上网抢购商品，就是因为大量商品打折产生了更大的消费者剩余。

【嗨经济】

凡尔赛经济与消费

说起奢华，集大成者当属宫殿。全世界最著名的五大宫殿是北京故宫、法国凡尔赛宫、英国白金汉宫、美国白宫、俄罗斯克里姆林宫。

1624 年，法国国王路易十三在巴黎西南郊区买下 117 法亩荒地，修建一座二层红砖楼房，用作狩猎行宫。

人生无常，路易十三因骑马落水引起肺炎，1643 年 5 月 14 日去世。

路易十三没有想到，自己只是想休闲一下的地方，后来发生了很多很多的故事。

年仅 5 岁的路易十四登基，深受母后摄政和红衣主教的束缚。直到 1661 年，红衣主教马扎然去世，路易十四才开始真正施展拳脚。

路易十四看上了路易十三的狩猎行宫，决定在此基础上修建凡尔赛宫，1661 年开始动工。1682 年他正式搬进这座宫殿，直到 1715 年去世。自己当家做主的感觉，就是好！

同时，他还让王公贵族在凡尔赛宫周边居住，凡尔赛宫成了中央集权地。从行宫到帝都，这块地风水真好！

其实，凡尔赛宫真正竣工于 1756 年，占地 111 万平方米，建筑面积 11 万平方米，园林面积 100 万平方米。建筑气势磅礴，正宫、南宫和北宫形成对称几何图案，宫顶雄浑富有冲击力，外壁雕像栩栩如生。

从此，凡尔赛宫成为“奢华”的代名词。路易十四没有想到，300 年后，凡尔赛宫成为旅游胜地，全世界的游客为法国带来源源不断的现金流。《加菲猫 2》真人版动画片电影曾在此拍摄取景。凡尔赛旅游经济，就这样呼应了历史。前人栽树，后人乘凉，历史就是这么奇妙。看来，老祖宗留下的东西，还是要好好保存的。

路易十四更没有想到，2020 年，“凡尔赛文学”“凡尔赛体”突然火了。

“凡尔赛”的网络义为表面低调，实为炫耀。说者内心有着抑制不住的炫耀冲动。

为什么会有这样的冲动呢？消费不仅是个人的事儿，更是社会的事儿，是关乎面子的事儿。

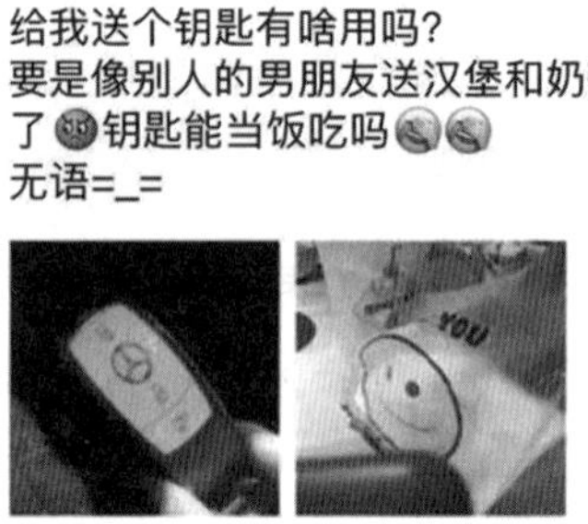

幸福生活，就是效用最大化。吃饱穿暖这类生理需求，很容易满足，效用有限。面子是心理需求，效用无限。房子、车子、位子、孩子，一切成了面子的舞台。“只要你过得比我好”变成了“只要我过得比你好”。

马克思曾经提出，消费是人与人之间社会关系的体现。1899 年，凡勃伦在《有闲阶级论》一书中提出，炫耀性消费是一种为了证明财富和权力并获得和保持尊荣的消费活动，成为身份认同、阶层流动的重要方式。1949 年，杜森贝利提出，消费具有两种效应：一是棘轮效应，“由俭入奢易，由奢入俭难”；二是示范效应，消费具有模仿和攀比性。

人类学家莫里斯·弗里德曼提出，消费是对认同的消费，消费者不仅消费了商品和服务，还消费了“意义”与“认同”。1976年，赫希提出，地位性商品是一种价值强烈地依赖于稀缺性的商品，其稀缺性越高，则价值越大。1985年，弗兰克对地位性商品进行详细划分，与他人具有强烈对比性的、容易被观测的商品，如汽车、住房、首饰等，能很好彰显消费者的地位。

看来，无论是经济学家还是人类学家，抑或是社会学家，都认为“凡尔赛经济”是消费者的本能。

其实，每个人心中，都住着一个凡尔赛。是耶，非耶?!

在以国内大循环为主体的新发展格局中，如何激发消费者心中的凡尔赛经济冲动，很重要!

要知道，神州有210多万亿元（约31万亿美金，世界第一）可以花的钱，这些钱的拥有者有些是会去追逐“凡尔赛经济”的!

（资料来源：刘住一山金，“嗨经济”公众号，2020-11-14）

本章小结

消费者选择理论，也叫效用论。本章介绍了基数效用论和序数效用论的基本观点及其分析消费者均衡的方法。基数效用论认为效用的大小可以用基数计量，并可以加总求和。根据边际效用递减规律，随着商品消费量的增加，其边际效用是递减的，而总效用呈先增加后减少的变化趋势。基数效用论采用边际效用分析法说明了消费者均衡的条件：当消费者购买的每一种商品的边际效用与该商品的价格之比均等于货币的边际效用时，消费者实现效用最大化的目标。序数效用论认为效用作为一种心理现象是无法计量的，只能通过顺序或等级来进行比较。序数效用论采用无差异曲线分析法说明了消费者的均衡条件：当预算线与无差异曲线相切时，切点所代表的商品数量组合能够使消费者实现效用最大化的目标。

消费者选择理论描述了人们如何做出最优消费决策。正如本章所说明的，消费者选择理论具有广泛的适用性。然而，在实际生活中，作为一个普通的消费者，你也许会对消费者选择理论有一些怀疑。当你每次走进商店要决定买什么商品，买多少商品的时候，你并不会通过画预算线和无差异曲线来决定。那么，你对自己实际做出消费决策的了解是否证明了现实与本章所讲的消费者选择理论不一样？答案是否定的。消费者选择理论是一个模型，而模型并不是完全现实的，但它可以在一定假设条件下说明现实的运行规律。在现实生活中，没有一个消费者是完全借助效用论来做出消费决策的，但消费者知道他们的选择要受到自己财力的约束，而在这种约束下，他们所能做的最佳选择就是达到最高满足程度，即实现效用最大化。消费者选择理论试图用明确的概念和有效的方法来描述消费者行为中隐含的心理过程，为我们揭开消费者选择的本质。

思考题

1. 基数效用论与序数效用论的基本观点和研究方法有何不同？

2. 总效用和边际效用的关系是怎样的？

3. 简述边际效用递减规律，并分析其原因。

4. 什么是消费者均衡？消费者均衡的条件是什么？

5. 无差异曲线有哪些特点？

6. 画图分析在预算约束既定的条件下，消费者要如何实现效用最大化。

7. 什么是消费者剩余？

第五章　绝不做亏本的买卖：生产与成本

学习目标

【知识目标】了解企业的目标；了解各种成本的定义及其相互之间的关系；理解企业在短期和长期的生产决策。

【技能目标】能说明经济利润与会计利润的区别；能分析边际成本和沉没成本对企业生产决策的影响；能应用规模经济理论解释企业如何做大做强。

开篇案例

疫情之下，众多企业跨界生产①

2020 年新冠肺炎疫情暴发后，原本不受关注的卫生防护物资，一时之间成了大众关注的焦点，“一罩难求”、消毒用品缺货的情况令大家印象深刻。暴增的卫生防护物资需求，推动了大量相关企业积极复工复产，甚至“跨界”转产。为了尽快解决口罩等防疫物资的供需矛盾，我国大力推动和扶持医疗企业复工复产，同时号召其他行业转产扩产。从 2020 年 1 月 1 日到 2 月 7 日，全国有超过 3 000 家企业的经营范围新增了“口罩”“防护服”“测温仪”“医疗机械”等业务。其中，中石化、广汽集团、上海通用五菱宏光、比亚迪、爹地宝贝、富士康、三枪内衣、中顺洁柔纸业等其

① http://3g.163.com/dy/article/F6VDN9JQ0519EO06.html? referFrom = 360&is FromOtherWeb = true.

他领域的知名企业纷纷转产口罩，使得我国口罩产能占世界口罩产能的一半，口罩日产能产量双双突破1亿只。尽管很多大企业都加入生产口罩的热潮中，但巨大的需求缺口仍让口罩的价格涨幅超过3倍，有的地方甚至更高，以往仅几毛钱到1元不等的口罩价格攀升至几块钱。虽然单个口罩的利润不大，但口罩是易消耗品，光是生产走量，就能给企业创造一定的利润空间，因此越来越多的中小企业和个人也投资加入其中。疫情之下，为求生存，国外很多企业也纷纷转产卫生防护物资，譬如，迪奥、爱马仕转产洗手液，劳斯莱斯、通用、福特、特斯拉转产呼吸机……

讨论：疫情之下，为什么大量企业跨界生产、转产口罩等物资？国内外那么多转产口罩的企业一定都能赚钱吗？

企业生产的目的是获得利润，而一种生产活动能产生多少利润则取决于生产者在生产过程中得到的收益和付出的成本。经济学家通常假设企业的目标是追求利润最大化。那么，在特定条件下，企业如何才能获得最大的利润呢？企业的收益和成本是什么？企业为了实现利润最大化的目标应该怎样做出生产决策？这一章，我们就来讨论企业的生产与成本，研究生产者如何进行生产，才不会做亏本的买卖。

第一节　赢了它，才能赢得全世界：不一样的经济成本

经济是由成千上万生产各种物品和劳务的企业组成的：比亚迪公司生产汽车，华为公司生产手机，格力公司生产家电，而南方航空公司提供民用航空服务，等等。有些企业是大型的，雇佣了成千上万的工人，也有成千上万分享企业利润的股东；有些企业是小型的，只雇佣了几个工人，而且利润归一个人或一个家庭所有。但所有企业，在生产物品与劳务时都会

产生成本。成本是企业做出生产和定价决策的一个关键因素。那么，什么是成本？企业成本与利润有什么关系？我们可以从海伦的果汁店开始讨论，然后通过考察其经营面临的一些问题，得出一些适用于经济中所有企业关于成本的结论。

一、总收益、总成本和利润

海伦的果汁店为生产果汁，需要购买果汁机、糖、水果和其他制作果汁的材料，并雇佣一些工人，然后把生产出来的果汁卖给消费者。为了理解海伦的生产决策，我们必须了解海伦生产果汁的目的是什么。可以想象，海伦开果汁店是出于为别人提供果汁的利他主义愿望，或者出于她对果汁事业的热爱，而更可能的情况是她为了赚钱。经济学家通常假设，企业的目标是利润最大化，而且他们发现，这个假设在大多数情况下都能很好地发挥作用。

什么是企业的利润？利润（profit）是企业在一定时期的经营成果，是企业的总收益与总成本的差额，即

$$利润 = 总收益 - 总成本$$

总收益（total revenue）是企业从销售其产品中得到的货币量，即企业出售产品后得到的全部收入。总成本（total cost）是企业为了购买投入品所支付的货币量，即企业生产产品所需的费用总和。海伦开果汁店的目的是赚钱，其目标就是使果汁店的利润最大化。

为了说明企业如何实现利润最大化的目标，我们必须全面考虑如何衡量企业的总收益和总成本。总收益很简单：它等于企业生产的产量乘以这些产品的销售价格。如果海伦生产了 1 万杯果汁，并以每杯 7 元的价格出售，那么其总收益就是 7 万元。与总收益相比，企业总成本的衡量就没有那么简单了。

二、显性成本与隐性成本

当我们衡量任何一个企业的成本时，必须记住第一章的十大原理之

一：人的选择面临权衡取舍和机会成本。回忆一下，一种东西的机会成本是为了得到它所放弃的东西。机会成本是由资源的稀缺性和替代性所引起的。在经济活动中，为获得一定产品所付出的代价，不仅包括经济活动本身的资源投入，还包括所放弃的收益。经济学家讲的企业成本包括该企业生产物品与服务的所有成本，即经济成本①，其包括显性的会计成本和隐性的机会成本。会计成本或账面成本是会计师在账簿上记录下来的成本，是我们在会计账簿里能看到的实实在在的成本支出，被称为显性成本；机会成本是指被放弃的一定的资源被用于其他用途时所能获得的最大收益，是不需要现金支付的，被称为隐性成本。

假设海伦开果汁店用的是自己家的房子，一个月卖果汁的收入有 7 万元，而生产这些果汁要支付制作果汁的设备损耗 3 万元，水果和糖等原材料 2 万元，另外由于请了两个工人，每人的工资是 5 000 元。海伦每个月底结算时发现，除去生产果汁的各项开支外，果汁店每个月还有收入 1 万元。那么，这 1 万元是否为海伦做果汁生意赚到的利润呢？经济学会告诉你，海伦的果汁店其实是亏本的！为什么呢？

因为在计算生产成本的时候，只计算了购置设备、购买原材料和给工人工资的支出，而这些都是会计成本，属于显性成本。实际上，当海伦使用自己家房子开果汁店的时候，虽然不用付房租，但如果这个房子她自己不用，而是租给别人用，每个月可以收到 1 万元房租。如果海伦不开这家果汁店，而是选择外出打工，每个月有 1 万元收入。这里，海伦放弃掉的 1 万元房租和 1 万元打工收入，实际上也是她开果汁店的一部分成本，这些是不需要支付货币的机会成本，属于隐性成本。因此，从经济学的角度来看，海伦每个月生产果汁的经济成本是会计成本 6 万元与机会成本 2 万元之和，果汁店的总成本共计 8 万元，而总收益只有 7 万元，所以海伦的

---

① 在一些教材中，企业成本就是总机会成本，是指企业生产物品与劳务的所有机会成本，包括隐性成本和显性成本；本书认为企业成本是指经济成本，包括显性的会计成本和隐性的机会成本。

果汁店是亏本的。

可见，经济成本既包括显性成本，即会计成本，又包括隐性成本，即机会成本。显然，经济学的成本比会计学的成本更大。

三、经济利润与会计利润

现在我们再来考察企业的目标：利润。由于经济成本和会计成本不一样，相应的利润也就有所不同。经济利润是企业的总收益减去经济成本；会计利润则是企业的总收益减去显性成本。两者的区别如图 5－1 所示。

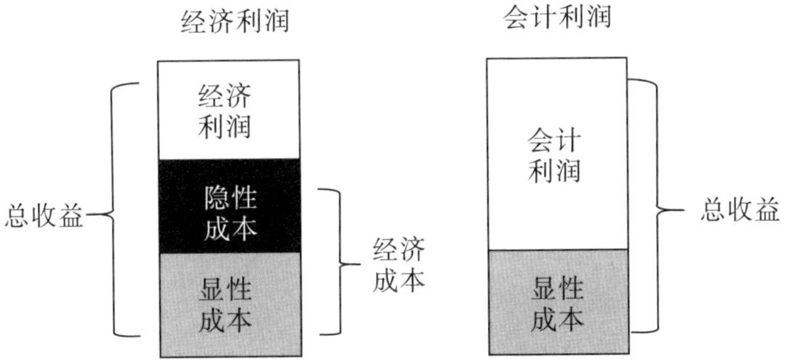

图 5－1　经济利润与会计利润的区别

计算公式可表示为：

$$会计利润 = 总收益 - 显性成本（会计成本）$$

$$经济利润 = 总收益 - 显性成本（会计成本） - 隐性成本（机会成本）$$

我们再回到海伦的果汁店，她每个月的总收益是 7 万元，从会计的账面上看，果汁店每个月的会计成本为 3 万 +2 万 +1 万 =6 万元，因此，会计利润为 7 万 －6 万 =1 万元，果汁店是盈利的。但是，从经济学的角度来看，果汁店每个月的经济成本不仅包括显性的 6 万元会计成本，还包括隐性的 2 万元机会成本，经济利润为 7 万 －6 万 －2 万 = －1 万元，显然是亏本的。因此，从经济学的角度来看，海伦的果汁店是亏本买卖，还不如直接关掉，把房子出租给别人然后收房租，同时自己出去找份工作，这样相对更划算。

对于任何一家企业来说，只有获得了经济利润才算真正赚钱，实现盈利了。

四、固定成本和可变成本

对于特定企业来说，由于短期生产和长期生产的技术特征和规律是不相同的，相应的成本也有不同的特征。究竟如何区分生产的短期和长期呢？其实两者的区别不在于时间的长短，而在于特定时期的企业能否变动全部生产要素的数量。生产的短期（short run）是指生产者来不及调整全部生产要素的数量，至少有一种生产要素的数量是固定不变的生产周期，即短期内企业至少有一种生产要素的投入数量是固定的。通常情况下，企业的技术和生产场地在短期内都是固定的。生产的长期（long run）是指生产者可以调整全部生产要素的生产周期，也就是说，企业在长期内可以改变任何一种投入品的数量，可以采用新的技术，也可以增大或减小工厂的规模。在实际中，对于不同产品的生产而言，同样是短期或同样是长期，所表示的时间长度是不同的。比如，一家果汁店可能在一周内就可以增加果汁机等设备，从而扩大产能；但一家汽车厂的规模变动可能需要一年时间才能完成。也就是说，果汁店的短、长期分界线仅为一周，而汽车厂的短、长期分界线却为一年。

因为在短期内，企业的设备、厂房等一些投入要素通常是无法改变的，所以一家企业的短期成本就包括两类：一是固定成本，也叫不变成本；二是可变成本。固定成本是不会随着生产的产量变动而变动的，也就是说，即使企业暂时关闭，什么都不做也要承担这些费用，包括厂房设备投资的利息、折旧费和维修费、各种保险和一些税金等。对于海伦的果汁店来说，不管她生产多少果汁，她都要支付一样的购买果汁机等设备的钱，这就是她的固定成本。可变成本是指随产量变动而变动的成本，包括工人的工资、为购进原材料（水果、糖等）以及其他物品而发生的支出，以及水电费等。同样，如果海伦必须多雇工人以多生产一些柠檬水，那么这些工人的薪水就是可变成本。

可见，在短期生产中，企业总成本（TC）是固定成本（FC）与可变成本（VC）之和，即

$$TC = FC + VC$$

在长期生产中，所有要素都可以变，因而长期生产没有固定成本，只有可变成本。

第二节　三个和尚没水喝：生产与成本

企业为了追求最大的利润，都会采用适当的技术进行生产。生产技术决定生产过程中投入与产出的数量关系。通常情况下，企业生产的产品越多，需要投入的生产要素越多，产生的成本就越大。但在短期，企业投入的可变要素越多，总成本越大，总产量就越多吗？譬如，海伦的果汁店在短期不断增加工人，是否可以生产出越来越多的果汁？答案是不一定。为什么呢？本节我们就来探究企业生产过程中的成本问题。

一、生产函数

企业的生产过程可以被看成从投入生产要素到生产出产品的过程。生产要素是企业进行生产所必需的一切要素及其环境条件，包括资本、劳动、土地、技术和企业家才能等。经济学所讲的生产要素是指生产中使用的各种资源，一般划分为四个类型：资本、劳动、土地和企业家才能。

（一）生产函数的定义

生产函数是指在一定时期内和给定的技术水平条件下，企业生产过程

中所使用的各种生产要素的数量与所能生产的最大产量之间的关系。任何生产函数都是以给定的生产技术为前提的，一旦生产技术发生变化，就会形成新的生产函数。因此，生产函数表示在一定技术条件下各种生产要素投入与产出的关系。如果用 Q 代表产量，K、L、N、E 分别代表资本、劳动、土地和企业家才能，则生产函数的一般表现形式为：

$$Q=f(K,\ L,\ N,\ E)$$

生产要素种类那么多，如果全部考虑进去，分析起来就太复杂了，而且，土地资源是相对固定的，企业家才能难以估量，因此生产函数通常表示为：

$$Q=f(K,\ L)$$

这一函数表明，在一定的技术水平条件下，产量 Q 需要一定数量的资本 K 和劳动 L 的组合。同样，生产函数也表明，当资本和劳动数量组合已知，就可以推算出最大的产量。需要注意的是，上式中，L 只代表工人的生产劳动，不能代表经营者的管理。

为了简化分析，我们假设海伦的果汁店规模是固定的，她只能通过改变工人数量来改变果汁的产量。这种分析在短期是现实的，但在长期并不现实。也就是说，海伦在短期不能改变果汁店的面积以及果汁机等设备，但在长期就可以这样做。因此，这种分析描述了海伦在短期面临的生产决策问题。

果汁店要生产果汁，海伦必须考虑需要多大的场地，购买多少设备、原材料，雇佣多少工人等问题，这些就是经济学说的生产要素投入。有了生产要素投入，海伦要决定果汁的产量，也就是她要考虑生产多少果汁才合适。在短期生产中，果汁店的规模是固定的，即投入的资本 K 是不变的，那么，这里的投入量（工人）与产出量（果汁）之间的关系，就是海伦果汁店的短期生产函数，表达式如下：

$$Q=f(L)$$

（二）边际报酬（产量）递减规律

在短期，果汁店规模是既定的，海伦应该雇佣多少工人，生产多少果汁呢？第一章的经济学十大原理之一告诉我们，人们根据边际量做决策。这个思想是理解企业决定雇佣多少工人和生产多少产品的关键。生产过程中任何一种投入的边际产量是增加一单位投入所引起的产量的增加量。也就是说，边际产量（marginal product，简称 MP）是指当其他要素保持不变时，每增加一单位生产要素投入所增加的产量。如果只考虑劳动和资本两种生产要素，那么在资本不变时，改变劳动会有劳动的边际产量；在劳动不变时，改变资本就有资本的边际产量。

在短期生产中，资本投入不容易改变，而劳动投入相对容易改变，因此，经济学家通常假设短期内资本投入量是固定的。那么，在投入的资本不变而劳动改变的情况下，企业的产量随着劳动的变动会有什么样的变化规律呢？

这个关系其实很简单，我们在幼儿园的时候就知道了！你肯定听过这么一个故事：一个和尚挑水喝，两个和尚抬水喝，三个和尚没水喝……（见图 5－2）

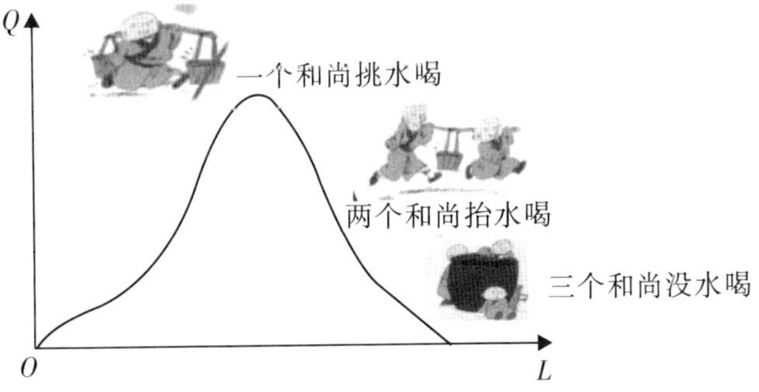

图 5－2　和尚挑水与边际报酬（产量）递减规律

这个故事用经济学的语言来说就叫作边际报酬（产量）递减规律。边际报酬（产量）递减规律（law of diminishing marginal returns）是指在短期生产中，在技术和其他要素投入不变的条件下，连续增加一种要素投入到其他一种或几种固定不变的生产要素上，当这种可变要素的投入量小于某一特定值时，其边际产量是递增的；当这种可变要素的投入量超过这个特定值时，其边际产量便是递减的。

为什么在短期生产中会存在边际报酬（产量）递减规律呢？在和尚挑水的故事里（见图5－2），由于扁担和桶的数量在短期内是固定的，假设庙里有一根扁担和两个桶，那么，当只有一个和尚时，挑水的人员和工具刚好匹配，他去挑水，效率最高，边际产量为两桶水；当有两个和尚时，由于扁担只有一根，谁也不愿意自己挑水，就只好两人一起去抬水，这样去一趟只能抬一桶水，显然没有之前一个人挑两桶水多，生产效率是下降的，边际产量为负一桶水；当有三个和尚时，总有一个人可以不用挑水也不用抬水就有水喝，这样就容易互相推脱，谁也不愿意挑水或抬水，结果生产效率为零，边际产量为负值，更小了。可见，边际报酬（产量）递减规律是可变要素（人员）和固定要素（工具）的投入量不匹配导致的。

边际报酬（产量）递减规律告诉我们，在短期生产中，由于生产技术是给定的，固定要素（以机器为代表）和可变要素的数量存在一个最佳配合比例。在没有达到这个最佳配合比例之前，增加可变要素，其边际产量会增加；但当达到最佳配合比例之后，如果继续增加可变要素的投入，则其边际产量不但不会增加反而还会减少。我国在1958年“大跃进运动”中，不少地方盲目推行水稻密植，结果却导致水稻减产，原因就是土地与水稻投入量之间的不匹配。

（三）短期生产的三个阶段

现在回到海伦的果汁店，我们来考察她每小时生产的果汁量如何取决于工人的数量。如表5－1所示，在果汁机等资本投入量固定为3的情况下，如果没有工人，海伦的果汁店生产不出果汁；当有1个工人时，她生产的果汁总产量为3，平均产量为3，边际产量为3；当有2个工人时，她生产的果汁总产量为8，平均产量为4，边际产量为5……由表5－1可以看出，随着工人数量（即劳动投入量）的增加，无论是总产量（*TP*）、平均产量（*AP*）以及边际产量（*MP*），都呈现先增加后减少的变化规律。当投入2个工人时，劳动的边际产量达到最大值（5）；当投入3个工人时，劳动的平均产量达到最大值，此时劳动的平均产量与边际产量相等，都是4；当投入6个工人时，劳动的总产量达到最大值（17），此时，劳动的边际产量为0。此后，继续增加工人数量，总产量开始减少，平均产量和边际产量进一步下降，边际产量出现负值。

表5－1 短期生产的产量

劳动投入量 *L*	资本投入量 *K*	劳动的总产量 *TP*	劳动的平均产量 *AP*	劳动的边际产量 *MP*
0	3	0	0	0
1	3	3	3	3
2	3	8	4	5
3	3	12	4	4
4	3	15	3.8	3
5	3	17	3.4	2
6	3	17	2.8	0
7	3	16	2.3	－1
8	3	13	1.6	－3

图5－3是根据表5－1的数据画的，横轴是工人的数量，纵轴是所生产的果汁的数量。在短期生产中，受边际报酬（产量）递减规律的影响，海伦的果汁店的总产量曲线、平均产量曲线和边际产量曲线都是倒U形曲线，表示随着劳动投入量的不断增加，总产量、平均产量和边际产量都是先上升后下降的。根据图5－3中平均产量和边际产量的关系，可以把可变要素工人的投入量划分为三个区间，对应短期生产的三个阶段。第一区间是投入劳动*L*从0增加到3的区间，其特点是平均产量*AP*从零递增到

最高点；边际产量 $MP>0$，总产量 TP 保持递增趋势，这是在生产的第一阶段，机器数量和工人数量的配比还没有达到合适的比例，企业会连续增加劳动投入量以获得产量增加的全部好处。第二区间是投入劳动 L 从 3 增加到 6 的区间，其特点是平均产量 AP 下降，$AP>MP$；$MP>0$，TP 继续保持递增趋势。当边际产量 $MP=0$ 时，总产量 TP 达到最大值，这是生产的第二阶段，工人数量与机器数量达到了最佳配比，是理性企业短期生产的最佳决策区间，或称生产要素的合理投入区间。第三区间是投入劳动 L 从 6 增加到无限大的区间，其特点是总产量 TP 由最高点依次递减；平均产量 AP 持续保持递减趋势；边际产量 $MP<0$，这是在生产的第三阶段，因为机器等资本数量不变，如果仍然继续增加工人数量，总产量不但不能增加，反而会减少。所以，在短期生产中，并不是请的工人越多，产量就会越多，理性的生产者会在第二阶段进行生产，也就是投入的劳动数量位于第二区间。

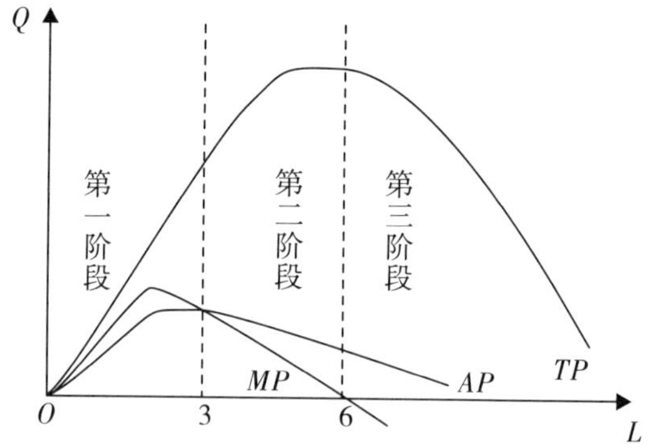

图 5－3　可变要素投入的三个区间

二、总成本曲线

成本和产量总是相对应的。由于边际报酬（产量）递减规律，总产量曲线通常是一条倒 U 形曲线［见图 5－4（a）］，表示总产量随着可变要素的增加呈现先增加后减少的趋势。在总产量曲线图中，纵轴是产量，横轴是工人的数量（即可变要素）。在给定要素价格的情况下，投入的生产要素越多，总成本就越大。因此，我们可以根据图 5 – 4 中要素投入量与总产量的关系，推算出总成本与总产量的关系。

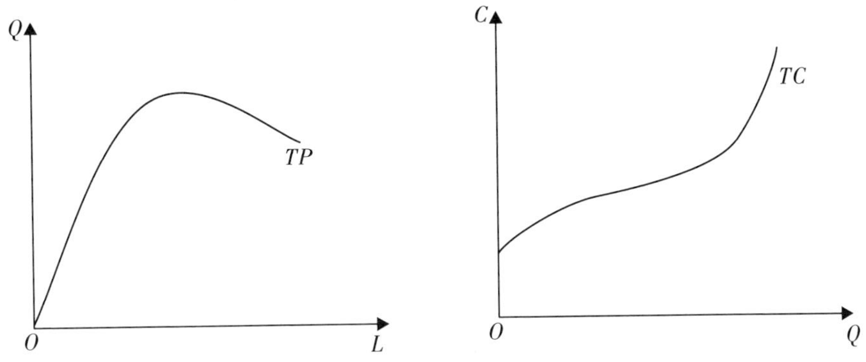

（a）生产函数（总产量曲线）　　（b）总成本曲线

图 5 – 4　总产量与总成本曲线

在总成本曲线图中，纵轴是成本，横轴是产量。由图 5 – 4（b）可看到，随着产量的增加，总成本越来越高。但要注意的是，总成本曲线并非一条向右上方的直线，而是在不同阶段的斜率不同，表明随着产量增加，不同阶段总成本上升的速度不一样。当产量较小时，总成本上升速度比较慢；当产量超过一个特定值后，总成本曲线的斜率变大，总成本随着总产量的增加而快速上升。总成本曲线的这种变化特征跟短期生产的三个阶段是相对应的。

第三节　企业要考虑哪些代价：边际成本和沉没成本

作为企业所有者，海伦必须决定生产多少果汁。这种决策的关键在于她的成本如何随着产量水平的变动而变动。在短期生产中，因为存在一些不能变动的生产要素，所以不管生产还是不生产，企业都要支付固定成本，而这些固定成本在一定条件下往往是很难收回来的。因此，企业在进行生产决策时，要充分考虑各种成本的影响。

一、平均成本和边际成本

海伦在做出果汁店应该生产多少果汁的决策时，要先考虑两个关于果汁生产的成本问题：

（1）生产一杯普通的果汁要多少成本？

（2）多生产一杯果汁要多少成本？

乍一看，这两个问题好像有相同的答案，其实不然。为了找出生产普通一单位产品的成本，我们用企业的总成本除以它生产的产量就可以得到。例如，如果企业每小时生产 20 杯果汁，总成本为 60 元，那么一杯普通果汁的成本就是 3 元。总成本除以产量称为平均总成本（average total cost，ATC）。因为总成本（TC）是固定成本（FC）与可变成本（VC）之和，所以平均总成本可以表示为平均固定成本（average fixed cost，AFC）与平均可变成本（average variable cost，AVC）之和。平均固定成本是固定成本除以产量，平均可变成本是可变成本除以产量。具体可写成以下形式：

$$ATC = TC/Q$$

$$AFC = FC/Q$$

$$AVC = VC/Q$$

三者之间的关系为：

$$ATC = AFC + AVC$$

边际成本（marginal cost，简称 MC）是指当企业增加一单位产量的生产时总成本的增加量，也就是在企业连续生产过程中，最后一单位产品的成本。表达式如下：

$$MC = \Delta TC/\Delta Q$$

平均成本告诉我们，总成本在企业所生产的所有产品中平均分摊，是普通一单位产品的成本，但它没有告诉我们当企业改变其产量水平时总成本将如何变动。而边际成本则告诉我们多生产一单位产品引起的总成本变动。了解平均成本与边际成本的区别，对于分析企业如何做出生产决策是十分重要的。

（一）U 形的边际成本曲线

如果海伦生产的果汁从 2 杯增加到 3 杯时，总成本从 6 元增加到 7 元，那么第 3 杯果汁的边际成本就是 1 元。由于边际报酬（产量）递减规律，海伦生产果汁的边际成本随着产量的增加呈先下降后上升的趋势。当海伦生产少量果汁时，店里的工人少，且有很多果汁机没有得到充分利用，这时她可以轻而易举地通过增加工人的工作时间，把这些闲置果汁机用起来，以增加产量，这样多生产一杯果汁所增加的成本比较小，且呈下降趋势，直到工人和果汁机的配比刚好合适时，边际成本达到最小值。过了这个点，由于现有工人的工作负荷已经满了，如果海伦要生产更多的果汁，就必须雇佣新的工人，但新工人到位后，果汁店会变得很拥挤，果汁机也可能不够用，导致一些工人不得不等待或轮岗。这种情况下，海伦的果汁店多生产一杯果汁的难度变大，增加的成本也比较大。因此，当产量已经人到一定程度后，边际成本会随着产量增加呈上升趋势。企业的边际成本随着产量增加而先下降后上升的特点，反映了边际报酬（产量）递减规律。因此，如图 5－5 所示，在纵轴为成本、横轴为产量的坐标系中，边际成本是一条 U 形的曲线。①

① 在一些教材中，边际成本曲线和平均可变成本曲线是向右上方倾斜的直线，表示边际成本和平均成本都是随着产量的增加而上升的，这实际上是讲生产达到一定产量水平后的情况。

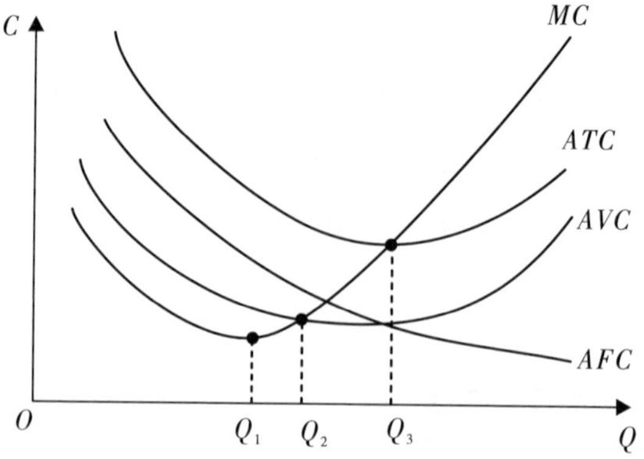

图 5-5　平均成本和边际成本曲线

（二）U 形的平均总成本曲线

如图 5-5 所示，海伦果汁店的平均总成本曲线是 U 形的。为什么平均总成本会随着产量的增加而先下降后上升呢？因为平均总成本是平均固定成本与平均可变成本之和。由于固定成本不变，随着产量增加，固定成本会被分摊到更多产量上，因此平均固定成本随着产量的增加总是下降的。由于边际报酬（产量）递减，平均可变成本与边际成本一样，随着产量增加而先下降后上升。值得注意的是，随着产量的增加，平均可变成本无论是下降还是上升都比边际成本更加缓慢。平均总成本反映平均固定成本和平均可变成本的叠加。在产量水平很低的时候，平均总成本很高，是因为固定成本只分摊在少数几个单位产品上；然后随着产量增加，分摊到每单位产品的固定成本下降，平均总成本就下降；当生产超过一定量时，平均可变成本大幅度上升，开始起决定性作用，从而平均总成本就开始上升。平均固定成本与平均可变成本之间的拉锯战使平均总成本曲线呈现 U 形。

U 形的平均总成本曲线的底端对应着使平均总成本（*ATC*）最小的产量 Q_3，这个产量被称为企业的有效规模。对于海伦的果汁店来说，有效规模是每小时 3 杯果汁。如果其每小时的产量大于或小于这一数量，那么，其平均总成本就不是最小的。

（三）边际成本和平均总成本之间的关系

从图 5－5 中，我们可以看到，只要边际成本小于平均总成本，平均总成本就下降；只要边际成本大于平均总成本，平均总成本就上升。由此，就可以得出一个重要的推论：边际成本曲线与平均总成本曲线相交于有效规模点。为什么呢？因为在产量水平很低时，边际成本低于平均总成本，增加产量可降低平均总成本，所以平均总成本就下降。但在这两条曲线相交以后，边际成本增加到平均成本之上，增加产量将拉高平均总成本，因而平均总成本就开始上升。可见，这个交点就是平均总成本的最低点。

在实际生产中，企业在做出最佳生产决策时考虑的既不是总成本，也不是平均成本，而是边际成本。当我们看到商场里的衣服在 1 折、2 折大甩卖的时候，我们不用担心这些企业会亏本，因为企业在建造厂房、购买设备等方面的投入属于固定成本，它们在决定最佳产量时考虑的是边际成本，只要每多生产一件衣服带来的收益大于多生产一件衣服所增加的成本，企业的生产就有利可图。在规模化生产的情况下，企业多生产一件衣服增加的成本是很小的，因此大甩卖也是明智之举。

二、沉没成本

我们在决定是否去做一件事情的时候，不仅看这件事对自己有没有好处，也看过去是不是已经在这件事情上有过投入，而且这些投入是不是可以收得回来。2001 年，诺贝尔经济学奖得主斯蒂格利茨说，普通人（非经济学家）常常不计算“机会成本”，而经济学家往往忽略“沉没成本”。沉没成本（sunk cost）是指已经付出且不可收回的成本，如时间、金钱、精力等。沉没成本是由过去的决策或环境决定的，它是不会因现在或将来的任何决策而改变的。譬如，你花 60 块钱买了一张电影票，已经付款了且不能退票。当你看了将近一个小时的时候，觉得这部电影特别沉闷、无聊、没意思，那么你该继续看下去并在电影院再待一个小时吗？在做这个决策时，你应该忽视这60元。因为这60元是沉没成本，不管你是去是留，这钱都已经花了。如果你继续忍受电影的沉闷枯燥，那你所花费的成本就不只是60元了，还有为此浪费的更多时间和精力。因此，我们在对待沉没成本时，最理性的选择就是“随它去”。在生活中，经常有一些人苦苦忍受着不喜欢的专业、工作，甚至是糟糕的恋人，当你苦口婆心劝他们放手时，得到的回应往往是“我都已经为之付出这么多了”。这种将已经付出的且不可收回的成本——沉没成本纳入决策的行为，被称为“沉没成本谬误”。

对于企业来说，沉没成本是企业在以前经营活动中已经支付的成本，譬如企业在前期投入的机器、厂房等固定资产或无形资产等。一般而言，前期固定资产投资越大，沉没成本就越高。在短期，企业希望尽可能避免或减少沉没成本的支出，但市场发展瞬息万变，投资决策失误在所难免。在出现投资失误的情况下，如何避免将错就错，才是对企业真正的考验。回看开篇案例，在新冠肺炎疫情之下，很多企业由于订单下降无法开工，而工厂的设备会折旧、厂房要交租，这些都是已经投入而不开工就收不回来的沉没成本。面对口罩等防疫物资需求大增、价格大涨的市场形势，转产口罩等防疫物资就是缓解困境的一个办法。

对于具有明显规模经济和庞大硬件投入的资本密集型产业，如通信、交通、能源、房地产等行业来说，沉没成本往往是构成其进出壁垒的关键。虽然这些行业超额的回报很诱人，但其惊人的初始固定资产投入也使许多企业望而却步，因为这是一场“看谁输得起”的比拼。许多资本实力雄厚的企业就是利用沉没成本建立了自己的竞争优势，例如我们近年来看到的共享单车、网约车和各种各样的外卖平台，大量的初期投入，激烈的竞争厮杀，就是在比谁更能输得起沉没成本。这些行业虽然沉没成本很高，但只要占领了市场，边际成本是很低的。譬如，电信公司多服务一个移动电话用户，共享单车公司多服务一个骑车会员，新增的成本都是几乎可以忽略的，但这些新增客户带来的边际收益远远大于边际成本。因此，当这些企业占领一定市场份额后，所获得的利润会迅速增加，最终成为市场竞争中的赢家。

第四节　长期中如何取胜：规模经济和规模不经济

在长期生产中，我们前面讨论过的固定成本和可变成本的区别将不复存在。因为任何企业在长期生产中都可以变动所有生产要素，生产中不存在固定要素，因而就没有固定成本，只有可变成本。企业的目标是利润最大化，因而任何一家企业的经营者都要考虑如何能够获得更多的利润，考虑在长期生产中是扩大生产规模还是缩小生产规模对企业更有利。例如，海伦在长期生产中必须考虑要不要租一间更大的店面，要不要购买更多的果汁机等问题，也就是要考虑要不要扩大果汁店的规模。

一、长期平均总成本

许多要素在短期生产中是固定的，但在长期生产中是可变的，因而企业的长期成本曲线不同于短期成本曲线。短期平均总成本表示当一些生产要素投入固定不变时，企业生产每单位产品的成本；而长期平均总成本表示在所有生产要素投入都可变时，企业生产每单位产品的成本。也就是说，短期平均总成本是在企业规模既定前提下随着产量变动而变动的；而长期平均总成本是随着企业规模大小而变动的。

长期成本与短期成本是相关的。如图 5 - 6 所示，长期平均总成本曲线是比短期平均总成本曲线平坦得多的 U 形曲线，而且，所有短期平均总成本曲线都在长期平均总成本曲线上或之上，即两者相切。之所以会出现这个特点，是因为企业在长期生产中具有更大的灵活性。从本质上来讲，在长期生产中，企业可以选择自己想要的短期成本曲线；但在短期生产中，企业不得不用其过去选择的那一条短期成本曲线。图 5－6 中有三条短期平均总成本曲线，分别代表一个小型工厂、一个中型工厂和一个大型工厂，当企业沿着这条长期平均总成本曲线移动时，它是会根据产量调整工厂规模的。

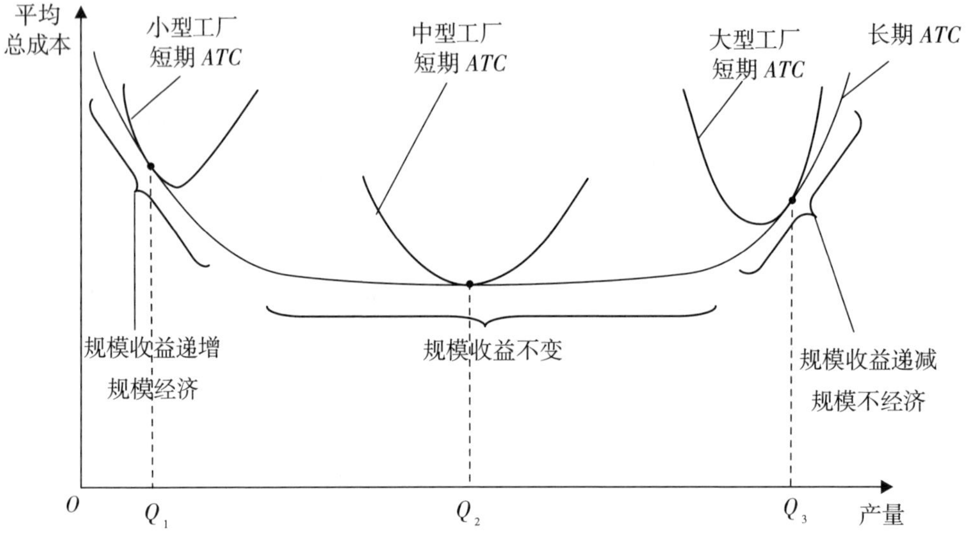

图 5－6　长期平均总成本曲线

二、规模经济与规模不经济

长期平均总成本曲线的 U 形形状传递了一个企业生产一种产品的过程中的某些重要信息。具体而言，它告诉我们成本如何随着一个企业的规模大小而变动。当长期平均总成本随着产量增加而减少时，可以说是规模报酬递增，即存在规模经济（economies of scale）。当长期平均总成本随着产量增加而增加时，可以说是规模报酬递减，即规模不经济（diseconomies of scale）。当长期平均总成本不随产量变动而变动时，可以说是规模报酬不变（constant returns to scale）。在图5－6中，企业平均总成本曲线最低点对应的产量为 Q_2，在这个产量水平附近的规模收益不变。当产量水平较低时，例如 Q_1，规模报酬递增，会出现规模经济，这时继续扩大生产规模可以降低平均总成本；当产量水平较高时，例如 Q_3，规模报酬递减，会出现规模不经济，这时继续扩大产量只会令平均总成本不断增加，企业想要降低平均总成本只能减产。

是什么引起规模经济或规模不经济呢？规模经济的产生原因有四个：一是企业的技术进步可以令生产要素投入减少。二是较高的产量水平让工人变得更专业化，更精通某一项工作，生产效率变得更高。例如，海伦的果汁店雇佣了大量工人并生产大量果汁，它就可以用现代生产线替代普通果汁机的方式来降低成本。三是像沃尔玛、通用等大企业能够以比小企业更低的价格购买到原材料。实际上，在沃尔玛的扩张中，它相对于其他供货商的议价能力一直在增强，从而使其成本下降。四是随着企业规模的扩张，它可能以更便宜的利率融到资金，从而降低成本。

然而，规模经济并不会无限持续下去。许多行业的长期平均总成本曲线都会有一段覆盖一定产量范围的平坦部分（就是规模收益不变）。但当一个企业规模十分庞大的时候，就产生了大型组织中固有的协调问题。例如，海伦果汁店生产的果汁越来越多，管理团队就变得越来越庞大，管理者在降低成本方面的效率就越来越低。2004 年，丰田汽车公司在扩大了美国和中国的工厂规模后，无法有效阻止其成本的上升，从而遭遇了规模不经济。当时一个丰田的车间主管说了一句广为流传的话：永无止境的追求会榨干你的生命。这是一个已经非常成功的企业所面临的困境。

当一个企业很清楚自己的长期平均总成本的变化规律时，它能够有效地利用规模经济并在市场竞争中取胜。但在实际的市场经济中，也有很多企业并不清楚自己的长期平均总成本曲线的确切形状，从而容易导致失败的后果。

案例1：

格兰仕成功运用规模经济理论

格兰仕的微波炉在国内的市场占有率达到70%，在国外的达到35%。早在1996—1997年，格兰仕的微波炉生产达到了100万台，这是它的最小经济规模。随后，随着生产规模每上一个台阶，格兰仕的生产成本就下降一个台阶，这就为其微波炉降价提供了条件。格兰仕具体的做法是，当生产规模达到100万台时，将出厂价定在规模为80万台企业的成本价以下；当生产规模达到400万台时，将出厂价又调到规模为200万台企业的成本价以下；而当生产规模达到1 000万台以上时，又把出厂价定在规模为500万台企业的成本价以下。降价的结果是将价格平衡点以下的企业一次又一次大规模淘汰，使行业的集中度不断提高，使行业的规模经济水平不断提高，由此带动整个行业的成本不断下降。可见，规模经济导致行业的集中度不断提高，由此带来整个行业成本的不断下降。成本低，价格必然就低，降价最大的受益者是广大消费者，而企业也因为获得规模经济而实现利润的增加。

案例2：

凡客诚品遭遇规模不经济

凡客诚品这家创立于2007年的互联网快时尚品牌公司，曾经火爆大江南北，请了各路明星代言，广告文案“我是凡客”的“凡客体”曾成为互联网热点。2011年最高峰时员工有1.3万人，光总裁级的领导就有三四十位，但是凡客却在短短几年间从一个火爆全国的大公司迅速陷入危机。2011年凡客前三季度的亏损额为7亿元人民币，销售费用占营收的52%，其中市场费用占28%。创始人陈年在博客上说：现在回想起来，公司越热闹，烧钱混日子的人就越多。凡客曾经为了达到年销售额100亿元的目标，倒推需要扩张多少品类、多少 SKU（库存量单位），需要有多少人去承担这样的业务量。按照一个人管七个人的原则，公司就要有几十位副总、两三百位总监，这无疑极大地增加了企业成本，导致规模不经济。这时企业解困的办法是缩减规模。现在，凡客只剩下不到 300 人，做衬衫的核心团队只有 7 个人，但业务运转得很顺畅。因此，企业规模并不是越大越好！

【嗨经济】

“996”：你家花盆种出的粮食供养不了全世界

近日，最高人民法院、人社部说：“996”严重违法！违反《中华人民共和国劳动法》！“996”，指的是早上 9 点上班、晚上 9 点下班，中午和傍晚休息 1 小时（或不到），总计工作 10 小时以上，并且一周工作 6 天的工作制度。

其实，“996”不仅违法，更是违反了经济学的基本规律。经济学中，边际效用递减规律，很好玩。如果搞明白了，挥舞着经济学的大旗，就可以透视世间万物。当年，美国总统罗斯福连任三届后，有记者问他有何感想。总统拿出一块面包请记者吃，记者吃了。总统拿出第二块，记者勉强吃了。总统拿出第三块，记者婉言谢绝。这时总统微笑，“现在知道我连任三届总统的滋味了吧”。

边际效用递减，是人类的心理本能。喜新厌旧，是这一规律的典型表现。

还有一个是边际产量递减规律。比如，你家花盆种粮食，土地面积是既定了，想要提高产量，就要多施肥或多松土。开始的时候，多施一点肥，会带来粮食增加；但施肥到一定程度，再多施肥，带来的粮食增加量会下降；再多施肥，就可能带来粮食减产。

边际产量递减，是生产的基本规律。翻译成经济学语言是：技术和其他投入不变情况下，连续增加某一种要素投入所带来的产出增量，开始阶段可能会上升，但迟早会下降。

由此看来，你家花盆里种出的粮食，绝对不可能供养全世界。这都是边际产量递减规律惹的祸。

花盆面积有限，施更多的肥，可能带来边际产量为零或为负，总产量很难增加甚至下降。如果边际产量递减规律不成立，你家花盆里种出来的粮食，是可以供养全世界的。如果边际产量递减规律不成立，我们就不用担心粮食安全问题了。由此看来，“996”工作制的背后，是多多少少有点信仰“花盆里种出的粮食是可以供养全世界”的。

“996”是典型的计时工作制。人的身体毕竟是肉身，不是机器，用来工作的神经元数量相对稳定。随着工作时间的增加，神经元累了，边际产量递减是必然的。增加工作时间，不一定带来产量的增加。正视边际产量递减规律，我们就会知道，“人有多大胆，地有多大产”是不可能的。

经济学，就是这样看世界的！

（资料来源：刘住一山金，“嗨经济”公众号，2021－08－27）

本章小结

本章定义了很多不同的成本，讨论了生产与成本的关系，研究了企业在短期生产与长期生产的特征，从而为研究企业如何做出生产决策提供了一些工具。现在你应该懂得经济学家所用的“成本”这个术语的含义，各类成本如何随着企业生产的产量变动而变动，以及企业为了实现利润最大化的目标，应该怎样考虑各种成本等问题。为了加深你的记忆，表5－2总结了各种类型成本的定义。

表5－2 各种类型成本的总结

名称	含义	数学表述
显性成本	企业需要支出货币	—
隐性成本	不需要支出货币	—
固定成本	不随产量变动	FC
可变成本	随产量变动而变动	VC
总成本	生产中所有投入的市场价值	$TC=FC+VC$
平均固定成本	固定成本除以产量	$AFC=FC/Q$
平均可变成本	可变成本除以产量	$AVC=VC/Q$
平均总成本	总成本除以产量	$ATC=TC/Q$
边际成本	多生产一单位产品所增加的成本	$MC=\Delta TC/\Delta Q$

思考题

1. 企业的目标是什么？

2. 企业的总收益、总成本和利润之间的关系是什么？

3. 为什么会计师不考虑机会成本？

4. 如何区分企业的短期生产与长期生产？

5. 什么是边际产量？

6. 简述边际报酬（产量）递减规律的基本内容。

7. 企业短期生产的三个阶段各有什么特点？

8. 什么是总成本、平均成本和边际成本，它们之间的关系是怎样的？

9. 什么是沉没成本？企业在做生产决策时应该如何对待沉没成本？

10. 企业的平均总成本曲线在短期与长期中有什么不同？为什么会不同？

11. 什么是规模经济和规模不经济，为什么会产生规模经济和规模不经济？

第六章　市场里的冰火两重天：完全竞争与垄断市场

学习目标

【知识目标】了解市场结构的划分标准及各类市场的特征；理解企业实现利润最大化的条件；掌握完全竞争企业的短期决策和长期决策；理解垄断企业的定价策略。

【技能目标】能划分市场结构，并比较完全竞争市场与垄断市场的特征；能画图分析完全竞争企业的决策；能举例分析垄断企业实施价格歧视的行为。

开篇案例

美国政府诉杜邦公司

1956 年，美国政府指控杜邦公司垄断玻璃纸生产。美国政府认为玻璃纸为杜邦公司独家生产和销售，认定该公司在玻璃纸产品市场上占有百分之百的市场份额。然而，美国最高法院在这个案件中将玻璃纸看作包装材料中的一种，而在包装材料这一产品市场上，杜邦公司仅占 18% 的市场份额。因此，美国政府在该案中败诉。

讨论：杜邦公司到底是不是一家垄断企业？

想要回答这个问题，我们需要了解市场结构的相关知识。什么是市场？市场有几种类型？市场结构是怎样划分的？

通常来说，市场就是商品交换的场所。从产业组织的角度来看，市场是指生产或提供同种或同类产品的企业集合。市场结构是指市场上已有的和潜在的买方及卖方的数量、规模以及相互之间的关系，它反映了特定市场上相关企业面临的竞争环境。

我们平常去商场买东西的时候会发现：有些商品，例如衣服，我们可以讨价还价；有些商品，例如汽油，我们只能接受卖家给定的价格。为什么消费者在购买不同商品的时候会有不同的表现呢？比较一下衣服和汽油这两种商品，我们就知道：生产衣服的厂商有很多，而生产汽油的企业却很少；衣服跟衣服之间千差万别，而汽油跟汽油之间差别很小；如果我们有钱想投资，那么开一个服装厂生产衣服比开一个炼油厂生产汽油要容易得多。可见，不同的商品市场在企业数目、产品差别以及新企业进出行业的难易程度等方面存在差异，因而生产者对不同商品的供给以及消费者对不同商品的需求就有着不同的选择与决策。经济学家通常根据厂商数目、产品差别以及新企业进出的难易程度等标准，把市场结构分为完全竞争、垄断竞争、寡头垄断和完全垄断四种（见表6－1）。

表6－1　四种市场结构

划分标准	市场结构			
	完全竞争	垄断竞争	寡头垄断	完全垄断
厂商数目	很多	很多	仅有几家	一家
产品差别	同质	差异化	同质或差异化	只有一种
新企业进出难易程度	容易	容易	难	进入阻断
行业例子	小麦、牛奶、苹果	服装店、餐馆	计算机、汽车	自来水、有线电视

从表6－1中，我们可以看到，只有一家企业的市场是完全垄断市场；只有几家企业的市场是寡头垄断市场；而如果是有许多企业的市场，就要看这许多不同的企业生产的产品是同质的还是有差别的。如果有许多企业生产有差别的产品，那就是垄断竞争市场；如果有许多企业生产同质的产

品，那就是完全竞争市场。据此，我们可以判断开篇案例中的杜邦公司到底是不是一家垄断企业了。在玻璃纸市场上，杜邦公司独家生产和销售玻璃纸这种产品，没有任何竞争，当然是垄断的；但在包装材料市场上，杜邦公司生产的玻璃纸只是众多包装材料中的一种，其市场份额仅占18%，面临激烈的竞争，所以杜邦公司不属于包装材料市场上的垄断企业。因此，判断杜邦公司是不是垄断企业，具体还要看将其玻璃纸归类于什么市场。

在上述四种市场中，从完全竞争到完全垄断，厂商数目越来越少，新企业进入或退出该行业的难度越来越大。那么，在不同的市场中，企业应该怎样去决定生产的产量和产品的价格才能实现利润最大化呢？这一章，我们先着重讨论完全竞争和完全垄断（简称垄断）这两种极端的市场，可以说，它们分别属于市场里的“火”与“冰”。

【PBL 学习情境】

你是一位企业家吗？

你在大学的时候是企业家吗？也许你没有自己的商店，但你可能兼职给小学生当家教，或者在快餐店做兼职服务生。虽然你可能不认为这些工作是小企业，但事实就是这样，你就是自己的老板。

你是如何决定为你的兼职服务收取合适的价格的？你可能想收取每小时150元来当家教或做服务生，但你的兼职收入可能比这要低得多。当你阅读这一章时，想想你作为一个二十岁左右的企业家所面临的竞争状况，并试着思考为什么大多数学生去做兼职的价格如此之低。

第一节　理想的世界：完全竞争市场

完全竞争市场，又称纯粹竞争市场或自由竞争市场，是一种竞争充分且不受任何阻碍、干扰和控制的市场结构。严格来说，完全竞争市场是一种“理想市场”，在现实中是不存在的。但这并不重要，重要的是从对完全竞争市场模型的分析中，我们可以得到一些关于市场机制及其资源配置的基本原理，并为其他类型市场的经济效率分析和评价提供一个参照对比。因此，学习了完全竞争市场的模型，我们就有了一把尺子、一面镜子，可以更好地理解和分析不完全竞争市场。

【生活中的经济学】

有机农贸市场的变迁

近年来，由于对健康食品的需求有所增加，有机种植食品的销售额以每年近20%的速度增长。许多人也开始在农贸市场购买水果和蔬菜。在这些市场，当地农民聚集在集市、城市广场或其他一些空地上，直接向消费者出售他们的农产品。农民向消费者直接销售农产品比将其卖给超市获得更高的利润。许多消费者喜欢从农贸市场购买农产品，因为他们相信那里的农产品更新鲜、更优质、更健康，或者因为他们想支持当地农民。由于利润较高，越来越多的农民开始进驻农贸市场。2005 年，美国有 4 093 个农贸市场。到 2012 年，这一数字已增至 7 864 个。然而，农产品的额外供应迫使价格下降，农民的利润下降。一位农民说：“你有一定的需求，而且你分散的需求越多，你赚得就越少。”

许多农民发现，他们在农贸市场销售中获得的利润不再高于他们卖给超市所赚取的利润。新公司进入盈利市场并压低价格和利润的过程并非农业所独有。在整个经济过程中，企业家不断推出新产品或新的销售方式，这些产品在成功时能够在短期内赚取经济利润。但从长远来看，企业之间的竞争迫使价格只达到他们支付生产成本的水平。这种竞争过程是市场体系的核心，也是本节的重点。

农贸市场是竞争激烈的行业中的一个例子。在竞争激烈的行业，企业无法控制所销售产品的价格，从长远来看也无法赚取超额经济利润，原因主要有二：一是这些行业的公司销售相同的产品；二是新公司很容易进入这些行业。研究竞争激烈的行业如何运作是了解市场并回答第一章所讨论的基本经济问题的最佳方式：将生产哪些商品和服务？如何生产商品和服务？谁将收到生产的商品和服务？

一、完全竞争市场的特点

完全竞争市场通常必须具备以下四个条件，或者说，具有以下四个特点：

（1）有大量的买者和卖者。任何一个消费者买与不买或买多买少，任何一家企业卖与不卖或卖多卖少，都不会对商品的市场价格产生任何影响。在这样的市场上，每一个消费者和每一个生产者都必须接受市场决定的商品价格，因而被称为价格接受者。

（2）各个企业提供的商品是完全同质的。在这种情况下，所有企业的产品相互之间是完全替代的，消费者买谁生产的都一样。任何一个企业如果想将其产品的价格提高到市场价格之上都会失去顾客。当然，单个企业也没必要单独降价。也就是说，由于产品同质，每一个买者和卖者都是既定市场价格的接受者。

（3）所有资源都具有完全的流动性。任何一种资源都可以毫无障碍地及时被投向能获得更高利润的生产，如果发生亏损，就可以及时地退出生产。这意味着在完全竞争市场，企业可以自由地进入或退出某个行业。

（4）信息是完全的。所有人都掌握关于市场的全部信息，都知道既定的市场价格。如果一个企业提高价格，消费者很容易转向其他企业。完全的信息排除了一个市场同时存在几种价格的情况。

在完全竞争市场上，商品的价格完全由市场的供给和需求来决定，所有的生产者和消费者都只能接受市场决定的价格，并按照这一既定的市场价格进行交易。经济学家指出，完全竞争市场是一个非个性化的市场，因为这种市场中所有的消费者都是相同且无足轻重的，所有的生产者也都是相同且无足轻重的。在理论分析中，完全竞争市场的条件非常严苛，可以说，在现实中基本没有这样的市场，为了分析方便，通常只是一些农产品市场（如大米市场、小麦市场等）比较接近其条件。

二、完全竞争企业的需求曲线

在完全竞争市场上，单个企业的产品需求状况是怎样的？我们以一个农场为例。假设小王是这个农场的老板，他在完全竞争市场上出售该农场生产的大米，那么他必然是市场价格的接受者。现在市场上一斤大米卖 6 元，小王按照这个价格可以出售任何数量的大米。如果小王想涨价，一斤大米卖 7 元或者更高，那么他可能一斤大米都卖不出去，因为消费者会转而购买其他人的大米。

市场对某一个企业的产品的需求状况，也就是某个企业的产品价格与其销售数量（需求量）之间的关系，可以用该企业所面临的需求曲线来表示，该曲线被称为企业或厂商的需求曲线。在图 6－1（a）中，大米市场的供给曲线 S 和需求曲线 D 相交于 E 点，对应的市场均衡价格 P 是 6 元，对应的市场均衡数量 Q 是 15 亿斤大米。小王销售的 10 000 斤大米在这个市场上是微不足道的，无法影响整个大米市场的价格，他只能接受市场价格，以一斤 6 元出售他的大米。小王出售大米的需求曲线 d 就是一条由既定市场价格 6 元/斤出发的水平线［见图 6－1（b）］。这条水平的需求曲线 d 意味着小王只要按照一斤 6 元来卖大米，他所面临的市场需求量是无限大的，可以出售任何数量的大米，而且无论销售量是多少，都不能改变既定的6元/斤的市场价格。

如果大米市场的供给减少、需求增大，导致大米的市场价格提高，变为一斤7元［见图6－1（c）］，那么相应地，小王的需求曲线 d_2 就是由市场价格7元/斤出发的一条水平线［见图6－1（d）］。其实，不管大米的市场价格是上升还是下降，小王的农场作为完全竞争市场上的单个企业，其需求曲线都是水平的。只是当企业面对不同的市场价格时，这条水平的需求曲线就始于纵轴上不同的市场价格，在图上表现为需求曲线所在的位置不同。

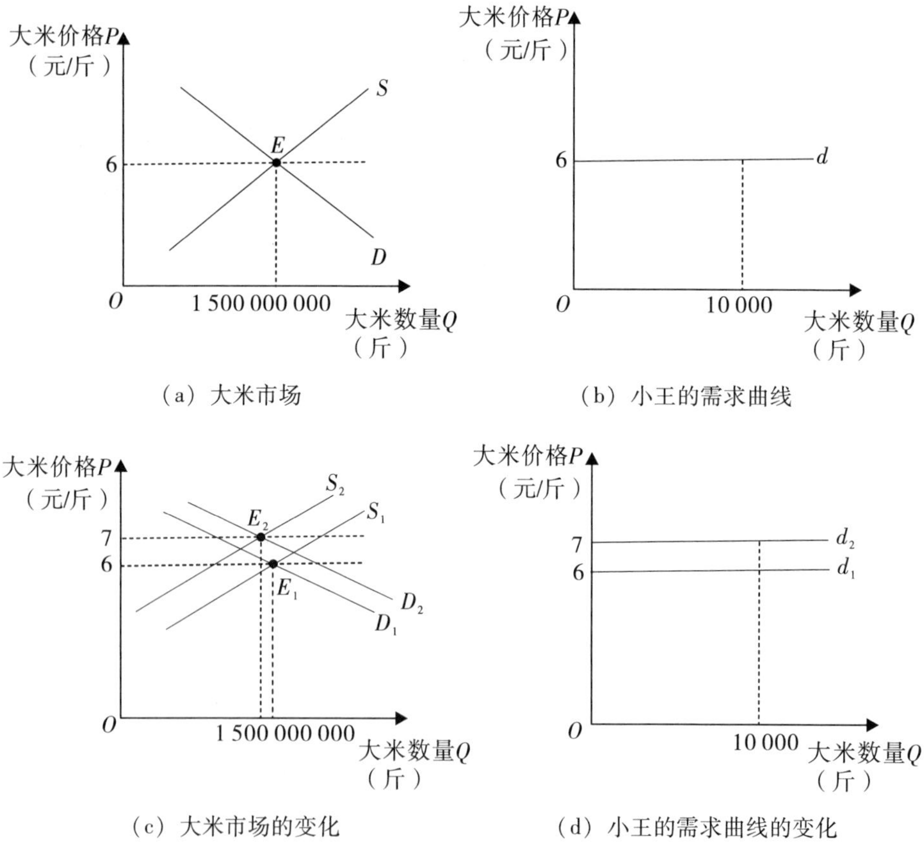

图6－1　完全竞争市场的价格和企业的需求曲线

可见，在完全竞争市场上，企业只能接受既定的市场价格，既不能也没必要去改变这一价格水平。因此，企业所面临的需求曲线是一条由既定市场价格水平出发的水平线。

第二节　完全竞争企业如何实现利润最大化

在完全竞争市场中，企业之间的竞争非常激烈，企业不能自己定价，只能接受既定的市场价格，那么完全竞争企业怎样才能实现利润最大化呢？利润等于总收益减去总成本，因此要分析企业的利润，就要先搞清楚企业生产商品的收益和成本是怎样的。在上一章我们学过了生产成本的有关知识，这里我们就来讨论完全竞争企业的收益问题。

一、完全竞争企业的收益

企业的收益就是企业的销售收入，可以分为总收益、平均收益和边际收益，它们的英文简写分别是 *TR*、*AR* 和 *MR*，它们与产量和价格的关系具体见表 6－2。

总收益是指企业的销售收入，是企业按一定价格出售一定数量产品时所获得的全部收入，也就是 $TR=P\times Q$。为了使问题具体化，我们仍以小王的农场为例。因为小王的大米数量在整个大米市场上是微不足道的，所以不管他生产的大米有多少，都无法改变大米市场的价格，只能接受市场既定的价格 6 元/斤。现在小王出售 1 万斤大米，那么其总收益就是 6 万元；如果小王的大米产量翻一番，则其总收益也将翻一番，达到 12 万元。可见，完全竞争企业的总收益与产量是同比例变动的①［见图 6－2（a）］。

① 假设企业的产量与销量相同，即所生产的产品全部卖出。

表6－2　完全竞争企业的总收益、平均收益和边际收益

产量 Q（万斤）	价格 P（元）	总收益 TR（万元）（$TR=P\times Q$）	平均收益 AR（元）（$AR=TR/Q$）	边际收益 MR（元）（$MR=\Delta TR/\Delta Q$）
1	6	6	6	6
2	6	12	6	6
3	6	18	6	6
4	6	24	6	6
5	6	30	6	6
6	6	36	6	6
7	6	42	6	6
8	6	48	6	6

在完全竞争市场上，小王出售大米的平均收益是多少呢？因为现在市场上大米的价格是6元/斤，小王出售10 000斤大米的总收益是60 000元，所以小王按市场价格每出售一斤大米所获得的收入，即平均收益是60 000÷10 000＝6元，也就是一斤大米的价格。平均收益等于总收益除以产量（$AR=TR/Q$），因为总收益是价格乘以产量（$TR=P\times Q$），所以平均收益等于产品的价格（即 $AR=P$）[见图6－2（b）]。

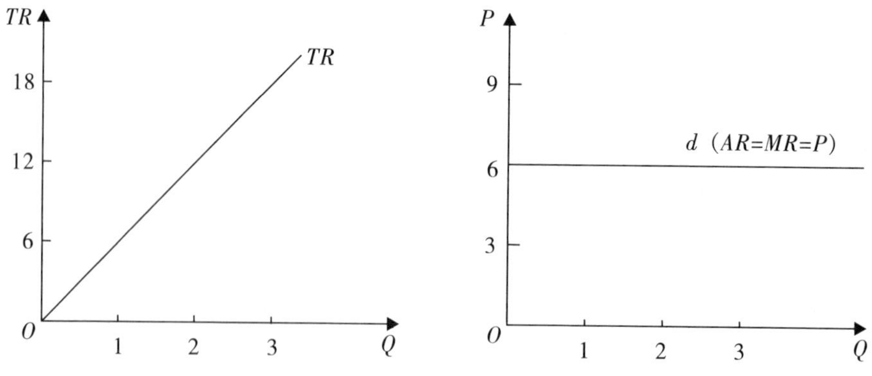

（a）总收益　　（b）平均收益和边际收益

图6－2　完全竞争市场企业的收益曲线

现在，如果小王增加 1 斤大米的销售，那么他的总收益会增加多少呢？这就涉及边际收益的概念。所谓边际收益，是指企业每增加一单位产品销售所获得的总收益的增量，MR = 总收益的增量（ΔTR）/产量的增量（ΔQ），即 $MR=\frac{\Delta TR}{\Delta Q}$。小王的大米在完全竞争市场上以每斤 6 元的价格出售，那他每销售多 1 斤大米，其总收益就会增加 6 元，这正好是大米的市场价格。可见，完全竞争企业的边际收益也等于价格（即 $MR=P$）［见图 6－2（b）］。

二、利润最大化的条件

企业进行生产的目的是追求最大化的利润，利润等于总收益减去总成本。在前面那个农场的例子中，小王应该生产多少大米，才能实现最大的利润呢？表 6－3 反映了农场的生产成本和收益情况：第一列表示农场大米的产量。第二列表示农场的总收益，它等于大米的价格（6 元/斤）乘以大米的产量。第三列表示农场的总成本，包括固定成本和可变成本，其中，固定成本是 3 万元，可变成本取决于产量。第四列表示农场的利润，可以用总收益减总成本来计算。如果农场没有生产大米，即 3 万元固定成本就收不回来，它会有 3 万元亏损；如果生产 1 万斤大米，总收益减去总成本后，还有 1 万元利润；如果生产 2 万斤大米，可以有 4 万元利润，以此类推。为了使利润最大化，小王的农场要选择使利润尽可能多的大米产量。从表 6－3 我们可以看出，当小王的农场生产 5 万斤大米时，就实现了利润最大化，这时利润为 7 万元。

表 6－3　完全竞争企业的利润

产量 Q（万斤）	总收益 TR（万元）（$TR=P\times Q$）	总成本 TC（万元）	利润 π（万元）（$\pi=TR-TC$）	边际收益 MR（元）（$MR=\Delta TR/\Delta Q$）	边际成本 MC（元）（$MC=\Delta TC/\Delta Q$）
0	0	3	－3	—	—
1	6	5	1	6	2
2	12	8	4	6	3
3	18	12	6	6	4
4	24	17	7	6	5
5	30	23	7	6	6
6	36	30	6	6	7
7	42	38	4	6	8
8	48	47	1	6	9

经济学十大原理中有：①人是理性的；②人们根据边际量做决策。现在我们来看小王的农场如何运用这两个原理。如果边际收益大于边际成本（$MR>MC$），也就是当大米产量为1万、2万、3万或4万斤时，小王的农场将会增加大米的产量，因为这时每增加一斤大米的生产所增加的收益都比增加的成本大，可以使总收益不断增加。反过来，如果边际收益小于边际成本（$MR<MC$），也就是当产量为6万、7万或8万斤时，小王的农场将会减少大米的生产以提高利润。如果小王考虑边际量并对大米的产量水平进行增量调整，他会选择生产使利润最大化的产量，也就是5万斤大米，此时农场的边际收益和边际成本都等于6元（$MR=MC=6$），小王生产大米的总收益为30万元，总成本为23万元，利润达到最大，为7万元（见图6－3）。由此可见，企业实现利润最大化的条件是边际收益等于边际成本（$MR=MC$）。对于完全竞争企业来说，边际收益等于产品价格（P），因而其实现利润最大化的条件也可以说是价格等于边际成本（$P=MC$）。

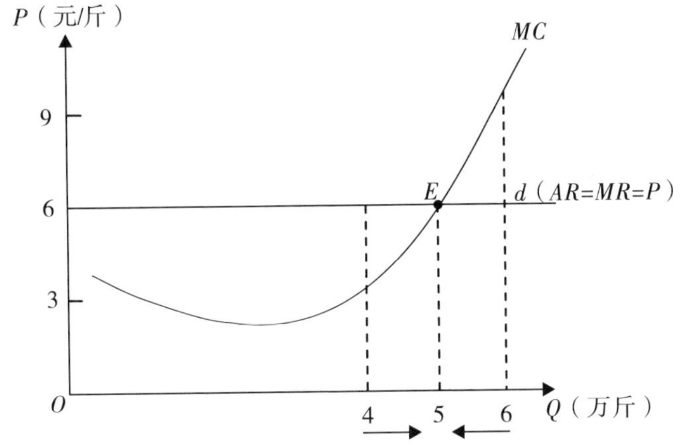

图 6－3　利润最大化

第三节　完全竞争企业的决策

企业为了实现最大化利润，要按照边际收益等于边际成本的原则来确定一个均衡产量。然而，在这个利润最大化的均衡产量水平上，企业就一定会盈利吗?

不一定！在完全竞争市场上，由于企业是市场价格的接受者，它能否实现盈利，还得看产品的平均成本与平均收益（即商品价格）相比，哪个更大? 通常存在三种情况：

（1）当价格大于平均成本（$P>AC$）时，企业处于盈利状态；

（2）当价格等于平均成本（$P=AC$）时，企业的收支平衡（总成本等于总收益）；

（3）当价格小于平均成本（$P<AC$）时，企业处于亏损状态。

可见，当完全竞争企业实现 $MR=MC$ 的均衡条件时，并不意味着企业一定可以获得利润，而只是表明企业在既定成本和收益的条件下是最好的境况。因此，$MR=MC$ 也被称为企业利润最大或亏损最小的均衡条件。

当企业盈利的时候，因为有钱赚，这个企业会继续生产，新的企业也可能进入到这个行业中来；但当企业亏损的时候，这个企业是继续生产还是停止生产呢？是继续做这个行业还是退出这个行业呢？分析这些问题就要区分企业是在做短期决策还是长期决策。因为在短期，企业存在固定成本，有些生产要素是无法变动的，所以企业只能在给定的生产规模下，通过对产量进行调整来实现 $MR = SMC$①的利润最大化的均衡条件。而在长期，企业可以变动所有生产要素，可以改变生产规模，也可以选择进入或退出一个行业。

一、完全竞争企业的短期决策

在短期，企业的生产规模固定不变，它应该如何决定产量来实现利润最大化？我们仍以小王的农场为例，假设他生产大米的短期固定成本是 3 万元，而现在大米的市场价格是每斤 6 元。为了实现最大的利润，小王会根据边际收益等于边际成本的原则来决定大米的产量，生产 5 万斤大米，其总收益是 30 万元，而总成本是 23 万元，利润为 7 万元，这样小王的农场是盈利的，他会继续生产大米［见图 6－4（a）］。

如果现在大米的市场价格没那么高，每斤大米只能卖 4 元，那么小王根据 $MR = MC$（$P = MC$）来决定利润最大化的大米产量是 3 万斤，这时他的总成本是 12 万元，而总收益是 3 万斤 ×4 元/斤 =12 万元，这时小王农场的总收益等于总成本，平均收益等于平均成本，收支相抵，既无利润，也无亏损。所以，当产品价格等于平均成本的时候，这个均衡点被称为收支相抵点。对小王的农场而言，收支相抵点就是 $P = 4$ 元/斤，$Q = 3$ 万斤［见图 6－4（b）］。

如果经济形势不好，大米的价格继续下降，现在只能卖每斤 3 元，那么，小王根据 $MR = MC$ 来决定的大米产量是 2 万斤，这时他的总收益是

① 为了区分短期成本和长期成本，通常在短期成本前面加 S，在长期成本前面加 L，如短期边际成本为 SMC，长期边际成本为 LMC。

3 元/斤 ×2 万斤 =6 万元，而总成本却是 8 万元，因此收不抵支，他是亏损的。这时小王的农场该不该继续生产大米呢？如果他继续生产，那么他将亏损 2 万元；如果他停止生产，那么在短期内不能变动的固定成本 3 万元是已经投进去了的，是一种沉没成本，即已支付并且不能收回的成本。小王如果不生产大米，则没有任何收益，这时他就要亏损 3 万元。显然，当大米的市场价格是 3 元/斤的时候，小王生产比不生产要亏得少，农场会继续生产［见图 6－4（c）］。

如果现在大米的价格很便宜，连每斤 3 元都卖不到，只能卖每斤 2 元，那么根据边际收益等于边际成本的原则，小王决定大米的产量是 1 万斤，这时他的总收益是 2 元/斤 ×1 万斤 =2 万元，而总成本是 5 万元，最后要亏损 3 万元。此时小王的农场生产或者不生产的结果是一样的，都要亏损 3 万元。因为如果生产，则全部收益只能弥补全部的可变成本 2 万元（或者说每斤大米的收益只够弥补大米的平均可变成本），固定成本 3 万元得不到任何弥补；如果不生产，则虽然不必支付可变成本，但固定成本 3 万元仍然存在。可见，当价格等于平均可变成本的时候，企业处于关闭的临界点，这个均衡点也被称为停止营业点或关闭点。对小王的农场而言，停止营业点是大米价格为 2 元/斤，产量为 1 万斤，即 $P=2$ 元/斤，$Q=1$ 万斤［见图 6－4（d）］。

如果现在出现一些情况导致大米的价格低于 2 元/斤，比平均可变成本还要小，那小王的农场将停止生产。这是因为在这种亏损情况下，如果农场继续生产，则全部收益连可变成本都无法全部弥补，就更谈不上对固定成本的弥补了。只有停止生产，可变成本降为零，农场才亏得最少。可见，当价格低于停止营业点的价格时，农场不生产比生产更好［见图 6－4（e）］。

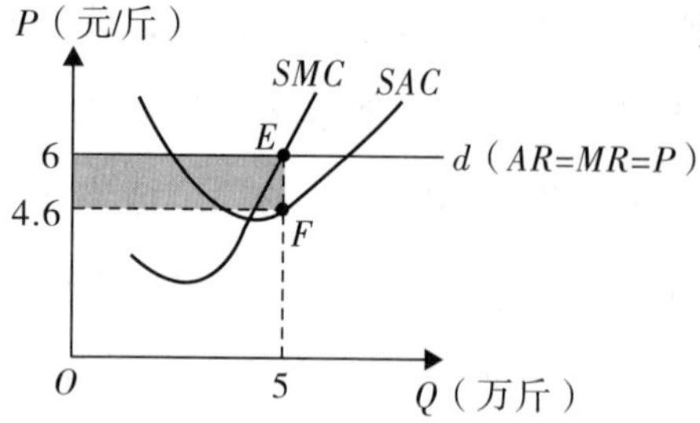

（a）盈利

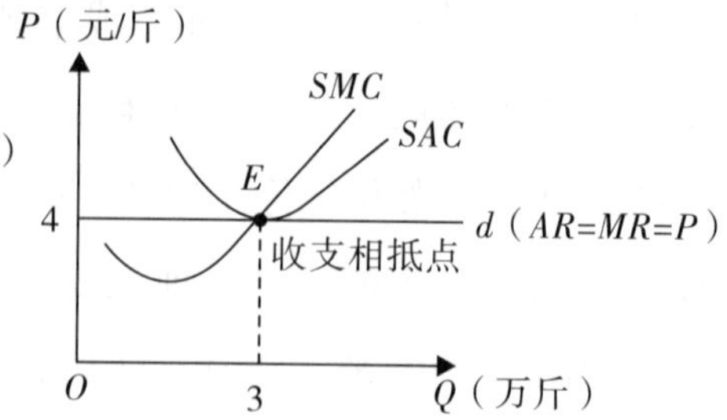

（b）收支相抵

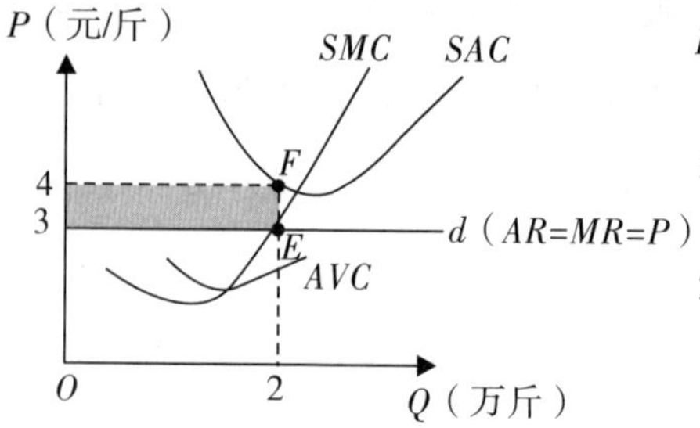

（c）亏损（继续生产）

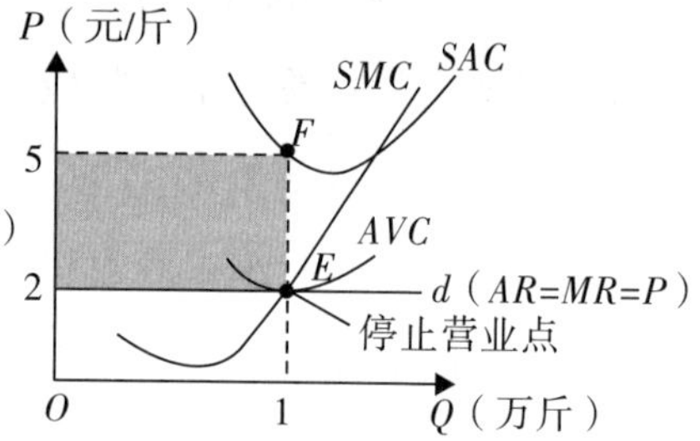

（d）亏损（停产临界）

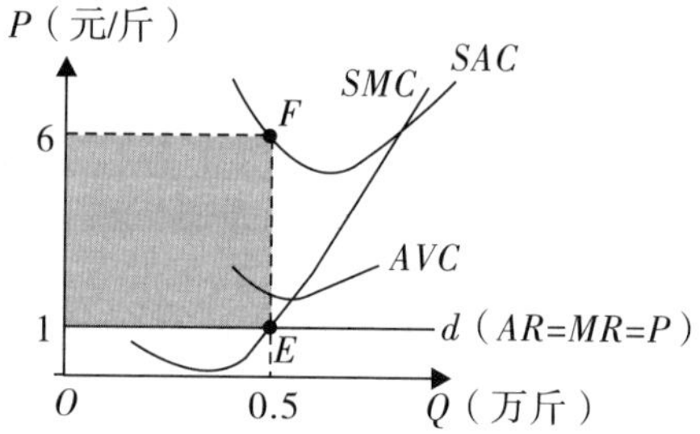

（e）亏损（不生产）

图 6－4　完全竞争企业的短期均衡

通过以上分析可知，完全竞争企业短期生产与否的决策与固定成本无关，只取决于市场价格 P（即平均收益 AR）与平均可变成本（AVC）的比较。在边际收益等于边际成本（即 $MR=SMC$）这个利润最大化原则所确定的产量水平，只要市场价格大于平均可变成本（即 $P>AVC$），企业就会生产；只要市场价格小于平均可变成本（即 $P<AVC$），企业就会停止生

产。因为随着产量水平的增加，平均可变成本通常是先下降后上升的，所以当市场价格 P 等于最低的平均可变成本 AVC 时，企业就处于停止生产的临界点，此时的市场价格也被称为企业的停产价格。

到这里，我们可以得出关于完全竞争企业短期决策的几个结论：

（1）完全竞争企业短期均衡（实现利润最大化）的条件是：$MR = SMC$，其中，$MR = AR = P$。

（2）在短期均衡时，完全竞争企业可以利润大于零，即盈利；也可以利润等于零，即收支相抵；或者利润小于零，即亏损。

（3）当完全竞争企业在短期处于亏损的时候，是继续生产还是停止生产，要比较市场价格与平均可变成本的大小。如果 $P > AVC$，则生产；如果 $P < AVC$，则停产。

二、完全竞争企业的长期决策

完全竞争企业在长期生产中，可以通过调整全部生产要素来实现边际收益等于边际成本（即 $MR = LMC$）的利润最大化目标。在市场给定价格的情况下，完全竞争企业可以调整生产规模，选择在一个最优规模上进行生产；也可以选择进入或者退出一个行业。

我们现在依然以小王的农场（见图 6－5）为例，假设小王的短期固定成本为 3 万元，也即是投入的不变要素资本为 3 万元，这就决定了其短期的生产规模，这个规模对应的短期边际成本和短期平均成本分别是 SMC_1 和 SAC_1。在短期生产中，小王无法改变这个规模，只能在这个既定规模上选择边际收益等于边际成本的产量水平，也就是生产 5 万斤大米，以实现利润最大化，此时小王获得的利润是 7 万元（即 $5 \times 6 - 5 \times 4.6 = 7$ 万元）。在长期生产中，小王可以改变全部生产要素的投入量。为了追求最大利润，小王根据 $MR = LMC$ 的原则选择生产 8 万斤大米，如果他在原来那个规模上将大米产量增加到 8 万斤，那么平均成本将会大于价格（$SAC > 3$）而导致亏损。因此，小王会去改变资本和劳动等各种生产要素的投入量，从而在另一个规模上去生产，这个新的规模对应的边际成本和平均成本分别是 SMC_2 和 SAC_2。在这个规模上，当农场生产 8 万斤大米时，平均成本只要 3 元/斤，小王可以获得 24 万元（即 $8\times6-8\times3=24$ 万元）利润，显然比之前的情况好很多。在这个规模上生产 8 万斤大米，小王的短期边际成本 SMC_2 刚好跟长期边际成本相等，都是 6 元，所以，这个规模是小王在长期生产中应该选择的最优规模，即 $P=SMC=LMC$。

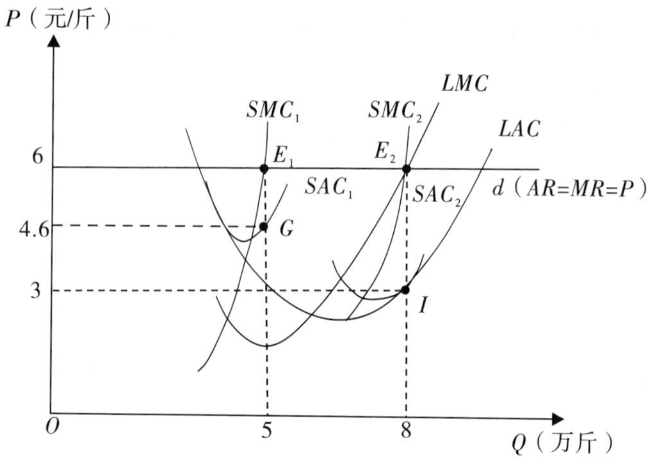

图 6－5　完全竞争企业的长期决策

在长期生产中，完全竞争企业可以将生产要素在各个行业之间进行调整，以进入能获得更大利润的行业或从亏损的行业中退出。正是行业之间生产要素的这种调整，使得完全竞争企业长期均衡时的利润为零。在图 6－5中，大米市场的价格是 6 元/斤，小王根据 $MR=LMC$ 的利润最大化原则，生产 8 万斤大米，相应的最优生产规模由曲线 SMC_2 和 SAC_2 代表。此时，小王获得 24 万元利润，这便会吸引一部分其他行业的企业来生产大米。随着行业内企业数量逐渐增加，市场上大米的供给就会增加，导致市场价格逐步下降，相应地，单个企业的利润就会逐渐减少。只有市场价格下降到使得单个企业利润减少为零时，新企业的进入才会停止。相反，如果一开始大米的市场价格不是 6 元/斤，而是比较低。当小王的农场按照

$MR = LMC$ 决定的产量来生产时，平均成本小于价格，小王的农场没有利润而出现亏损，这会使得行业内原有的企业中有一部分会退出大米的生产。随着行业内企业的数量逐渐减少，大米的供给就会减少，价格就会逐渐上升，相应地，单个企业的亏损就会减少。只有当市场价格上升到使单个企业的亏损消失即利润为零时，行业的原有企业的退出才会停止。可见，不管是新企业的进入还是原有企业的退出，经过这种调整之后一定会使市场价格达到等于长期平均成本最低点的水平，也就是行业内的每个企业既无利润，也不亏损，但都实现了正常利润①。

通过以上分析，我们可以得出关于完全竞争企业长期决策的两个结论：

（1）完全竞争企业长期均衡（实现利润最大化）的条件是：$MR = LMC = SMC = LAC = SAC$，其中，$MR = AR = P$。

（2）在长期均衡时，完全竞争企业的利润为零。

第四节　独此一家的买卖：垄断市场

如果你有一台电脑，那么这台电脑通常会使用微软公司的 Windows 软件。微软公司在许多年前第一次设计 Windows 软件时，就申请并获得了政府给予的版权，这个版权授予微软公司排他性生产和销售 Windows 软件的权利。如果我们想购买 Windows 软件，只能支付微软公司制定的 Windows 软件的价格——将近 100 美元。因为在市场上只有微软一家公司生产 Windows 软件，可以说，微软在 Windows 软件市场上拥有垄断地位。经济学把这种整个行业只有唯一一个企业的市场组织称为垄断市场，把像微软这样垄断市场的企业称为垄断企业。垄断企业通常是一种没有相近替代品的产

---

① 正常利润是企业家才能的报酬，是企业的一种成本。

品的唯一卖者。

为什么会有垄断市场呢？垄断产生的基本原因是进入壁垒——垄断企业能在市场上保持唯一卖者的地位，是因为其他企业不能进入市场并与之竞争。那么，进入壁垒又是怎么形成的？通常有三种原因：①垄断资源：生产所需要的关键资源由单个企业所拥有，譬如南非的钻石公司戴比尔斯（De Beers）一度控制着全世界钻石矿产量的80%，虽然其市场份额并不是100%，不完全算是一个垄断企业，但戴比尔斯公司对钻石的价格可以产生巨大的影响。②政府管制：政府给予单个企业排他性地生产某种物品或劳务的权利，专利法和版权法是两个重要的例子，微软公司就是因为拥有 Windows 软件的版权才获得了垄断地位。③自然垄断：当一个企业能以低于大量生产者的成本生产产品时，这个行业就存在自然垄断。当相关产量范围存在规模经济时，自然垄断就产生了。譬如城市供水就是一个自然垄断的行业。为了向城市居民供水，企业必须铺设遍及全市的水管网，如果两家或者更多企业在提供这种服务中竞争，则每个企业都必须支付铺设水管网的固定成本，而且每个企业的供水量不够多导致供水的平均成本很高，但如果只有一家企业为整个城市的居民提供供水服务，因为规模经济供水的平均成本会降低，进而可能达到最低的成本。

一、垄断企业的生产与定价决策

在垄断市场上，只有一个企业生产特定的产品，这家垄断企业如何决定生产多少产品以及对产品收取多高的价格？由于是独此一家的买卖，垄断企业可以根据其要出售的产品数量来控制和操纵市场价格，是价格制定者。像微软的 Windows 软件，成本低于 10 美元，却可以定价到将近 100 美元。这是否意味着垄断企业定价越贵越好呢？微软公司为什么不将 Windows 软件的价格定到 200 美元甚至 500 美元？在垄断市场上，只有一家企业供给没有相近替代品的产品，因而垄断企业所面临的需求曲线就是市场的需求曲线，是一条向右下方倾斜的曲线。为了增加销售量，垄断企业必须降低其向消费者收取的价格，因此微软也不是将 Windows 软件卖得越贵越好！

跟完全竞争企业一样，垄断企业追求利润最大化也要按照边际收益等于边际成本的原则来确定产量。然而，由于垄断企业面临一条向右下方倾斜的需求曲线，为了增加销售量，企业必须降低价格，于是一单位物品的收益（即边际收益）会越来越小，这样就会减少它已经卖出的各单位产品的收益，因此垄断企业的边际收益小于产品的价格。在利润最大化的产量水平上，垄断企业的产品价格与边际收益和边际成本的关系是：$P > MR = MC$。

垄断企业根据边际收益等于边际成本的原则确定产量后，可以用需求曲线来确定它能收取的最高价格。在图6－6中，利润最大化的价格由 B 点决定。此时，垄断企业可获得多少利润呢？前面我们知道利润等于总收益减去总成本，即利润 $\pi = TR - TC$。因为 $TR = P \times Q$，$TC = AC \times Q$，所以利润 $\pi = (P - AC) \times Q$，在图 6－6 中阴影部分的方框 $EBCD$ 就是垄断企业的利润。

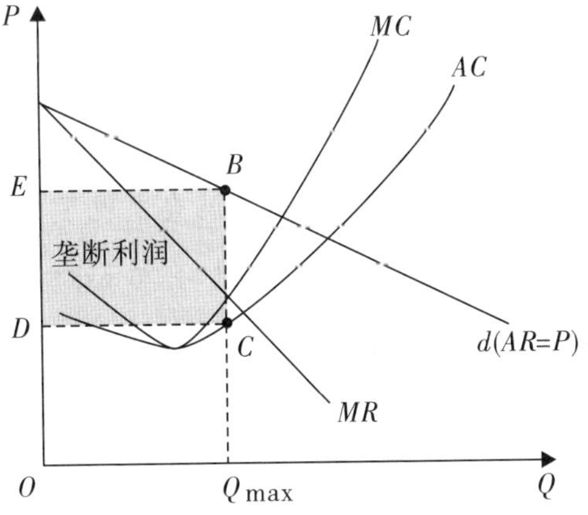

图 6－6　垄断企业的利润

垄断企业可以自己定价，这是否意味着垄断企业总是能获得利润呢？对于这个问题，也要区分是短期生产还是长期生产。如果是短期生产，因为一些生产要素无法调整，垄断企业在 $MR = SMC$ 的短期均衡点上可能获得最大的利润，但也可能是亏损的（尽管此时亏损是最小的）。造成亏损的原因可能是既定的生产规模的成本过高，也可能是垄断企业面临的市场需求过小。但在长期生产中，全部生产要素都可以调整，垄断企业可以通过对生产规模的调整，在原本盈利的基础上进一步增大利润。由于垄断行业排除了其他企业进入的可能性，因此，与完全竞争企业不同，如果垄断企业在短期内有利润，则这个利润在长期中不会因为新企业的进入而消失，垄断企业在长期中是可以获得利润的。

【生活中的经济学】

欧盟对脸书收购 Kustomer 展开反垄断调查

据法新社报道，当地时间 8 月 2 日，欧盟委员会宣布加深对社交网络巨头脸书收购美国初创企业 Kustomer 的调查，原因是担心收购可能会限制 Kustomer 竞争对手使用脸书的 WhatsApp 和 Instagram 即时通信软件。

今年 5 月，欧盟委员会曾启动一项初步调查，聚焦于脸书公司是否会滥用来自 Kustomer 的消费者数据，从而在个性化广告方面获得不公平的竞争优势。

欧盟委员会 2 日在一份声明中表示，调查发现了另一个令人担忧的领域：脸书公司可能有能力和潜在的经济动机去与 Kustomer 的竞争对手进行对抗，比如阻止这些公司使用脸书公司的消息渠道或降低访问这些渠道的权限。因此这些风险引发了新的“深入调查”，衡量拟议中的收购是否会引发不公平竞争。

欧盟委员会声明称，脸书公司限制 Kustomer 竞争对手使用 WhatsApp 或 Instagram 的战略，都可能导致“企业客户面临更高的价格、更低的质量和更少的创新，而这些创新又可能被转嫁给消费者”。

欧盟委员会负责竞争政策的副主席玛格丽特·维斯塔格表示，欧盟委员会有责任审查“已经在某些市场占据主导地位的公司可能存在问题的收购”。维斯塔格说：“这尤其适用于数字领域。在这一领域，脸书公司在在线展示广告和即时通信渠道，如 WhatsApp、Messenger 和 Instagram 方面都处于领先地位。我们的调查旨在确保该交易不会损害企业或消费者，脸书公司获得的任何数据不会扭曲竞争。”

脸书公司上周发布报告称，每月使用其社交网络的人数为 29 亿人，其中至少使用 Instagram、WhatsApp、Messenger 等其中一款应用的人数为 35 亿人。

去年，脸书公司宣布收购已成立 6 年的客户关系管理软件公司 Kustomer。知情人士透露，这笔交易的总金额超过 10 亿美元，脸书公司想达成这笔交易，是为了加强将其即时通信业务货币化的。

（资料来源：秦天弘，《经济参考报》，2021－08－04）

二、价格歧视

在前面的分析中，我们假设垄断企业对所有顾客收取相同的价格。但在许多情况下，垄断企业会以不同的价格把同一种商品卖给不同的顾客，以实现更高的利润。这种做法被称为价格歧视。价格歧视，又称价格差别，指厂商在同一时期对同一产品索取不同价格的行为，即以不同价格销售同一种产品。

在讨论价格歧视之前，我们应该注意：当一种商品在完全竞争市场上出售时，价格歧视是不可能发生的。在完全竞争市场上，有许多以市场价格出售同一种商品的企业，但没有一个企业愿意向任何一个顾客收取低价格，因为企业可以以市场价格出售它想出售的所有物品。而且，如果任何一个企业想向顾客收取高价格，顾客就会向其他企业购买。对于一个实施价格歧视的企业来说，它必须有某种市场势力。

垄断企业实施价格歧视，必须具备以下两个基本条件：第一，市场的消费者具有不同的偏好，且这些不同的偏好可以被区分开来。这样，企业才有可能对不同的消费者或消费群体收取不同的价格。第二，不同的消费群体或不同的销售市场是相互隔离的。这样就排除了中间商由低价处买进商品又在高价处出售商品而从中获利的情况。

在现实生活中，我们可以看到飞机上的座位以许多不同价格出售。比如许多航空公司对直飞的机票收取高价，对需要中转的往返票收取低价。这是区分公务乘客和个人乘客的一种方法。公务乘客支付意愿高，且很可能不想在中转上浪费时间；而出于个人原因旅行的乘客支付意愿低，并更愿意多花点时间省点钱。因此，航空公司可以通过区分不同乘客成功地实行价格歧视，对每个座位收取可能的最高价格。航空公司还有很多其他价格歧视的做法，如针对低价格机票规定不能退换或不能完全退换；为经济舱全价票旅客提供附加服务以吸引旅客购买经济舱的全价票，等等。

还有许多企业向公众提供折扣券，比如麦当劳、肯德基，买者为了下次购买时能够打折而需要折扣券。为什么麦当劳是提供折扣券而不是直接打折呢？因为折扣券可以使公司实行价格歧视。麦当劳知道，并不是所有顾客都愿意花时间找折扣券，而且找折扣券的意愿与顾客对商品的支付意愿是相关的。有钱而繁忙的人不大可能花时间找折扣券，他们更愿意为节省时间精力去支付较高价格；而没钱但有时间的人更可能寻求折扣券。可见，通过只对有折扣券的顾客收取较低价格，企业就可以成功地实行价格歧视，获得更高利润。

垄断企业有时实施价格歧视并不是对不同顾客收取不同的价格，而是对购买不同数量的同一顾客收取不同价格。例如，面包店可能对每个面包收取 5 元的价格，但会买三送一。实施这种价格歧视的理论依据是边际效用递减规律。数量折扣通常是一种成功的价格歧视方法，因为随着顾客购买量的增加，对增加一单位的支付意愿减少了，顾客对购买的第一单位愿意付出的价格高于第二单位。

价格歧视是垄断者利润最大化的理性战略。换句话说，通过对不同的顾客收取不同的价格，垄断者可以增加利润。实际上，实施价格歧视的垄断者向每个顾客收取的价格会比以一种固定价格销售产品时更接近顾客的支付意愿。

【PBL 学以致用】

你是企业家吗?

在本章的开头，我们请你思考为什么你只能对做家教或快餐店服务生等收取相对较低的价格。在该章中，我们看到在竞争激烈的市场环境中，公司的产品销售价格不能高于竞争对手的。做家教和快餐店服务生的市场竞争非常激烈，因为有许多青少年愿意提供这些服务。在 25 岁时，你可以收取的服务费用可能不值得你去付出劳动，但足以支付一个渴望进入市场的 18 岁孩子的机会成本。因此，在作为一个二十岁左右的企业家的职业生涯中，你可能已经熟悉了这一章的教训之一：在竞争激烈的市场中，一家公司无法控制价格。

本章小结

在经济分析中，按照市场上厂商数目、产品差别以及新企业进出行业的难易程度等标准，根据不同市场的特征，经济学家通常把市场划分为完全竞争市场、垄断竞争市场、寡头垄断市场和完全垄断市场四种类型。完全竞争与完全垄断是两种极端的市场结构，其形成条件都很严格，在现实中并不多见，甚至根本不存在。但作为经济学分析问题的方法或标准，完全竞争和完全垄断这两种市场对我们理解和分析现实经济的市场结构是很重要的。

完全竞争市场通常具有以下四个特点：①有大量的买者和卖者。②各个厂商提供的商品是完全同质的。③所有资源都具有完全的流动性。④信息是完全的。在完全竞争市场上，所有的消费者和生产者都是价格接受者，完全竞争企业只能在既定的市场价格水平出售产品，因此，完全竞争企业的需求曲线是一条由既定市场价格出发的水平线。

企业实现利润最大化的条件是边际收益等于边际成本（$MR = MC$），但这并不意味着企业一定可以获得利润，而只表明企业在既定成本和收益下的最好境况。因此，$MR = MC$ 也被称为企业利润最大或亏损最小的均衡条件。

完全竞争企业短期均衡（实现利润最大化）的条件是：$MR = SMC$；式中，$MR = AR = P$。在短期均衡时，完全竞争企业可能盈利、收支相抵或者亏损。当完全竞争企业在短期处于亏损的时候，会继续生产还是停止生产，要比较市场价格与平均可变成本的大小。如果 $P > AVC$，则生产；如果 $P < AVC$，则停产。$P = AVC$ 对应的均衡点被称为停止营业点。完全竞争企业长期均衡的条件是：$MR = LMC = SMC = LAC = SAC$。在长期均衡时，完全竞争企业的利润为零。

垄断企业是价格制定者，其所面临的需求曲线就是市场的需求曲线，是一条向右下方倾斜的曲线。垄断企业追求利润最大化，要按照边际收益等于边际成本的原则来确定产量。在短期均衡时，垄断企业可能获得最大的利润，但也可能是亏损的（尽管此时亏损是最小的）；但在长期均衡中，垄断企业是有超额利润的。在许多情况下，垄断企业为了实现更高的利润，往往实施价格歧视。价格歧视又称价格差别，是指厂商在同一时期对同一产品索取不同价格的行为，即以不同价格销售同一种产品。

思考题

1. 市场结构的划分标准有哪些？
2. 完全竞争市场有哪些特点？
3. 企业利润最大化的原则（或条件）是什么？

4. 画出一个完全竞争企业的成本曲线，解释在某一既定价格时，企业应如何选择利润最大化的产量水平。并在图中标明在该产量水平时，企业的总收益和总成本。

5. 完全竞争企业的价格是在短期或长期或这两个时期中都等于边际成本吗？并解释原因。

6. 完全竞争企业在什么条件下将退出市场？并解释原因。

7. 垄断的原因有哪些？

8. 在短期内，垄断企业是否会亏损，为什么？

9. 价格歧视的形成条件是什么？会造成什么后果？

第七章　风云变幻的生意场：不完全竞争市场

学习目标

【知识目标】了解垄断竞争市场与寡头垄断市场的特征；理解垄断竞争企业与寡头企业的决策；理解广告对垄断竞争企业的意义。

【技能目标】能对比分析垄断竞争企业的短期均衡和长期均衡；会分析寡头垄断企业的利润最大化决策。

开篇案例

可口可乐还是百事可乐

20世纪80年代，可口可乐与百事可乐之间的竞争十分激烈。可口可乐公司为了赢得竞争，对20万13～59岁的消费者进行市场调查，结果表明，55%的被调查者认为可口可乐不够甜。本来不够甜加点糖就可以了，但可口可乐却花了两年时间，耗资4 000万美元研制出了一种更科学、更合理的新配方，并开展了声势浩大的广告宣传和促销活动，制订周密的计划，试图将这种新型的可口可乐饮料推向市场。1985年可口可乐公司开始实施这一新配方计划，以新配方的可口可乐代替原先的产品。不到一个月，事情完全出乎可口可乐公司的预料，消费者发出了一片反对声。每天大约有5 000次电话打进消费热线，指责、抱怨可口可乐公司的这一举措。公司还收到上万封抗议信，怒斥可口可乐公司对消费者感情的背叛，甚至有人扬言要改喝茶水。此时，百事可乐公司趁虚而入，一度占据了饮料市场销售第一的地位。可口可乐公司这一被动局面直到其重新恢复老的可口可乐配方之后才得以扭转。

讨论：①可口可乐的新配方为何会遭到消费者反对，其所在市场属于哪种类型的市场？②市场上哪些企业喜欢打广告？如何看待广告对企业的作用？

这个案例说明：老的可口可乐配方在部分消费者中已形成了垄断地位，而且可口可乐与百事可乐、矿泉水以及茶水等饮料之间是可以相互替代而存在竞争的，这种市场是垄断竞争市场。垄断竞争是现实中最普遍、最常见的一种市场结构。垄断竞争市场中有很多生产者和消费者，各企业规模比较小，且生产并销售有差别的同种或相似的替代品。除了垄断竞争市场以外，现实经济中还有一种寡头垄断市场也比较常见。寡头垄断市场在规模经济至关重要的行业（如钢铁、石油、汽车、家电、电子、民航等）广泛存在，一个行业里往往只有几家企业生产同质的或有差别的商品。

垄断竞争和寡头垄断是介于完全竞争与完全垄断这两种极端市场之间的不完全竞争市场，它们跟完全竞争市场与完全垄断市场有什么区别呢？在这一章，我们就来探讨在消费者和企业行为的相互作用下，不完全竞争市场中的垄断竞争企业和寡头垄断企业是如何决定其产品的产量与价格的？为什么有些企业需要不断开发产品或做广告？为什么有些企业要根据竞争对手决策来调整自己的生产决策？

第一节 现实世界的市场：垄断竞争

在 20 世纪 30 年代以前，经济学家都拥护完全竞争的市场理论。这种市场的特点是有许多买家和卖家，每个企业售卖的产品是同质的，企业之间存在激烈的竞争，且每个企业的产量对整个市场而言是微不足道的。企业不能靠抬高价格来实现利润最大化，因为涨价会使顾客流失。在工业革命初期，企业的规模都比较小，通常以家族的方式运作，市场结构比较接近完全竞争市场。然而，随着企业的精细化程度越来越高，现实市场结构与完全竞争模式的差异越来越大。经济学家对市场的认识是随着经济社会的发展而演进的，取代完全竞争的是其反面，即垄断市场理论。它解释了当市场由一个单独的企业供货时其是如何运作的，但实际上并不存在一个纯垄断市场，譬如一家企业生产全世界所有的钻石，没有一个公司与其竞争，这显然是不可能的。

事实上，市场并非黑白分明的，并不是除了完全竞争就是完全垄断。当你走进一间超市选购洗发水时，你会发现琳琅满目的商品，即使每一种洗发水的性能都大同小异，但各种选择也会让你眼花缭乱。宝洁公司为旗下的飘柔洗发液策划了宣传语“洗护二合一，让头发飘逸柔顺”，旨在告诉消费者其与众不同的性能；而霸王集团的霸王中草药洗发水则以“霸王防脱，头发不再脱。我的头发好，全靠养”为宣传语。这样，宝洁公司就垄断了洗护二合一的洗发水，霸王集团则垄断了用中草药研制的防脱洗发水。如果霸王集团提高产品价格，就不会像在完全竞争市场中那样失去所有的消费者，因为对于更青睐霸王中草药洗发水的消费者而言，即使价格上涨一点，他们也不一定停止购买中草药防脱洗发水。可见，不管是宝洁公司还是霸王集团，都没有完全垄断所有类型的洗发水。如果宝洁公司或霸王集团大幅度提高价格，消费者就会去选择其他品牌的洗发水，因为这两家企业的洗发水在一定程度上可以相互替代，而其他企业的洗发水也是这两家企业的洗发水的替代品，它们相互之间存在激烈的竞争，这就阻止了宝洁或霸王成为一个完全垄断的企业。完全竞争市场与洗发水的市场一样，新的企业会不断涌现，并与现存企业展开激烈的竞争，从而使产品价格保持在低位；但与完全竞争市场不一样的是，不同企业生产的洗发水是有差别的，并非同质的。洗发水这样的市场在现实世界里是最常见到的，通常被称为垄断竞争（monopolistic competition）市场，这是一种不完全竞争（imperfect competition）市场。

经济学家常说，完全竞争市场能够更好地利用社会资源，因为它们以较低的价格供应人们想要的产品，而垄断做不到这一点，因为垄断会导致高价格和少供给。在完全竞争与完全垄断这两种极端市场之间，垄断竞争就像市场中的一个过渡地带。虽然在现实世界最为常见，但我们是否真的需要垄断竞争市场上只是瓶子比其他品牌更精美并通过昂贵的广告来营销的香水？当然不需要。于是，一些人会认为，在这种意义上，垄断竞争并没有充分利用社会资源。但垄断竞争市场给消费者带来了更多可供选择的商品，让我们可以比较不同品牌的产品，譬如我们可以在可口可乐、百事可乐或其他软饮料厂商生产的饮料之间进行选择。同时，在垄断竞争市场里面也存在很多试图通过推陈出新来吸引消费者的企业，因而企业之间是存在激烈竞争的。

综上所述，垄断竞争市场是指一种有许多厂商生产和销售有差别的同种产品的市场，其主要特征包括：

（1）许多卖者：市场上有许多企业生产同类产品并争夺同样的顾客群体。

（2）产品差别：每个企业生产的产品与其他企业生产的同种产品是存在差别的。产品差别的表现有很多，包括品牌不同、颜色有差异、质量有高低、包装有差别，等等。只要有一个方面让消费者认为不同，我们就说存在产品差别。因为企业之间的产品有差别，所以每个企业都有一定的定价权，而不是价格接受者，所以垄断竞争企业面临着一条向右下方倾斜的需求曲线。

（3）自由进出：企业可以没有限制地进入（或退出）一个市场，因此，市场上企业的数量会一直调整到经济利润等于零为止。

第二节 短期赚钱还是长期赚钱：垄断竞争企业的均衡

垄断竞争市场上有很多企业，厂商规模较小，且进入或退出市场是很容易的。垄断竞争市场与完全竞争市场的不同之处在于产品差别。凭借与众不同的产品，企业有一定的市场势力，那是否意味着垄断竞争企业一定能赚到钱呢？不一定！这得看企业是在开展短期生产还是长期生产，而且还得看企业的成本与收益状况。

一、垄断竞争企业的需求曲线

在垄断竞争市场上，每个企业生产的产品是有差别的，因而企业对自己产品的价格有一定程度的控制力，不再是市场价格的接受者。在这种情况下，垄断竞争企业面对的需求曲线不再是完全竞争企业那样的水平线，而是向右下方倾斜的直线，它说明产品价格高，消费者对该企业的产品需求量少；产品价格低，该企业所面对的产品需求量多。一般来说，需求曲线越陡峭，表示企业控制价格的能力越强。垄断竞争企业所生产的产品虽然与其他企业的产品有差别，但相互之间又是相似的替代品，因而面临激烈的市场竞争，企业对价格的控制程度并不太高。因此，垄断竞争企业的需求曲线一般比较平坦（见图 7－1）。

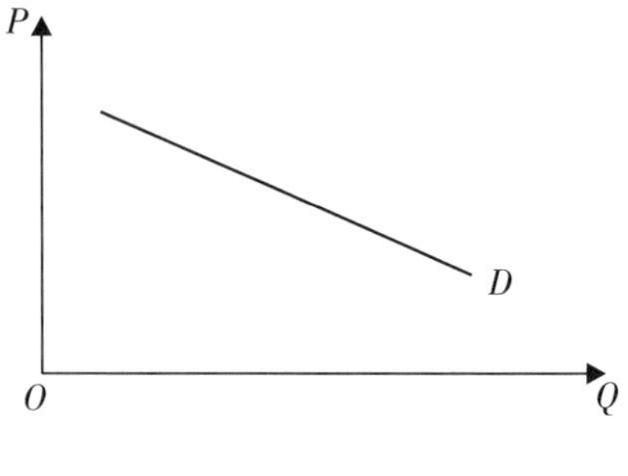

图 7－1 垄断竞争企业的需求曲线

二、垄断竞争企业的短期均衡

垄断竞争市场的每个企业凭借其产品与众不同的特征而拥有一定的市

场势力，从而在许多方面类似于垄断企业，譬如，它面临一条向右下方倾斜的需求曲线。因此，垄断竞争企业遵循垄断者追求利润最大化的规律：选择边际收益等于边际成本的产量，然后根据企业的需求曲线制定与这种产量对应的价格。这样能否保证垄断竞争企业一定赚钱？不一定！

在短期内，企业的生产规模是固定的。垄断竞争企业只能在现有的生产规模下通过对产量和价格的调整，来使得边际收益等于边际成本，以实现利润最大化。图7－2（a）（b）分别表示垄断竞争行业中两家典型企业的成本、需求和边际收益的情况，企业实现利润最大化的产量与价格是由边际收益曲线与边际成本曲线的交点决定的。因为两家企业的成本不同，所以达到均衡时，企业的利润水平也不同。在图7－2（a）中，企业的短期生产成本较低，当边际成本等于边际收益时（E 点），企业的均衡产量为 Q_e，均衡价格为 P_e，此时产品的价格高于平均总成本，因此企业有利润（如图中阴影面积所示）。在图7－2（b）中，企业的短期生产成本相对较高，当边际成本等于边际收益时（E 点），企业的均衡产量为 Q_e，均衡价格为 P_e，此时产品的价格低于平均成本，因而企业不能获得正的利润，此时它能做的最好决策是使亏损最小化。

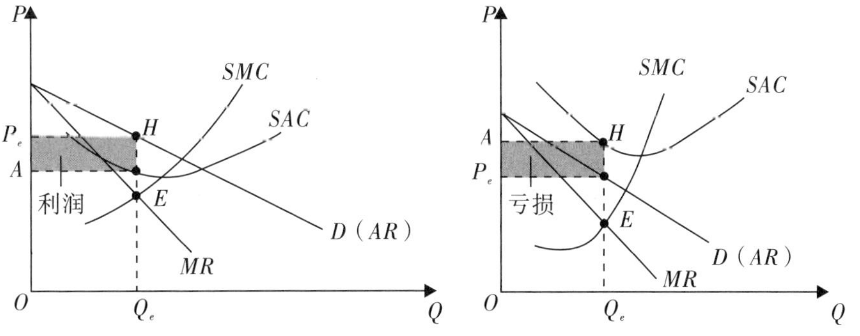

（a）企业有利润　　（b）企业有亏损

图7－2　垄断竞争企业的短期均衡

可见，在短期生产中，垄断竞争企业和垄断企业很相似，都是通过生产使得边际收益等于边际成本的产量来实现利润最大化，且达到均衡时都未必有利润，企业可能盈利，也可能亏损，还可能收支相抵，利润为零。

三、垄断竞争企业的长期均衡：零经济利润

在长期内，垄断竞争市场上企业之间存在着激烈的竞争。各个企业可以仿制别人有特色的产品，也可以创造自己更有特色的产品，还可以通过广告来创造消费者的需求，以巩固自己产品的垄断地位。如果企业在短期中有超额利润，那么竞争的结果是存在替代性的各种有差别产品的价格下降，因此图 7－2（a）描述的盈利情况不会持续太久。因为当企业有利润时，新企业有进入市场的激励，而这种新企业进入增加了消费者可以选择的产品数量，从而减少市场上已有企业的产品需求。换句话说，利润鼓励新企业进入，导致已有企业的需求曲线向左移动。随着已有企业的产品需求减少，这些企业的利润就会下降，直到所有企业的利润都减少到零时，就不会再有新企业进入了。

反过来，如果市场上有企业出现亏损，如图 7－2（b）所示，那么这些企业就有退出市场的激励。而随着一些企业的退出，消费者可选择的产品数量少了，会扩大对留下来的企业的产品需求。换句话说，亏损鼓励企业退出，导致留下来的企业的需求曲线向右移动。随着留下来的企业产品需求的增加，产品价格上升，这些企业的亏损就会减少，直到市场上所有企业的经济利润都刚好等于零时，这种企业退出的过程才会停止。

在长期均衡时，垄断竞争企业总是有过剩的生产能力。举例来说，如图 7－3 所示，垄断竞争企业平均成本最低时的产量——U 形曲线 AC 最低点（B 点）的产量是企业每天生产 100 件夹克，可企业根据边际成本等于边际收益（E 点）的利润最大化原则，每天只生产 50 件夹克，于是企业过剩的生产能力是每天 50 件夹克。也就是说，企业实际生产的产量小于使平均成本最小时的产量，导致消费者支付了高于最小平均成本的价格，从而造成效率损失，其根本原因在于企业面临向右下方倾斜的需求曲线，

而企业的需求曲线向右下方倾斜是因为产品差别。因此，垄断竞争市场的产品差别引起了过剩生产能力。

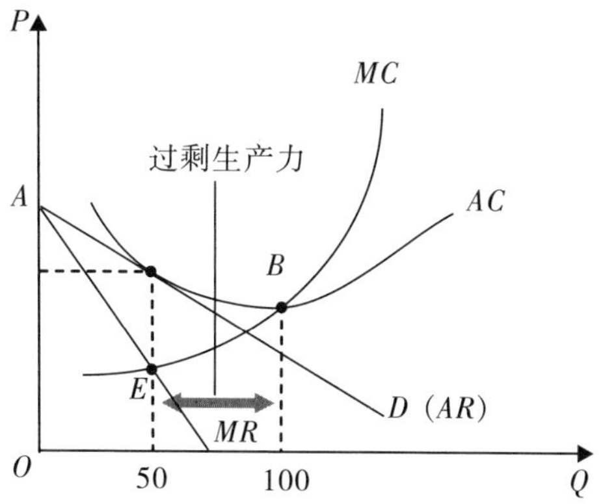

图 7-3　垄断竞争企业过剩的生产能力

实际上，我们身边有很多垄断竞争企业存在过剩生产能力的例子。譬如，你可以看到小餐馆（除非真正有名的）总有部分空桌子，而且通常你在点菜后的 30 分钟内菜就全部上齐；房地产中介的门店里总有工作人员在等客人并随时带客人去看房子。这些企业具有过剩的生产能力，通过降价可以出售更多产品，但这样做会带来亏损。因此，在垄断竞争市场，企业按照边际成本等于边际收益的原则来决定产量，导致产品价格高于平均成本，就会出现垄断市场那样的效率损失或者无效率。不过，与垄断市场不同的是，垄断竞争市场的效率损失产生于产品差别——产品的多样性。消费者一般喜欢多样性，只有企业生产有差别的产品才会使得市场上的产品具有多样性，而产品多样性对消费者来说是一种福利。因此，我们还要根据产品多样性引起的更大收益来评价垄断竞争市场上出现的效率损失。

第三节　产品开发与市场营销

垄断竞争企业之间的竞争是以产品差别为基础的，企业对市场价格有一定的控制能力，其需求曲线是向右下方倾斜的。就短期而言，价格竞争可以使一部分企业得到好处，使其产品的市场占有率扩大，但是从长期来看，价格竞争会导致产品价格持续下降，最终使企业的经济利润消失。因此，在垄断竞争市场上，企业可能通过产品开发、市场营销等一些非价格竞争的手段来谋求更大利润。前面我们在研究企业的产量与价格决策时，都是事先假定企业已经做出了产品开发和市场营销方面的决策。这一节我们分析垄断竞争企业如何做产品开发与市场营销的决策，以及这些决策对企业的产量、价格和经济利润的影响。

一、创新与产品开发

在垄断竞争市场上，企业数量很多，而新企业进入市场的壁垒很小，因此市场竞争是很激烈的。垄断竞争企业为了获得经济利润，必须不断开发新产品，因为在一种产品的生产中，只要能赚到经济利润，就会有模仿者出现并建立类似的新企业。试想生产智能手机的苹果公司，是不是在不断地开发新产品？每一次新产品出现后，是不是有其他手机厂商模仿苹果手机的新功能？在这种情况下，垄断竞争企业会利用新的技术、新的材料、新的设计和工艺，使其生产的产品在品质、功能、外观、包装等方面与竞争对手的同类产品产生差别，从而暂时增加自己产品的需求，使其可以暂时提高产品价格而获得经济利润。但随后会有生产这种新产品相近替代品的新企业进入市场，来争夺这种由最初优势带来的经济利润。于是，为了保持经济利润，原来的企业必须再次创新。

垄断竞争企业的创新决策也是根据利润最大化的原则来权衡与决定的。因为企业的产品开发是有成本的，同时也会带来收益的增加。在企业开始通过创新进行产品开发时，更好的产品带来的边际收益往往大于边际成本。而随着边际收益递减，当用于产品开发的边际成本刚好等于边际收益时，企业就实现利润最大化的生产者均衡。譬如，苹果公司在开发 iPhone 4S 的时候，这款手机也许并非苹果公司当年可以创造出来的最好的手机，但这是能使边际收益与边际成本相平衡的手机，也就是获取最大利润的手机。可见，垄断竞争企业对产品开发的投资决策与其对产品的生产决策类似，要使得创新活动带来的边际收益等于边际成本才能实现利润最大化。

二、市场营销和广告

垄断竞争企业通过设计和开发新产品，使其产品与众不同，这种新开发的产品与原有的其他产品确实在品质、功能或材料等方面有差别。即使企业之间实际生产的产品非常相似，差别很小，垄断竞争企业也可能会努力创造条件让消费者产生有产品差别的感觉，而广告和包装就是最常用的基本手段（见图7－4）。譬如，美国运通卡（American express card）是不同于VISA卡的产品，但两者之间的具体差别并不是运通卡在其市场营销中所重点强调的。运通卡通过广告在市场上营造了一种深入人心的印象：当你使用运通卡，你就更像泰格·伍兹（Tiger Woods）或者其他极为成功的人士。于是，运通卡就凭借这种并非产品的具体差别而是消费者认为的与众不同，来扩大市场需求，实现营销的目的。

（a）美国运通卡　　（b）惠特曼巧克力

图7－4　垄断竞争企业的广告

垄断竞争企业通过广告宣传、召开新闻发布会、举办和参加展销会等方法，向市场发布信息，可以影响现有的和潜在的客户的购买选择，从而扩大自身产品的销售。通常，广告有助于垄断竞争企业的产品从同类竞争产品中脱颖而出，因为广告在传递产品信息的同时，也会加入一些劝说性的广告语，让消费者主观上认为该企业的产品与众不同，所以，有时广告其实并不是向消费者宣传产品的实际性能。譬如，20 世纪 20 年代，美国企业惠特曼为其巧克力产品制作了一条广告，该广告并没有直白地介绍任何有关巧克力口味等信息，而是展示一群年轻时髦的女孩在高尔夫球场的画面，她们在一辆熠熠生辉的新车旁边享受着一盒巧克力。这个广告不是在传达产品本身的信息，而是将巧克力与一种奢侈的生活方式联系在一起，让消费者产生一种向往，从而激发他们的购买欲望。这和今天很多的香水或汽车广告类似，广告向消费者传达企业产品与众不同的特质，旨在塑造一种“品牌形象”。企业通过广告使自己的产品与其他产品之间形成差异性，这有助于它们在同类品牌的竞争中得到一定的垄断权，在定价方面有一定的优势，从而获得更大利润。

第四节　囚徒困境：寡头与博弈论

寡头垄断市场是介于完全垄断市场和垄断竞争市场之间的另外一个市场模型，通常也被认为是一种较为普遍的市场组织。现实经济中，很多行业都表现寡头垄断的特点。20 世纪初，西方国家的一些巨型公司控制了整个市场的利益群体，形成了由少数大企业控制市场的运作方式，即“寡头垄断”（oligopoly），简称寡头。当时，德国重工业掌控在 5 家公司手中，其中之一是克虏伯。克虏伯公司的经营范围包括煤炭和钢铁，工人达到上千人，并在第一次世界大战期间为德军提供军用品；英国的帝国烟草公司拥有 13 个分公司，在市场上占有很高的市场份额。克虏伯和帝国烟草这两家公司的情况并不适用于上一章分析的完全竞争或垄断的极端市场模型，也不适用于本章已分析的垄断竞争市场模型。寡头企业不像垄断竞争企业那样可以通过推出有差别的产品来获得利润，有时候它们会创立企业协会，通过共同瓜分市场来提升利润；有时候它们又会在价格战中相互厮杀，通过价格竞争把对方排挤出市场。经济学家为极端现象构造理论是比较容易的，但要分析两个极端之间的现象则比较困难。

一、寡头垄断市场的条件

寡头垄断市场是指由少数几个企业控制整个行业产品的生产和销售的市场结构。这几个企业被称为寡头，其中的每一个企业在市场中都具有非常重要的地位。寡头垄断市场应该满足下列条件：

（1）企业数量极少。寡头垄断市场上，只有少数几个卖者，每一个企业在市场中都占有相当大的市场份额。

（2）企业生产的产品既可同质，也可存在差别。每个卖者都提供与其他企业相似（如不同汽车企业生产的不同品牌的汽车）或相同（如不同的钢铁公司生产的钢板）的产品。

（3）新的企业加入该行业比较困难。这种进入障碍表现在现有企业在规模经济性、技术装备、获得政府特许、对生产要素的控制等方面占有优势。

（4）企业行为的不确定性。因为寡头市场只有几个卖者，所以，寡头的关键特征是合作与利己之间的冲突。寡头企业合作起来并像一个垄断者那样行事——生产少量产品并收取高于边际成本的价格。但由于每个寡头只关心自己的利益，因此会有一种强大的激励机制使得寡头组织很难维持垄断的结果，它们往往会因为利益冲突而终止合作。因此，寡头市场上的企业，尤其是大企业，在选择其产品价格和产出时有一定的自由。此外，为了在寡头市场环境下生存并日益兴旺，每个寡头企业在做出决策时都必须密切关注其竞争者的反应。这就使得我们对寡头企业的行为分析变得复杂起来，也使我们难以对寡头垄断市场的资源配置得出明确的结论。

二、博弈论

第二次世界大战以后，经济学家发展了许多新的研究工具，使人们能够在更宽泛的经济学假设前提下，更深刻地认识世界。其中，博弈论的诞生为经济学家分析寡头垄断市场提供了新的研究方法和工具。博弈论（game theory）是20世纪40年代由美国数学家约翰·冯·诺依曼（John von Neumann）和经济学家奥斯卡·摩根斯特恩（Oskar Morgenstern）在两人合著的《博弈论与经济行为》（*Theory of Games and Economic Behavior*，1944）一书中提出后发展起来的。博弈论是研究多个个体或团队之间，在特定条件制约下的对局中，利用相关方的策略而实施对应策略的学科，是研究具有斗争性质现象的理论和方法。其实，博弈论研究无处不在的战略性的互相影响，从类似剪刀石头布的游戏，到经济中的利益追求、国与国之间的战争、人与人之间的相处，这些都在广泛应用博弈论。

三、囚徒困境

囚徒困境是一个应用博弈论的有趣的著名案例。假设有两个银行劫匪：波宁和克鲁德。警察有足够的证据证明波宁和克鲁德犯有非法携带枪支的轻罪，因此他们每人都要在狱中度过一年。警察还怀疑这两名罪犯曾合伙抢劫银行，但缺乏有力的证据。于是，警察在分开的屋子里分别审问了波宁和克鲁德，而且向他们每个人提出以下的条件：“现在我们可以关你一年。但是，如果你承认银行抢劫案，并供出合伙者，就免除你的监禁，你可以得到自由，你的同伙将在狱中度过20年。但如果你们两人都承认罪行，我们就不需要你的供词，而且我们可以节省一些监禁成本，因此你可以有一种中间型的8年监禁。”如果波宁和克鲁德是残忍的银行抢劫犯，只关心自己的刑期，他们会怎么选择呢？图7－5表明了他们相互博弈的过程与结果。每个囚犯都有两种战略：承认与保持沉默。他们每个人的刑期取决于他们所选择的战略以及他们犯罪同伙选择的战略。

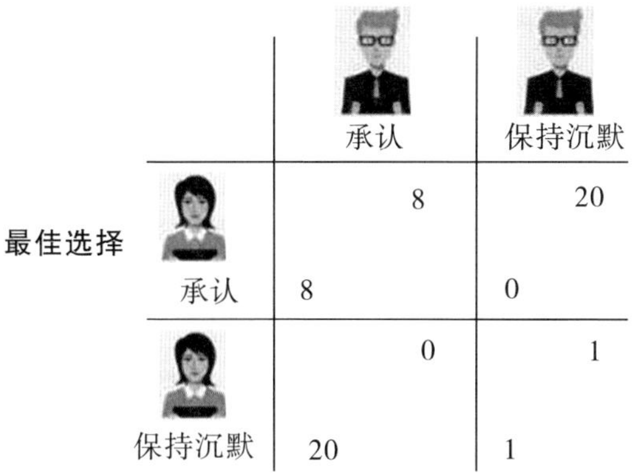

图 7－5　囚徒的困境

首先考虑波宁的决策。他的推理如下："我并不知道克鲁德将会怎么做。如果他保持沉默，我最好的战略是交代，因为我将自由而不是在狱中待一年。如果他承认，我最好的战略仍然是承认，因为这样我将在狱中待 8 年而不是 20 年。因此，无论克鲁德怎么做，我选择承认会更好些。"从博弈论的角度来看，无论另一个参与者采用什么战略，如果有一种战略都是最好的应对战略，那么，这种战略被称为优势战略。在这个例子中，承认是波宁的优势战略，无论克鲁德承认还是保持沉默。如果波宁承认了，他在狱中待的时间更短。

其次考虑克鲁德的决策。他面临着和波宁同样的选择，而且，他的推理也与波宁相似。无论波宁怎么做，克鲁德都可以通过承认来减少他待在狱中的时间。换句话说，承认也是克鲁德的优势战略。

当两个人都进行了同样的推理后，他们相互博弈的均衡结果是：他们都会承认，这将导致两人都要在狱中待 8 年。这并非他们想要的最优结果，因此是一种困境。

在这个故事中，参与者都做出了对自己最优的选择，但获得的结果对双方却并不是最优的。如果他们两人都保持沉默，那他们只会因为非法持有枪支而在狱中受一年刑期。然而，由于追求自己的利益，两个劫匪在推理后都做了有利于自己的决定，结果导致两人的状况都变坏。可见，在囚徒困境中，劫匪们都采取了理性的行动，却获得了更糟糕的结果。

四、博弈论在寡头垄断市场的应用

囚徒困境在市场中经常会出现。产油国之间就面临着跟囚徒一样的问题。在20世纪60年代，这些国家彼此承诺减少石油供给以提高油价，导致了美国的石油危机。但是一旦价格上去了，一些国家就会想要生产更多可以销售的石油，因此石油危机在经历一段时间之后就不再持续了。

在经济、政治和日常生活中，人与人之间总是有时竞争，有时合作。在囚徒困境中，合作总会面临破裂的风险。在现实中，人们什么时候会倾向于一起合作，什么时候又会激烈竞争？博弈论提供了一种帮助我们思考这种复杂性的方法。

现在我们来考虑更复杂的策略，特别是需要接二连三地做决定时，你在做决策时可以先看清楚其他人都做了什么。如果你的竞争对手采取了不受欢迎的行动，你会对他们做出惩罚。20世纪70年代，美国两家咖啡企业麦斯威尔和福爵互相争夺美国市场。福爵向东部扩张，希望控制麦斯威尔作为主要供应商的区域。麦斯威尔的反应是：如果你进入我的市场，我就大减价，通过这样来阻止你进入。于是，麦斯威尔发动价格战，降低咖啡价格，最后将福爵赶出自己的市场。其实，麦斯威尔的威胁并不总是可靠的，因为降价会赔钱，福爵不一定相信麦斯威尔会真的降价，因而会继续向东部扩张。但在本案例中，麦斯威尔的威胁生效了，它使得福爵进军纽约市场的企图受挫。

麦斯威尔的成功揭示了一个基本的博弈策略：博弈的关键在于影响竞争对手对你的想法！一家企业想要威胁报复竞争对手，需要让自己显得英勇善战，而不是软弱无力。麦斯威尔就算不惜血本也要把竞争对手赶出去，这样才能收回自己的市场领地。20世纪40年代，美国铝业公司控制了原铝生产行业90%的产能，就是采用这个策略来排挤竞争对手。

【生活中的经济学】

“欧佩克+”增产谈判陷僵局 原油供需紧张或延续

维也纳当地时间7月1日，“欧佩克+”部长级会议如期举行，但未能就8月原油增产幅度达成一致。在当地时间7月2日继续进行的会议上，与会主要产油国仍未达成共识，增产谈判陷入僵局。

Wind终端显示，NYMEX原油主力合约价格7月1日大幅走高，收盘逼近75美元/桶；7月2日陷入震荡，收盘报75.19美元/桶。展望后市，分析人士称，随着全球经济活力恢复，未来原油市场或处于供应短缺状态。

1. **增产悬而未决**

当地时间7月1日至2日，“欧佩克+”连续两日就原油增产问题进行谈判，均未达成一致协议。新一轮谈判将在当地时间7月5日下午3时继续进行。

据媒体报道，在当地时间7月1日举行的“欧佩克+”部长级会议上，沙特阿拉伯等国主张，今年8月至12月日均原油供应量每月环比增加40万桶，而阿联酋则主张更激进地增加供应。另据媒体报道，阿联酋要求“欧佩克+”提升该国用于计算减产的基线产量以换取更大规模增产。如果无法达成新的协议，阿联酋准备维持8月产量不变。

国投安信期货原油研究员李云旭指出，根据去年4月达成的减产协议框架，沙特与俄罗斯减产基准量为1 100万桶/日，其余国家减产基准为2018年10月的产量水平。与此对应，阿联酋减产基准为316.8万桶/日。需要注意的是，由于去年5月开启的减产初期是按照减产基准的百分比进行减产额度分配的，而今年以来的增产是确定每个月的增产幅度（如50万桶/日）后再在“欧佩克+”成员国中进行分配的，若阿联酋提高减产基准线进而调低减产量，为平衡总增产幅度，其他国家将调高减产量进行弥补，因此分歧在所难免。

独立石油分析师 Neil Atkinson 表示，阿联酋和其他“欧佩克 +”成员国之间的紧张关系已经持续一段时间。阿联酋阿布扎比国家石油公司一直在投资新产能，以获得更大的市场份额。该公司的运营方式可能更类似国际石油公司，而不是国家石油公司。

欧佩克秘书长巴尔金多认为，今年 4 月起逐步上调原油产量有助于市场稳定。展望今后两年产量调整路线图，重要的是延续减产协议并紧密跟踪市场，避免明年出现规模较大的供应过剩。

2. **供需紧张或延续**

分析人士表示，目前欧佩克与非欧佩克产油国主要成员提出的增加供应方案偏于保守。这意味着国际石油市场供需局面将保持紧张。

瑞穗证券美国公司能源期货业务负责人罗伯特·约杰预计，欧佩克与非欧佩克产油国在 8 月至 12 月期间，原油日产量每月环比可能增加 50 万桶。相对保守的增产建议更受市场多头欢迎。

分析人士称，随着全球主要经济体持续修复，全球原油需求缺口将逐渐扩大。奥地利 JBC 能源咨询公司预计，7 月全球原油供需缺口将略低于日均 200 万桶，即便日均产量增加 60 万桶，8 月全球原油市场供需缺口仍将扩大至日均 250 万桶。

花旗银行对全球原油需求前景预期更高，认为即使考虑“欧佩克 +”增产，至 2021 年第三季度末市场仍将处于逾 300 万桶/日的深度短缺状态。

此外，有分析认为，除了需求持续恢复，原油市场格局目前还受到伊朗石油出口前景影响。伊朗石油出口量仍然可能恢复至 2018 年美国对其采取制裁措施之前的水平，不过这其中仍存在不确定性。Oanda Corp 高级市场分析师爱德华·莫亚说：“如果不放松制裁，来自伊朗的原油供应将减少，原油供需将继续趋紧。”

3. **国际油价获支撑**

Wind 终端显示，截至目前，NYMEX 原油主力合约报 75.19 美元/桶，ICE 布油期货主力合约报 75.97 美元/桶，均位于 2018 年 10 月以来高位。

分析人士称，随着全球经济活力恢复，未来原油市场或处于供应短缺状态，增产不足以令价格大幅下跌，国际油价支撑力度较强。

花旗银行分析师表示，如果“欧佩克+”在向市场增加石油供应方面持保守态度，短期内油价可能突破80美元/桶。

高盛集团全球大宗商品研究主管杰夫·柯里也认为，8月原油日均产量增加50万桶可能并不足以让油价下跌，夏季原油需求增幅原本就较大。

投资策略方面，光大证券石油化工行业分析师吴裕表示，看好整体受益于油价上涨的石化产业链，建议关注油服、民营大炼化、轻烃裂解板块以及煤制烯烃板块相关标的。

（资料来源：周璐璐，《中国证券报》，2021-07-05）

本章小结

本章介绍了垄断竞争市场与寡头垄断市场的条件或特点，分析了垄断竞争企业的短期均衡与长期均衡以及寡头垄断企业怎样应用博弈论来做决策。回顾本章的开篇案例，应用本章所学习的理论，我们可以发现，垄断竞争企业都喜欢打广告，因为那样能够令其产品跟其他同类产品相比显得多一点差异性，而更多的差异性则是垄断竞争企业经济利润的重要来源。其实，无论是垄断竞争企业还是寡头垄断企业，都会努力保住或争取更多的市场份额。得人心者得大卜！这就是在竞争中取胜的秘密！

至此，我们已完成了全部市场结构的学习，可以简单总结一下四种市场结构：完全竞争市场和完全垄断市场基本是理论分析中使用的概念，两者在现实中都不常见，现实经济中最常见的是垄断竞争市场和寡头垄断市场。在任何条件下，完全竞争市场机制都能够实现资源的有效配置，因而完全竞争市场被视为资源有效配置的标准。为方便进行各种市场的比较，表7-1列出了各种市场结构的基本情况。

表 7－1　四种市场结构的比较

市场类型	完全竞争	垄断竞争	寡头垄断	完全垄断
现实存在	极少	常见	较常见	较少
行业举例	农业（接近）	家电、服装等	钢铁、汽车等	供电、供水等
厂商数量	很多	很多	较少	一个
产品特性	同质	异质	同质或异质	特殊
进出行业	容易	较易	不易	不能
市场价格	接受者	影响者	寻求者	制定者
需求曲线	水平	略斜	较斜或很斜	最斜
均衡价格	最低	较低	较高	最高
超额利润	无	无	通常有	通常有
规模经济	缺乏	缺乏或弱存在	存在	存在
技术进步	较快	最快	较快或较慢	较慢
经济效率	最高	较高	较低或很低	最低

思考题

1. 垄断竞争市场有哪些特征？
2. 为什么垄断竞争企业不是市场价格的接受者？
3. 垄断竞争企业的均衡条件是什么？
4. 为什么垄断竞争企业只能在短期中赚到经济利润？
5. 举例说明广告对于垄断竞争企业的意义。
6. 寡头垄断企业与垄断竞争企业有什么区别和联系？
7. 举例说明寡头企业如何进行利润最大化决策。

第八章　相互打工的世界：要素价格与收入分配

学习目标

【知识目标】了解生产要素的概念、类型；理解完全竞争厂商需求曲线和市场需求曲线；理解生产要素的供给曲线；掌握工资、利息和地租的决定。

【技能目标】能区分不同要素的类型；能通过图形解释工资、地租和利息的形成；能结合生产要素供给和需求分析说明经济生活中的具体现象。

开篇案例

收入贡献悖论

如果时间倒回到改革开放初期，我们可能常常会听到这样的评论：造原子弹的不如卖茶叶蛋的，拿手术刀的不如拿剃头刀的。幸运的是，这样一个“脑体倒挂”的收入分配时代终于过去了，社会经济运行的体系似乎重新拥有了它本应该有的收入分配功能。“论功行赏”，根据社会贡献分配收入，贡献大者收入高，造原子弹的、拿手术刀的大多已经成了社会群体的中高收入阶层，卖茶叶蛋的、拿剃头刀的却不见起色。

事情真的是这样吗？2018 年 6 月，某娱乐明星大小合同避税事件曝光，让我们震惊地了解到一线明星四天的收入可轻松达到 6 000 万元，而一个普通的垃圾清运工相同时间的劳动收入可能不到 600 元。我们的生活可以数月没有电影、音乐；但如果负责你小区的那名垃圾清运工一星期不上班，很快就会影响你的生活。如此来看，明星的社会贡献似乎要远低于垃圾清运工，一个更加合理的世界中，垃圾清运工不应该得到比明星更高的报酬吗？但绝大多数社会中普遍的现实却是明星收入远高于垃圾清运工，而且所有人都认为这是不需要理由的常识。那么，“论功行赏”的社会分配机制到哪里去了呢？

讨论：我们社会的收入分配究竟是如何被决定的？

想要回答这个问题，我们需要了解生产要素及收入分配理论。什么是生产要素？生产要素（factor of production）也称为生产资源。传统的经济学分析一般把生产中使用的各种资源区分为三种：劳动、土地和资本。19世纪末期开始，也有经济学家将生产要素区分为四种，即在前三者的基础上增加“企业家才能”。企业为什么需要这些要素呢？需要多少要素呢？这不仅要考虑要素的价格，同时也要考虑要素所生产产品的市场需求。基于要素市场和产品市场的综合权衡，在使企业实现利润最大化的目标下，派生出对要素数量的需求，明星与清运工的收入正是这一过程劳动生产要素均衡价格的体现。本章我们将详细讨论各种要素供给、需求及均衡问题。

第一节　用工的学问：劳动需求

我们前面已经学习了消费者对最终产品和服务的需求，但生产者对于劳动的需求与消费者对于最终商品的需求存在差别，因为这种需求大多不以最终消费享用为基础，而是为生产某一产品而派生出的需求，所以它依赖于消费者对于该要素生产商品的需求。

一、工资与收益：劳动需求

（一）边际收益与劳动需求

我们可以先通过一个具体的例子来分析劳动需求的问题。假设一家生产电脑的企业，在短期内只能通过增加劳动力来增加电脑的产量，通过前面学习的供给理论，我们知道劳动的边际报酬递减，劳动的持续投入所带来的产量增加会越来越少。而对于单个企业而言，产品前端的劳动市场和产品后端的销售市场都是非常巨大的，单个企业用工需求的变化和其产品供给的变化都不至于对两个市场的价格构成影响。也就是说，企业雇佣多少工人，适用的工资水平都一样；企业向市场供给多少产品，销售价格都不变。为了更清楚地理解上述问题，我们可以引用一个具体的例子，见表8-1。

表8-1　劳动需求数量与边际收益

工人需求数量 L	总产量 Q	劳动边际产量 MP	产品价格 P	边际收益 MRP（$MRP=P\times MP$）	工资率 W	边际利润 $M\pi$（$M\pi=MRP-W$）
0	0	—	200	—	600	—
1	6	6	200	1 200	600	600
2	11	5	200	1 000	600	400
3	15	4	200	800	600	200
4	18	3	200	600	600	0
5	20	2	200	400	600	-200
6	21	1	200	200	600	-400

根据表8-1中假设的数据，企业决定要雇佣多少工人呢？作为理性人，追求利润最大化的企业，对劳动的需求必定需要在雇佣工人的边际收益和边际成本之间进行权衡。企业如何进行权衡呢？

当劳动的边际收益大于工资率，即 $MRP>W$，对于企业而言，雇佣更多的工人将可增加利润，因此继续保持对劳动的需求；相反的情形，当劳动的边际收益小于工资率，即 $MRP < W$，对于企业而言，增加工人所获得的收益不足以支付工资，企业劳动需求减少；而只有当劳动的边际收益等于工资率，即 $MRP = W$ 时，雇佣工人给企业带来的利润达到最大。因此，我们可以得到第一个结论，企业对劳动要素需求的基本原则必须满足：

$$MRP = P \times MP(L) = W$$

如果一开始企业使用的劳动就是最优数量，即满足上式的，现在如果工资率 W 上涨了，就会出现 $P \times MP(L) < W$ 的情形，新的情形下企业要实现利润最大化，重新恢复等式均衡，必须调整劳动要素使用量 L。根据边际生产力递减的规律，减少 L 的使用会提高劳动的边际产出，使 $MP(L)$ 即 $P \times MP(L)$ 上升，重新等于 W。因此，随着工资水平上升，为追求利润最大化，企业的最佳劳动雇佣量即劳动需求量会随之下降，劳动需求曲线与边际产品价值（VMP）曲线完全重合，形成一条如图 8－1 所示的向右下方倾斜的直线。

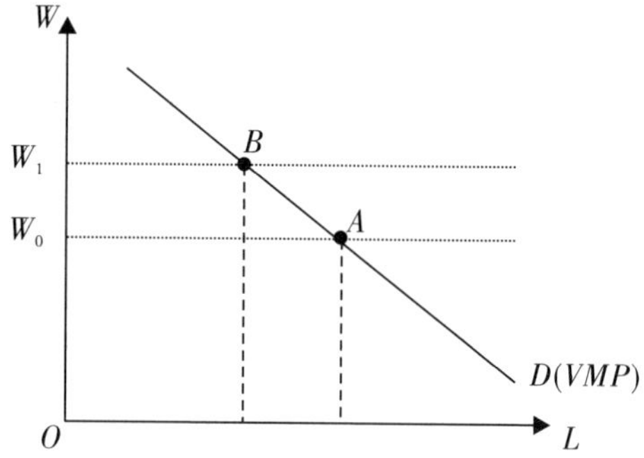

图 8－1　边际产品价值与劳动需求曲线

（二）劳动需求曲线的移动

在前面解释劳动需求曲线的时候，实际上假定影响企业的劳动需求的其他变量保持不变。工资的上升或降低会导致劳动需求数量的减少或增加，这表现在劳动需求曲线上点的移动。但如果工资之外的因素发生变化，使劳动需求增加或减少，就会使劳动需求曲线发生移动。那么这样的因素有哪些呢？一般认为有如下五种：

（1）人力资本的增加：人力资本存量越高，劳动生产的效率就越高，劳动市场对这类劳动力的需求也就越高，从而会使劳动需求曲线向右移。

提高人力资本存量最主要的途径是学习教育、工作经验等。

（2）技术变革：由于技术的进步，更好的生产设备被开发出来，工人的生产会变得更有效率，企业从每个雇佣的劳动力上能获得更高的边际产出，对劳动愿意支付的工资水平也得到提高，这种效果也会导致劳动需求曲线向右移动。

（3）产品价格的变化：劳动的边际收益取决于企业销售所得到的价格，更高的产品价格水平会增加边际收益，由此派生出更多劳动需求，使得劳动需求曲线向右移；反之，则劳动需求曲线向左移。

（4）其他投入品数量的变化：更多的机器和其他投入品可以使劳动生产率提高。比如，以中美两国劳动生产率差异做比较，2015 年的数据显示，美国农业领域的劳动生产率为中国的十倍，这很大程度上是由于美国农业部门具有更好的设备和更大面积的土地要素投入。这种要素投入越多，劳动的生产效率越高，劳动需求曲线就会向右移动。

（5）市场中企业数量的变化：如果新的企业进入市场，整个市场对劳动有更大的需求，劳动需求曲线会向右移；反之，如果企业退出市场，劳动需求曲线会向左移动。

案例：

技术革新真的会促使劳动需求增加吗？

技术的进步、更好的生产条件会使工人变得有效率，在 1960—2000 年，普通美国工人一小时生产的产量增加了 14%，最重要的原因是科学家、工程师们不断发明的新技术和新方法所带来的技术革新，它会使劳动需求曲线向右移动。但问题真的就这么简单吗？19 世纪初，英国纺织机器设备的发明使熟练的手织工人感到前所未有的绝望，他们的工作岗位受到了机器的严重威胁，工人发起了反对新技术的暴动，他们捣毁设备、烧毁厂房，并声称自己是由尼德·路德将军领导的。路德将军是一个传说中的人物，后来他们被称为路德派，到今天，“路德派”这个词仍指反对技术进步的人。

技术进步不是可以促进劳动需求吗？路德派们为什么要反对技术进步？实际上，技术进步可区分为两种：一种可能减少劳动需求，比如自动化设备会大大减少生产线上工人的数量，经济学家称这种情形为节约劳动的技术变革；另一种会增加劳动，历史表明，大多数技术进步就属于这种，比如打印机的发明代替了书写工作，计算机的发明大大降低了数据处理的困难，但恰恰是这两项发明使办公室变得更忙碌了。

二、休闲还是劳动：劳动供给

（一）闲暇需求与劳动需求

在生活中，我们每天都会遇到许多权衡决策，其中最重要的一个就是如何在劳动和休闲之间分配每天的24小时。多花一个小时看电视，去海滩散步，或者踢一场足球，就会少一个小时的工作时间。在休闲活动上多花一小时，我们就放弃了一小时工作所带来的收入，因此每个人的工资实际可看成休闲的机会成本。工资越高，休闲的机会成本也就越高；工资越低，休闲的机会成本也就越低。因而，随着工资的上升，人们愿意减少休闲时间而增加劳动时间即劳动供给。但工资持续上涨，劳动供给会持续增加吗？

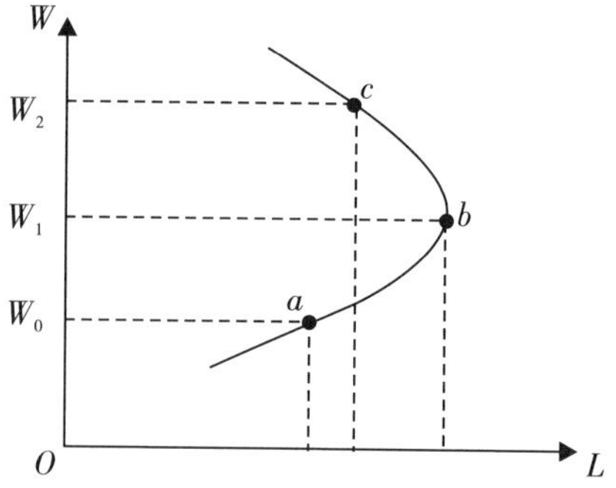

图8－2　劳动供给曲线

劳动的供给量会随着工资水平的上升而上升，但是工资水平达到一定程度后，再提高不仅不会引起劳动供给量的增加，反而可能导致劳动供给量的减少，因此劳动供给曲线出现向右上倾斜然后向后弯的情形，如图 8－2 所示。这其实不难理解，当我们从大学毕业步入职场的几年，薪水也许并不高，但我们愿意付出更多的时间加班以保持事业和工资水平的上升，即表现在更高的工资（劳动价格）下供给更多的劳动。但是如果我们的收入足够高，这时你也许会有这样的想法：反正钱已经够花，应该为提高生活品质来管理好自己的每一天，而不是仅仅工作、工作、工作，因此你的劳动供给曲线便进入后弯的阶段。经济学上如何解释这种现象？还记得以前学习过的商品价格变化对需求量影响的替代效应和收入效应吗？我们同样可以用这两种效应来解释劳动供给曲线后弯的现象。一方面，我们可以将闲暇看成一种商品，在时间资源总量一定的条件下（每个人每天只有 24 小时），闲暇商品需求的增加就会减少劳动供给；另一方面，劳动价格即工资就是闲暇的机会成本，增加一单位闲暇即意味着失去一单位劳动收入，因此可以将工资看成闲暇的价格。在获得了上述基本认识后，我们再来看工资水平变化如何影响劳动供给。当工资水平上升，收入的增加会导致消费的增加，同样也会增加个人对闲暇商品的消费，而时间总量资源却是既定的，增加闲暇商品的消费，实际上就是减少了劳动供给量。因此，从收入效应看，工资上涨会减少劳动供给量。工资是闲暇商品的机会成本，也可认为是它的价格，工资上涨实际就是闲暇商品价格的上涨，闲暇这种商品变得更昂贵了。因此，从替代效应看，工资上涨会减少闲暇“消费”，从而增加劳动供给量。在两种效应的作用下，劳动供给量最终是增加还是减少呢？结论如表 8－2 所示：

表 8－2　工资变化下的收入和替代效应变化

收入效应	工资 $W\uparrow$	劳动供给 $L\downarrow$	收入效应 > 替代效应	总效应：劳动供给量↓	后弯
替代效应	工资 $W\uparrow$	劳动供给 $L\uparrow$	收入效应 < 替代效应	总效应：劳动供给量↑	右上

思考：闲暇商品与一般商品的收入和替代效应有什么区别？

（二）劳动需求曲线的移动

在前面分析劳动供给的时候，同样假定那些影响劳动供给意愿的其他变量保持不变，工资的上升或降低会导致劳动供给量的增加或减少，这表现在劳动供给曲线上点的移动。但如果工资之外的因素发生变化，使劳动供给增加或减少，就会使劳动供给曲线发生移动，那么这样的因素还有哪些呢?

（1）人口的增加：当人口由于自然增长和迁移而增加的时候，劳动供给曲线就会向右移动。人口迁移对于那些非熟练工人市场的供给的影响最大。比如，在美国某些城市中，大部分的出租车司机和旅馆、餐厅服务员都是移民。一些希望减少移民进入的支持者认为，这些工作的工资水平由于移民的增加而变得很低。

（2）人口结构的变化：形成劳动供给的主要是工作年龄人口，随着人口结构中工作年龄人口比例增大，劳动供给曲线会向右移，反之，则向左移。比如日本工人的工作年龄人口在20世纪90年代开始下降，导致了相应的劳动供给曲线向左移；美国在1946—1964年间经历了一次“婴儿潮”，劳动人口大幅度增加，劳动供给曲线向右移。中国2017年16～59岁人口为9.07亿，自2012年起，劳动力人口持续5年出现下降，劳动力人口占比由最初的67.6%下降为65.6%，劳动供给曲线正处在向左移动的过程中，这也是很多学者惊呼中国人口红利正在消失的原因。

（3）工作机会的变化：任何特定劳动市场中的劳动供给都部分取决于其他劳动市场可能提供的工作机会。比如，美国金融服务业在2007年股票崩盘后就减少了投资银行工作人员、股票交易员和金融工作者的工作机会，许多人离开这个市场就会使得该市场的劳动供给曲线向左移，而当这些人进入其他行业重新就业就会使得其他行业的劳动供给曲线向右移。

案例：

劳动力供给曲线移动会带来什么后果?

人口的自然增长是一个相对较为缓慢的过程，经济社会里很难观察到这种变化如何在短时间内影响劳动供给，不过一些特别的事件为分析人口变化对劳动供给的影响提供了一个接近自然科学的实验案例。20 世纪 80 年代的大多数时间里，成千上万的巴勒斯坦人会定期地从他们家乡到被以色列占领的西岸和加沙地带工作，他们主要从事建筑业与农业的工作。但是，1988 年以色列政府对这些占领地区的政治动乱采取了措施，受其影响，这些工人的供给也减少了。在以色列工作的巴勒斯坦人数量减少了一半，而那些继续在以色列工作的巴勒斯坦人的工资却增加了 50%。工资似乎与劳动供给有等比的负向关系。

三、谁动了我的奶酪：工资的决定

通过前面的学习，我们已经知道影响劳动市场工资决定的因素是什么。当劳动市场均衡时，每个企业雇佣了其在均衡工资时利润最大化的劳动数量（L_0），在这种情形下，实现了雇佣劳动的边际产品价值恰好等于工资。因此，一旦劳动的雇佣达到供求平衡，工资必定等于劳动的边际产品价值，改变劳动供求的任何因素都必定使均衡工资和边际产品价值变动，因为这两个量必定总是相等的，见图 8－3（a）。如果需求因素发生变化导致需求曲线向右移，新的均衡点为 E_1，工资水平和劳动雇佣量都会提高；相反，需求曲线向左移则工资水平和劳动雇佣量都会下降，见图 8－3（b）。同样，劳动供给由于某些因素增加导致供给曲线右移，我们可以看到新均衡点 E_1 的工资水平下降，而劳动雇佣量却增加了；供给曲线左移，则工资水平上升，劳动雇佣量减少，见图 8－3（c）。不管需求和供给因素如何变化，新的均衡都将使工资始终等于劳动的边际产品价值。

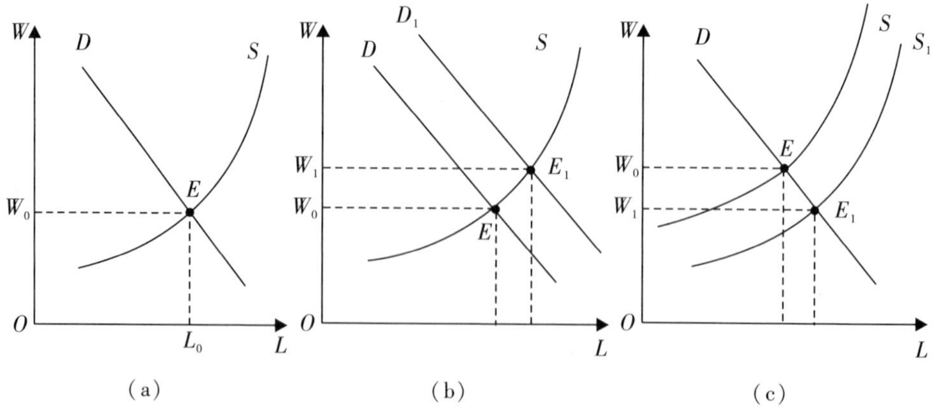

图 8－3　供求因素改变及劳动市场均衡

因此，我们对劳动市场的讨论所得到的一个关键性结论就是：均衡工资水平等于劳动力的边际产品价值。工人的生产率越高，工人所生产的产品价格越高，工人的工资水平也就越高。那么，如何运用这一理论解释开篇案例中的“收入贡献悖论”呢？

图 8－4 画出了明星与清运工的劳动供给和需求均衡决定的工资和劳动雇佣量的关系。为什么明星的工资水平要远远高于清运工呢？这是因为明星劳动的边际收益较大，明星对应着庞大的粉丝群，在某部电影或者电视剧中，由于某明星的加入会迅速提升“流量”和关注度，而这些关注度的提升可折现成巨额票房收入或者广告收入，而对于环卫公司而言，多雇佣或少雇佣一个清运工人对公司的业务增长效果不明显。从前面的分析中，我们知道均衡工资等于劳动的边际产品价值，明星的工资高是因为他们的劳动边际价值大，而清运工工资低则是因为其劳动边际价值小。因此，现在我们就能解释收入贡献悖论的谜团了，我们犯了一个错误：将影视的总

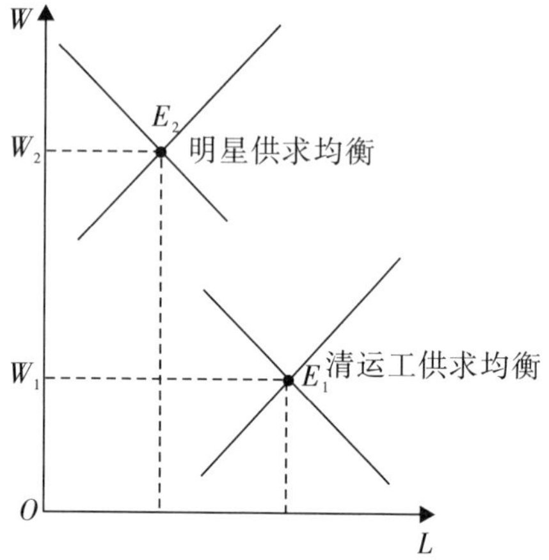

图 8－4　明星与清运工劳动供求均衡图

价值和垃圾清运的总价值与明星和工人的相对工资水平混为一谈了。当然，对工资差异的解释，除了最主要的劳动边际产品价值外，还有其他很多因素，比如补偿性差异、歧视以及工会等。

补偿性差异，企业为了留住工人常常会对某种工作环境的不舒适做出一些补偿性的工资。比如，对于同一家公司在偏远和发达地区相同层级的业务代表，偏远地区的业务代表每个月的工资中可能会有一部分山区补贴或者高原补贴；在同一家建筑公司的工人在夏天高温条件下作业可能会得到工资之外的高温补贴；等等。

歧视，经济歧视也常常是造成工资差异的原因之一。在美国，白人男性的平均工资水平要高于其他群体，女性工资可能会比男性低；在很多跨国企业中，相同职级的本国员工的工资往往会高于他国员工；在中国很多国企或行政事业单位中，对于所谓编制内和编制外也常常存在“同工不同酬”的身份歧视现象，二者的收入也往往存在不小的差异。

此外，美国工人工资的差异还可能取决于他们是否为工会成员，工会具有和雇主谈判工资和工作条件的法定权利。2009 年美国劳工局的统计资料显示，工会工人的周工资为 886 美元，而非工会工人的周工资仅为 691 美元。经济学家的研究表明，在其他因素不变的情形下，加入工会可以让工人工资显著提高 10% 。

第二节 原始而不可毁灭的：土地的供给与地租

1939 年电影《乱世佳人》公演，引起全世界的轰动，电影中女主角斯嘉丽的父亲有一段很著名的台词：土地是世界上唯一最值钱的东西！因为它是世界上唯一持久的东西，而且你千万别忘了，它是唯一值得你付出劳动，为之战斗——甚至牺牲性命的东西啊！英国古典政治经济家威廉·配第曾指出：劳动是财富之父，土地是财富之母。作为重要生产要素的土地，其供给和价格（即地租）是如何被决定的？

一、有需求或者没需求，供给就在那里：地租的决定

经济学上的“土地”可不只土地本身，而是一个比日常生活土地资源更为宽泛的概念，泛指一切自然资源，其基本特点是“原始的不可毁灭的”。说它是原始的，是因为它不能被生产出来；说它是不可毁灭的，是因为它在数量上不会减少。也就是说，土地的“自然供给”是固定不变的，它不会随着土地价格的变化而变化，属于完全缺乏弹性，供给曲线是一条垂直线。地租就是指对土地这种生产要素在一定期限内使用的服务价格。

19 世纪后半叶以前，西方经济学一般从产品和生产要素的供给出发解释商品和要素的价值。从这种思路出发，亚当·斯密最先提出了这样的论点，商品的自然价格（相当于价值，或指供求平衡应有的市场价格）由工资、利润和地租这三者的自然率构成，即商品价格 =（自然）工资 +（自然）利润 +（自然）地租。工资和利润是构成商品价格的原因，而地租是商品价格的结果。在亚当·斯密看来，一种商品的销售价格，从长期来看，假如不能补偿支付工资并获得正常的资本利润，该商品就不可能被生产出来，因此工资和利润是构成商品价格的原因。至于地租，除了补偿工资和利润以外，是否还有剩余以支付地租，都不会影响土地供给，因为土地是天然存在的，如果补偿了工资和利润以外还有剩余即构成地租，由此看来，地租仅仅是商品价格的结果。马歇尔在基本承袭前期经济学传统的基础上，认为生产要素的价格同样由供给和需求两个因素决定。在土地要素中，供给为一个固定不变的常数时，地租的大小只由土地的需求因素所决定，而土地的需求因素则由土地产品需求派生引致。因此，MRP（土地的边际产品价值）= MPP（土地）× P（土地产品价格），地租的决定如图 8－5所示。

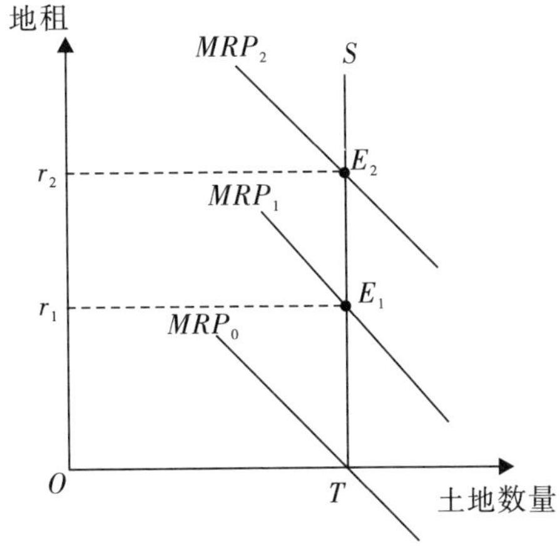

图 8－5 地租的决定

图中 *OT* 表示一个社会固定不变的土地数量，土地供给曲线为一条垂直于横轴的直线 *ST*。*MRP* 是土地的边际产品价值曲线，也是农场主对土地的需求曲线，上面的任一点表示土地产出最后一单位产品的销售价值，该曲线与土地供给曲线的交点决定了土地的地租。如果农产品价格上涨，曲线 *MRP* 向上移动，土地边际产品价值上升，地租也随之从 0 提高到 r_1 和 r_2。因此，地租产生的直接原因就是土地边际产品价值提高导致的土地需求曲线右移。

二、准地租与经济租

（一）准地租

根据地租的概念，我们可以进一步扩大分析。特殊的地租均与供给固定不变相联系，固定不变显然对经济学意义上的短期和长期分析都适用。现实生活中，有些生产要素尽管在长期中可变，但在短期中却是固定的。比如，一家企业在厂房机器设备方面的固定资本，从短期来看，这些厂房机器就完全像整个社会的土地一样，其供给是固定不变的，不因是否取得收入而在短期内退出供给。在短期内，只要产品销售价格能够补偿其平均可变成本，企业就会利用其固定厂房设备，投入可变要素开工生产。这些要素的服务价格在某种程度上类似于租金，通常称之为“准租金”。

准租金可以用厂商的短期成本曲线来加以分析。在图 8－6 中，MC、AC、AVC 分别代表厂商的边际成本、平均成本和平均可变成本。假定产品价格为 P_0，则厂商生产均衡产量为 Q_0，因此可变总成本为图中 $OGBQ_0$，它表示厂商生产产量 Q_0所必须做出的支付，固定要素得到的报酬是总成本扣除可变成本后的剩余部分 GP_0CB，这就是准租金。

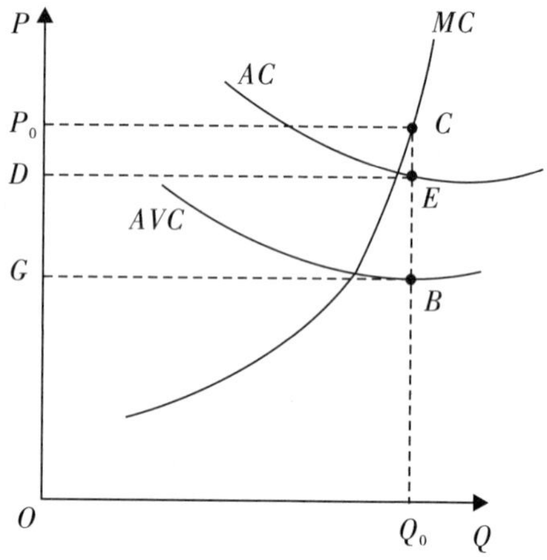

图 8－6　准租金

（二）经济租

从前面分析我们知道，地租并不是土地农产品供给所必须补偿的成本因素，而仅仅是农产品价格超过成本的结果。对地租的这种解释可以推而广之到对其他所有生产要素，即把支付给生产要素报酬中超过该要素生产性服务而必须加以补偿的余额称为“经济租”。比如，有某种特殊艺能的网红博主，作为博主其年收入 50 万元，但若他从事其他职业，最多只能获得 5 万元，超过其机会成本的 45 万元收入与此前谈到的地租具有相同的性质（完全是由需求决定的），该余额因此被定义为“经济租”，即经济分析的租，或称“作为剩余的租”。

租金可以看成这样一种要素收入：其价格的变化不会引起要素供给量的减少。有很多要素收入尽管从整体上看不同于租金，但其收入的一部分却可能类似于租金。如果从该要素的全部收入中减去这一部分并不影响要素的供给，那么这部分要素的收入就被定义为“经济租”。经济租的几何解释类似于生产者剩余，如图 8－7 所示，要素供给曲线为 S，价格为 R_0，要素的全部收入为 OR_0EQ_0，要素所有者为提供要素数量 Q_0 所愿意接受的最低要素收入却是 $OAEQ_0$，因此，AER_0 部分是要素的“超额”收益。即使去掉，也不会影响要素的供给量，这一部分即为“经济租”。

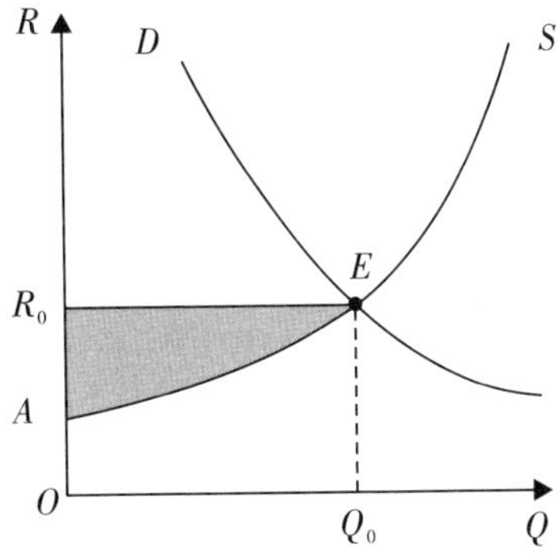

图 8－7　经济租

经济租的大小显然取决于要素供给曲线的形状，供给曲线越陡峭，经济租越大。特别是，当供给曲线类似于土地供给的垂直情形时，全部要素收入均变为经济租，它恰好等于租金或地租。因此，租金实际上是经济租的一种特例，即要素供给曲线垂直时的经济租，而经济租则是更一般的概念，它不仅包含供给曲线垂直的情形，还包含其不垂直的情形。

准地租与经济租不完全相同之处是，准地租这个概念仅限于固定要素在短期内的收入，而经济租则是供给弹性为零的生产要素在长期内会存在的由需求所决定的收入。

第三节　资本需求的冲动：投资、资本与利息

前面我们已经讨论了劳动和土地这两种生产要素的供给和价格问题，接下来我们考察第三种生产要素——资本和它的价格——利率。首先，我们要理解什么是资本。资本作为一种与劳动、土地并列的生产要素，具有以下的特性：它的数量是可以改变的，它可以通过人们的经济活动生产出来；它被生产出来的目的是获得更多的产品价值。

一、资本的需求

企业家为什么会有资本需求的冲动，很显然的答案是他们通过使用资本参与生产能获得价值的剩余。通过资本进行生产取得的产品价值，在补偿所消耗的资本后还有一个余额，我们一般称之为资本的净生产力。资本的净生产力按年计的百分率通常称为实际利率，在宏观经济学中也称为投资的边际效率。在土地、劳动数量固定和生产技术不变的条件下，资本的净生产力受边际报酬递减规律的支配，它体现了投资者对资本的需求情况。例如，某企业有四个可供选择的投资项目：项目 A、B、C、D 投资量分别为 100 万元、50 万元、150 万元、100 万元；各项目对应的资本边际效率分别为 10%、8%、6% 和 4%。显然，如果借贷市场上的资本利率为 10%，则只有项目 A 是可选的，也就是说资本的需求为 100 万元；如果市场利率在 6% ~8%，则项目 A 和 B 都可选，对应的资本需求可达 150 万元；如果市场利率低于 4%，则所有项目均可选，资本需求为 400 万元。其资本的需求曲线如图 8 -8（a）所示。当然对于企业而言，可选的项目远远不只四个，市场的利率变化也可能是连续的，因此，资本的需求曲线不会是图 8 -8（a）中的阶梯形状，而应该是形如图 8 -8（b）中向右下倾斜的一条曲线。

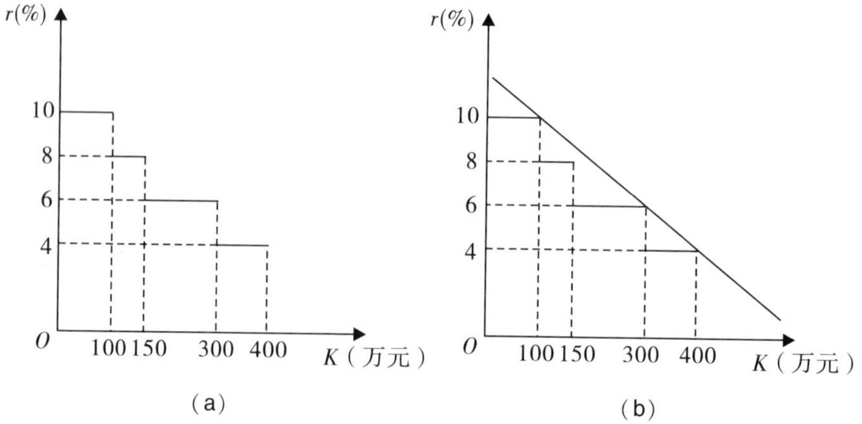

图 8 -8　资本需求曲线

二、资本的供给

我们现在进一步来讨论资本所有者是如何决定向市场供给资本要素的。个人的资本资源有两种用途：一种是用于满足当前的“消费”；另一种是暂时“储蓄”起来，向市场提供资本以获取利息，以期在未来获取更大的消费。因此，储蓄起来的资本资源即形成了当期可提供的资本供给，以效用最大化为目的的资本所有者如何决定向市场供给资本要素的问题实际上就转化为个人如何在当期和未来分配消费资源的问题，这实际上就是消费者面临的长期消费决策问题。

为了简化分析，如图 8－9（a）所示，我们假定消费者只涉及在两个时期进行消费决策，以确保实现效用最大化，消费者可以将收入（资本）借出或借入；假定消费者在两期内的收入分别为 M_1、M_2，在既不储蓄也不借贷的情形下，两期对应的消费分别为 $A(C_1^* = M_1, C_2^* = M_2)$，市场利息率为 r。为了追求终生效用最大化，消费者可以将当期的收入储蓄起来留待未来消费；也可以将未来的收入在当期借贷消费。因此，消费者预算线方程可写为：

$$C_2 = M_2 + (M_1 - C_1)(1 + r)$$

如果 $M_1 - C_1 > 0$，当期消费小于收入，表现为资本供给增加；如果 $M_1 - C_1 < 0$，当期消费大于收入，表现为资本供给减少。那么，消费者在什么时候愿意增加消费或减少消费呢？我们可以利用图 8－9（a）来加以说明，图中横 轴 C_1 代表当期消费，纵轴 C_2 代表第二期消费，AB 为前文所分析的预算线方程，斜率为 $-(1 + r)$，A 点为既不储蓄也不借贷的初始情形，B 点为初始状态两期消费的最优选择点，此时当期对应的消费为 C_1^B。如果利率上升（即 r 变大），预算线变为斜率更陡峭的 AC 曲线（在图上表现为围绕 A 点向右转动），C 点 为最优消费选择点，此时对应的当期消费为 C_1^C；以此类推，当利率继续上升，新均衡对应的当期消费为 C_1^D。图中可见，利率上升，消费者会减少当期消费（由 C_1^B 减少到 C_1^C），这时储蓄增加未来消费

是更合理的选择；但当利率达到一个极高水平后，消费者不但不会减少当期消费，反而会增加当前消费（由 C_1^C 增长到 C_1^D ）。资本供给即体现为当期消费后的收入剩余，当期消费随着利率上升先减少后增加，资本供给则呈现与之相反的先增加后减少的变化，故资本供给曲线表现与劳动供给曲线类似的后弯现象，如图 8－9（b）所示。

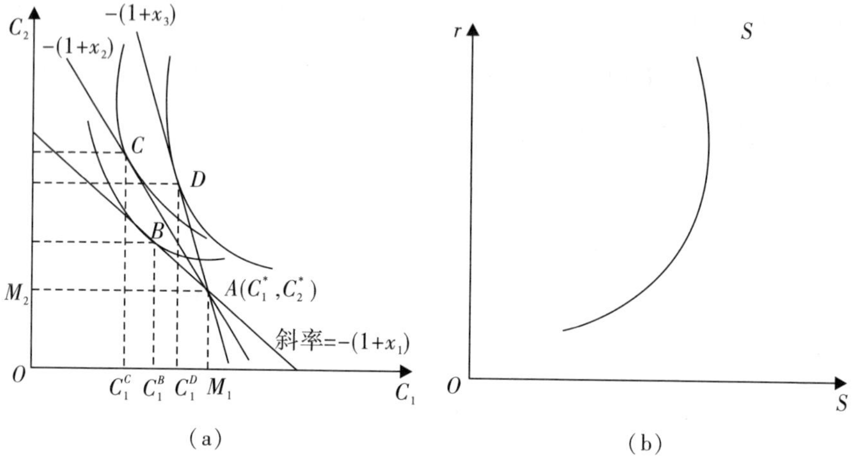

图 8－9　长期消费决策及资本供给

三、资本市场的均衡及利率的决定

我们已经分析了资本的需求和供给，但这并不是我们讨论的最终目标。我们对资本要素的分析，是企图了解这种生产要素如何通过生产参与取得要素收入。资本的要素收入即资本的服务价格——利率乘以资本数量，接下来我们探讨利率如何被决定。

对于具体的企业，资本存量在每一时期都同时经历着两种变化：一种是资本的磨损和折旧，使存量减少，而且存量越大，磨损折旧的数量也会越大；另一种即是前面分析的“储蓄”，使存量不断增加。某一时期资本存量最终是增加或减少，取决于这两种变化数量的对比，如果储蓄导致的新增资本大于磨损折旧资本，资本存量就会变大，反之则变小。但不管资本存量最终是变大还是变小，每一时期内新增和磨损折旧资本的数量相对于原来庞大的资本存量都可能是微不足道的。因此，从短期来看，资本存量可以认为是固定不变的。

因假定资本数量在短期中是既定的，故短期资本供给曲线是一条不受利率影响的垂直线。如图 8－10 所示，一开始资本存量为 K_1，短期资本供给曲线为 SS_1，短期内资本市场均衡利率为 r_1。但这个短期的均衡在长期内不一定稳定，如果储蓄新增的资本大于磨损折旧的资本，资本存量就会变大，K_1 向右移动到 K_2；反之，则可能向左移。接下来我们可以通过分析资本看市场如何实现从短期均衡到长期均衡，图 8－10 中的 A（K_1，r_1）属于利率相对较高，而资本存量相对较低的情况。因为高利率，导致形成更大储蓄而非消费，故新增加资本变大；同时因为资本存量水平低，磨损折旧的资本数量少，储蓄导致的新增资本可能大于磨损折旧的资本，资本存量净增长为正，使资本供给曲线向右推移到 SS_2，新的均衡利率水平为 r_2。相反地，如果资本的短期均衡一开始处于利率水平低、资本存量大的 C（K_3，r_3）位置，低利率导致储蓄少，新增资本少，而资本存量大，磨损折旧资本数量多，资本存量净增长为负，使资本供给曲线向左移。在这种短期调整过程中，企业会形成一个长期最优的资本存量（即资本供给水平）和均衡的资本服务价格（利率水平），这也就是我们对第三种要素——资本如何通过市场均衡取得要素收入的分析。

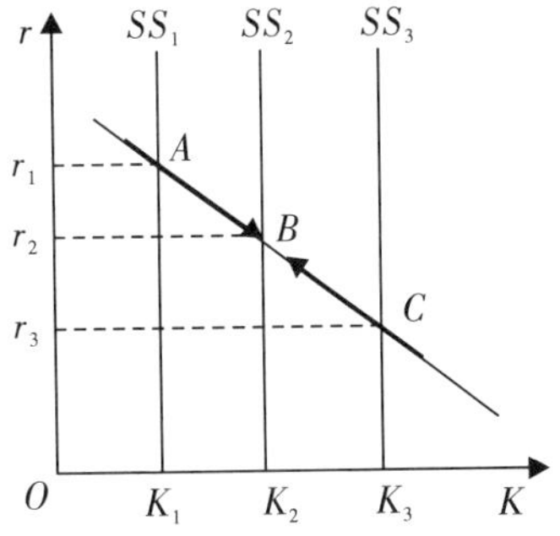

图 8－10　利率的决定

本章小结

生产要素理论解释了劳动、土地和资本这些生产过程中投入的资源如何取得收益，如何实现市场均衡。劳动要素的市场均衡将决定两个重要变量，即均衡的劳动数量、均衡的劳动价格。劳动需求属于派生需求，企业对劳动的需求取决于雇佣工人带来的劳动边际收益是否等于其工资水平，只有当二者相等时，对应的劳动数量即是企业最优劳动雇佣量。而从劳动供给的视角看，每个劳动者需要将自己全部的时间资源在闲暇和工作之间进行分配；在不同的工资水平下，闲暇的机会成本不同，工资变动所导致的收入效应和替代效应共同作用的结果使劳动供给曲线表现后弯的特性。劳动供给和需求曲线的交点决定了均衡的工资水平。如果劳动供给不变，劳动需求的增加会导致均衡工资的增加；而工资依赖于边际价值而非总价值，这样就从理论上解释了“收入贡献悖论”。

土地是财富之母，作为原始而不可毁灭的生产要素，不管面临怎样的需求改变，其供给曲线始终是一条缺乏弹性的垂直线。在经济学发展的不同阶段，对地租的性质和来源存在不同的解释：早期经济学家认为地租是商品价格扣除工资、利润之后的结果，它是商品价格的结果而不是原因；准租金是总收益扣除总可变成本之外的价值剩余；经济租是一种类似于生产者剩余的价值构成。

资本可以实现价值的增值，生产者对资本的需求主要决定于资本边际效率与借贷市场利率的比较，当生产者利用资本所获得的价值大于其所支付的资本代价时就会形成对资本的需求。从资本供给来看，资本的供给者实际上是在当期和未来之间进行资本的配置，以追求获得最大效用。资本供给与需求均衡形成全社会资本增量规模和利息率水平，即资本要素的服务价格。

思考题

1. 什么是生产要素？生产要素有哪些？
2. 劳动供给与需求如何被决定？
3. 如何解释所谓的“收入贡献悖论”？
4. 在土地的供给与需求中，准地租、经济租是如何形成的？
5. 资本的供给与需求及利率如何被决定？

第九章　市场不是万能的：市场失灵

学习目标

【知识目标】了解市场失灵、外部性、公共物品和信息不对称的定义；理解市场失灵的原因。

【技能目标】能分析外部性、公共物品和公共资源以及信息不对称是如何导致市场失灵的；能探讨政府应对市场失灵情况的各种对策。

开篇案例

为何阻止全球变暖那么难？

空气污染是我们不得不面对的问题。人类在燃烧煤炭或石油等石化燃料时产生二氧化碳等温室气体，加剧全球升温，导致气候更加不稳定，洪涝、干旱等各种自然灾害频发，由此产生巨大的成本，因而各国政府都在想办法通过制定一些政策并采取各种措施来减少污染。

2015 年 8 月 3 日，奥巴马政府推出《清洁电力计划》。该计划指出，到 2030 年，美国发电厂的碳排放目标将在 2005 年的基础上减少 32%。很多美国民众和新能源企业对此大加赞赏，但传统能源企业却强烈反对。事实上，《清洁电力计划》并没有真正开始实施，因为该计划在 2017 年 10 月 10 日就被特朗普颁布的行政令给废除了。

讨论：为什么人们认同全球变暖不好，却难以阻止碳排放？特朗普政府明知道二氧化碳排放的后果，为什么还要废除《清洁电力计划》？

这些问题涉及市场失灵的有关知识，它告诉我们市场不是万能的，仅仅依靠价格机制来配置资源无法实现效率。请带着上述疑问学习这一章，然后你将能够回答这些问题并对市场失灵问题有更深入的理解。

第二次世界大战爆发后不久的一个夜晚，剑桥大学国王学院的教授们赶往防空洞躲避德国的轰炸。傍晚时分，在警报解除后，他们从防空洞出来，却惊讶地发现在面前的草地上有一个同事完全不顾周遭的危险，正坐在一把帆布躺椅上，全神贯注地埋头看报纸。这个人就是英国经济学家阿瑟·塞西尔·庇古（Authur Cecil Pigou）。他师从维多利亚时代著名的经济学家马歇尔，将其市场理论进一步深化，特别是阐述了市场的运行并不总是完美的。也就是说，虽然市场做了许多好事，但并不能做好每一件事。有时市场在资源配置的某些方面是无效或缺乏效率的，经济学家将这种现象称为“市场失灵”。

那么，市场为何会失灵？目前大部分的教科书对此有四种解释：一是垄断的存在；二是经济活动有外部性；三是社会需要提供公共物品（服务）；四是信息不对称。

在前面的章节我们已经分析了垄断导致市场低效率。因为不存在竞争者，垄断企业可以给产品定价，具有“市场势利”（market power）。垄断企业试图提高价格以获取更多的收益，而高昂的价格意味着消费者购买商品数量的减少以及企业产量的减少。这种行为损害了整个社会的福利，因为消费者想要更多物美价廉的产品，但垄断企业却仅以自身利益为基础决定产品的生产数量。在垄断这种缺乏竞争的市场里，因为企业数量只有一个，商品种类和数量都很少，从而价格相对较高。这就是经济学家们认为垄断导致了市场失灵的原因。政府的“反托拉斯”政策尝试通过取缔垄断企业的生产或将其分解为小型公司，从而使市场更具竞争性。直到今天，政府仍然对垄断企业的影响忧心忡忡。比如，2018 年欧盟认定美国谷歌公司靠安卓手机操作系统垄断市场、排挤竞争对手，宣布对谷歌罚款 43.4 亿欧元。主管竞争事务的欧盟委员在一份声明中指出：“谷歌公司利用安卓系统，巩固谷歌搜索引擎的市场垄断地位。根据欧盟反垄断规则，这是一种非法行为。”

这一章我们不再对垄断产生的市场失灵问题展开分析，主要考察外部性、公共物品和信息不对称为什么会导致市场失灵，政府政策如何改善市场配置，以及哪种政策能够更好地发挥作用。

第一节　经过农田的火车：外部性与市场无效率

市场失灵的一个原因是外部性问题。各种形式的外部性的存在导致资源配置失当，“看不见的手”将失去作用。

一、外部性

到底什么是外部性？我们先来看一个小故事：20 世纪初的一天，列车在英格兰大地上飞驰，车上坐着英国经济学家庇古，他一边欣赏风光，一边对同伴说：“列车经过农田，给农民造成了损失，但铁路公司并不用向农民赔偿，这就是市场的无能为力之处，即‘市场失灵’。”将近 70 年后的 1971 年，美国经济学家乔治·斯蒂格勒和阿曼·阿尔钦同游日本。他们在列车上想起了庇古当年的感慨，就问列车员，铁路附近的农田是否受到列车的损害而减产。列车员说，恰恰相反，飞驰而过的列车把吃稻谷的鸟都吓走了，农民因此而受益，但铁路公司也不能向农民收取“赶鸟费”。

为什么同样是列车经过农田，在不同时代与地点结果却如此不同？那是因为不同时代列车采用的技术不同，对农业产生不同的外部性。庇古坐的列车经过农田之所以会给农民造成损失，是因为当时的列车是蒸汽机车，机车喷出的火花飞到麦穗上，影响了农民的小麦收成。也就是说，蒸汽机列车给农民带来了负的外部性。但将近 70 年后的日本列车是电力动车，经过农田时不会喷出火花还赶走了飞鸟，给农民带来了正的外部性。

外部性（externality）是指在社会经济活动中，一个经济主体（国家、企业或个人）的行为影响到其他经济主体，却没有给予相应支付或得到相应补偿的情况。如果这种影响是不利的，就称为“负外部性”；如果这种影响是有利的，就称为“正外部性”。

在前面的故事中，庇古看到的是铁路公司和客户并不承担列车运行对农业生产带来的损失，而既不经营也不使用列车的农民却要承担这种损失，这就存在负外部性，也就是说有外在成本或社会成本。然而，斯蒂格勒和阿尔钦看到的是列车运行在客观上起到了“稻草人”的作用，给农业生产带来了好处，但是铁路公司并不能对此进行收费，农民无偿获得了利益，这就存在正外部性，也就是说有外在收益或社会收益。

在现实经济中，外部性其实无处不在。譬如，化工厂、造纸厂对河流或空气的污染，吸烟者对环境和非吸烟者的危害，汽车废气引起空气污染，等等，这都是负外部性的例子；发明、创造、教育等则因为推动了人类社会进步和文明上升而有利于每一个人，即使我们不是学者或科学家，也一样可以享受一些好处，而无需付出任何成本，这就是正外部性。

外部性是如何导致市场低效率或无效率的？我们设想一下，一个油漆工厂和附近渔业的利益关系。油漆厂为了追求利润最大化，会通过权衡边际成本和边际收益来决定生产能为自己带来最大利润的油漆数量。油漆厂的生产会产生一些废水，如果直接排放到附近河流，会毒害到位于下游的渔业公司的鱼，而一部分鱼的死亡会使渔业公司利益受损。可见，油漆厂的生产损害了渔业公司的利益，但又没有给渔业公司任何补偿，也就是存在负外部性。如果我们把这两个公司看成一个社会整体，那么，当油漆厂生产额外数量的油漆产生的收益增加小于其给渔业公司带来的损失时，最好就不要额外生产更多的油漆了。但在市场机制下，实际情况往往是油漆厂只考虑自己的成本代价，而忽视废水对渔业公司所带来的损失，因此它会继续生产油漆，从而给渔业公司带来更大的损失。从社会整体的角度来看，市场机制导致了油漆的“过度”生产，也就是市场失灵了。通常，在负外部性的情况下，私人成本小于社会成本，市场机制导致实际产量大于社会所需的最优产量。

当然，有时候企业的生产活动也会产生正外部性。譬如，包装厂发明了一种能使包装盒更便宜的新型材料，使用这种新型材料，可以使包装厂自己盈利。同时，汽车制造商如果用这种新型材料，可以制作出更廉价的仪表盘，从而获得更多利润。这样，包装厂的发明带给整个社会的好处就比其自身赚取的额外收益大得多，而且在专利期过后，汽车制造商无需给包装厂支付任何费用，也就是存在正外部性。然而，包装厂当初在研发这种材料时，并没有考虑其发明会给其他公司带来积极效应。因此，在市场机制下，包装厂为追求最大利润会尽量控制研发投入，导致相对于社会需求而言的这种发明数量过少，也就是市场失灵了。通常，在正外部性的情况下，私人收益小于社会收益，市场机制导致实际产量小于社会所需的最优产量。

可见，在存在外部性的情况下，市场没有合理配置社会资源，导致坏的产品（如污染）数量过多，而好的产品（如新发明）数量不足，也就是说“看不见的手”不起作用了，市场失灵了。

☞轮到你了

回到我们在开篇案例中提出的问题，为什么人们认同全球变暖不好，却难以阻止碳排放？

二、如何解决外部性问题

面对外部性产生的市场失灵问题，经济学家们绞尽脑汁想了各种解决方案。我们在此重点介绍三种方案。

（一）解决外部性问题的私人方案——科斯定理

1991 年的诺贝尔经济学奖获得者，芝加哥大学的罗纳德·科斯（Ronald Coase）在他 1960 年写的一篇重要论文里提出，在某些情形下是存在解决外部性问题的私人方案的。

科斯定理：如果私人各方可以无成本地就资源配置进行协商，那么，私人方案将总能解决外部性问题，并有效配置资源。

为了更好地说明科斯定理，我们举一个例子。假设汤姆有一条狗，狗狂叫并干扰了邻居安娜，汤姆因为拥有这条狗而得到了收益，但这条狗却给安娜带来了干扰，这就存在负外部性。那么，从社会的角度来看，是应该强迫汤姆把狗送到动物居留所，还是应该让安娜忍受由于狗狂叫而夜不能眠的痛苦？哪种选择对社会是有效的呢？我们要比较汤姆从养狗中得到的收益与安娜承受狗的狂叫声的成本。如果收益大于成本，有效的做法就是让汤姆养狗而安娜忍受狗的狂叫声；但如果成本大于收益，则汤姆应该放弃狗。

根据科斯定理，私人方案可以达到有效的结果。如何达到？安娜可以付给汤姆一些补偿让他放弃狗。如果安娜给的补偿大于汤姆养狗的收益，那么汤姆将接受这种做法而放弃狗。

通过对价格的协商，汤姆和安娜总可以达到有效率的结果。例如，假设汤姆从养狗中得到的收益为 500 美元，而安娜承受狗的狂叫付出了 800 美元的成本，那么，安娜只要给汤姆 600 美元，就可以让汤姆放弃狗，而汤姆也很乐意接受。双方的状况都比以前更好了，也就达到了有效率的结果。

当然，安娜不愿意提供汤姆愿意接受的价格也是可能的。例如，假设汤姆从养狗中得到的收益是 1 000 美元，而安娜由于狗的狂叫承受了 800 美元的成本，那么，汤姆不会接受任何在 1 000 美元以下的出价，而安娜又不愿意提供任何在800美元以上的补偿。因此，最终汤姆还是养狗，而安娜仍要承受狗叫带来的痛苦。但从成本与收益比较的角度来看，这种结果是有效率的。

到现在为止，我们一直假设汤姆在法律上有权养一条爱叫的狗。但从另一方面来看，如果安娜在法律上有权要求得到安宁，结果会有什么不同呢?

根据科斯定理，最初的权利分配对市场达到有效率结果的能力无关紧要。例如，假设安娜可以通过司法要求汤姆放弃狗，那么汤姆可以向安娜付钱，让安娜同意他养狗。只要养狗带给汤姆的收益大于狗狂叫带给安娜的成本，汤姆和安娜就可以通过协商来解决这种汤姆养狗产生的外部性问题。

尽管科斯定理的逻辑很吸引人，但私人主体本身经常不能解决外部性所引起的问题。只有利益各方在达成和实施协议过程中没有麻烦时，科斯定理才适用。然而，实际上，在对多方有利的协议可能的情况下，协商并不总是有效的。其中最主要的原因在于存在交易成本，就是各方在签订协议及遵守协议中所产生的成本。

在前面的例子中，设想汤姆和安娜讲不同的语言，以至于为了达成协议他们需要一个翻译。如果解决狗叫问题的收益小于请翻译的成本，那么汤姆和安娜就会选择把问题留下而不解决了。较为现实的情况是，交易成本不是翻译的支出，而是谈判、起草和执行合约所需要的对律师的支出。当利益各方人数较多时，达成有效的协议往往特别困难，因为协调成本高昂。

当“江湖事无法江湖了”时，政府就要出招了。下面我们就来探究政府解决外部性问题的方法。

（二）解决外部性问题的政府方案——庇古税

当外部性引起市场对资源的配置无效率时，政府可以用两种方式做出反应：一是管制，二是征收庇古税或给予补贴。譬如，面对二氧化碳排放产生的空气污染问题，假设经济学家把二氧化碳排放所造成的全部损失和利益都算出来了，并声称全社会必须将二氧化碳排放量减半，政府对此可以有两种做法：

（1）管制。政府要求所有人把自己的二氧化碳排放量减半，甚至禁止排放二氧化碳。这种管制要求每个工厂都减少一半污染，但这种方法不一定是最经济、最省钱的。

（2）庇古税和补贴。通过对碳排放征税（这种税收被称为庇古税）来让人们减少排放。相对于管制的办法，政府采取征税或补贴的方式，可以以更低的代价达到减排的目标，因为一些人减少自己的排放会比其他人更容易。假设政府对汽油征税，教师可能就会骑自行车上班，但大提琴手可能宁愿支付汽油税继续乘车或开车去参加排练。在征税的情况下，减少碳排放的成本较低的人会比那些成本较高的人将更多地减少碳排放。如果电力厂减少碳排放的成本比钢铁厂低，那么电力厂对征税的反应是大幅度地减少碳排放以少交税，而钢铁厂的反应是多交税而没那么积极地减少碳排放。当然，政府也可以给予产生碳排放企业适当的补贴，让企业能够在减少碳排放量的同时获取其合意的利润。

（三）解决外部性问题的市场方案——可交易的排污权证

现在我们假设，钢铁厂想增加碳排放量 100 吨，电力厂提出如果钢铁厂给它支付 500 万美元，它就减少 100 吨碳排放，并把这个碳排放量出让给钢铁厂。环保部门应该允许两个工厂进行这种交易吗？

从经济效率的角度看，允许这种交易是一个好政策，因为这个交易必然使这两个厂的状况变好，而且它们是自愿交易的。此外，这种交易没有任何外部影响，因为污染总量不变。因此，政府可以通过允许电力厂在市场上把自己的排污权卖给钢铁厂来解决外部性问题，从而提高社会福利。

如果环保部门允许进行这种排污权交易，实际上就创造了一种新的稀缺资源：排污许可证。美国在 20 世纪 90 年代曾使用排污许可证减少了破坏森林的酸雨污染。目前，碳排放权已成为国际商品，越来越多的投资银行、对冲基金、证券公司等金融机构参与其中。

【生活中的经济学】

全球碳排放主要交易所：欧盟碳市场、美国区域温室气体减排行动（RGGI）、韩国、新西兰、中国碳市场

碳排放权交易的概念源于20世纪90年代经济学家提出的排污权交易概念。排污权交易是市场经济国家重要的环境经济政策，美国国家环保局首先将其运用于大气污染和河流污染的管理。

1997年，全球100多个国家签署了《京都议定书》，碳排放权成为一种商品。该条约提出三个灵活的减排机制。2002—2015年间，遍布四大洲的多个碳交易体系建成。其中，日本在减排领域做了大量的尝试，既有全国性的自愿性碳排放交易体系（JVETS），也有以东京、埼玉县为代表的地区性强制履约交易体系。

当前，碳交易已成为碳减排的核心政策工具之一，碳排放权交易体系覆盖面较广。截至2021年1月31日，全球共有24个正在运行的碳交易体系，其所处区域的GDP总量约占全球总量的54%，人口占全球人口的1/3左右，覆盖了16%的温室气体排放。此外，还有8个碳交易体系即将开始运营。

目前，全球范围内主要碳交易体系包括欧盟碳市场、美国区域温室气体减排倡议（RGGI）、韩国与新西兰碳市场等。根据路透社的数据，2019年，全球碳市场交易均价约为22欧元/吨。2020年，全球碳市场交易规模达2 290亿欧元，同比上涨18%，碳交易总量创纪录新高，达103亿吨。其中，欧洲碳交易占据全球碳交易总额近90%；北美区域碳市场——西部气候倡议组织（WCI）和区域温室气体倡议组织（RGGI）总市值增长16%，分别达到220亿欧元和17亿欧元，分别占2020年全球碳交易总额的9.6%与0.74%。

（资料来源：陈佳怡，前瞻网，2021－08－13）

第二节　公地的悲剧：公共物品和共有资源

一、商品的分类及特点

经济学家根据商品是否具有竞争性和排他性，将物品分为私有商品、准公共物品（自然垄断）、共有资源、公共物品四大类。

竞争性（rivalrousness）是指一个人使用这种物品减少了其他人享用该物品的情形。如果你在麦当劳消费了一个“巨无霸”汉堡，其他人就不能再消费它了，说明“巨无霸”汉堡具有竞争性。

排他性（excludability）是指任何没有支付费用的人都不能消费该商品的情形。如果你没有支付“巨无霸”汉堡的费用，麦当劳就不会让你消费它，说明“巨无霸”汉堡具有排他性。

经济学家把“巨无霸”汉堡这种既有竞争性又有排他性的物品叫作私有商品。但在现实中，有些物品的消费却没有或并不同时有竞争性和排他性，也就是具有非竞争性和（或）非排他性。非竞争性指某个人消费一种物品并不妨碍其他人消费该物品。非排他性是指不管其他人有没有支付一个物品的费用，都不能不让他们消费该物品或者阻止没有交费的人消费这个物品。

表 9－1 描述了四种类型商品的特点。

表 9－1　商品的分类及特点

		竞争性	
		是	否
排他性	是	私有商品：“巨无霸”汉堡、跑鞋、拥挤的收费道路	准公共物品（自然垄断）：消防、有线电视、不拥挤的收费道路
	否	共有资源：海洋生物、森林、拥挤的不收费道路	公共物品：国防、自然保护、路灯、不拥挤的不收费道路

（1）私有商品（private goods）。经济中大多数物品如食物、衣服、理发等商品或服务都是私有商品。我们在前面几章分析商品的供给和需求时，假设的这些商品都是私有商品。如表 9－1 所示，拥挤的收费道路也是私有商品，因为拥挤，所以它有了竞争性；因为收费，所以它有了排他性。

（2）准公共物品（自然垄断）。当一种物品具有排他性但没有竞争性时，它就是准公共物品，常常形成自然垄断。例如，不拥挤的收费道路，因为没有支付费用的人是不能在这些道路上行驶的，所以它有排他性；但某个人使用该道路并不影响其他人的使用，因此它具有非竞争性。再如有线电视，没有支付费用的人不能观看有线电视，因此它具有排他性；但某个人使用有线电视并不影响其他人使用，因此它没有竞争性。

（3）共有资源。当一种物品具有竞争性但没有排他性时，它就是共有资源。例如，拥挤但不收费道路就是共有资源，因为拥挤，所以它具有竞争性，一些人使用了，另一些人就没法使用；因为不收费，所以它具有非排他性。再如，海洋中的鱼是一种竞争性物品，因为当一个人捕到鱼时，留给其他人可捕的鱼就少了；但这些鱼并不具有排他性，因为几乎不可能对渔民捕鱼进行收费。因为没有人对共有资源拥有产权，通常不能排除其他人使用它，所以共有资源经常被过度使用。

（4）公共物品（public goods）。当一种商品既无排他性又无竞争性时，它就是公共物品。例如，不拥挤也不收费的道路是公共物品，因为不拥挤，所以它具有非竞争性；因为不收费，所以它具有非排他性。再如，路灯也是一种公共物品，因为当我在夜间行走使用路灯照明时，不会对另一个人使用同一盏路灯造成妨碍，所以路灯具有非竞争性；同时，路灯的使用不需要收费，也就是说路灯具有非排他性。

二、公共物品引起的市场失灵问题

既然路灯不具有排他性，也没有竞争性，那你完全可以不关心路上要不要安装路灯，你可以等别人掏钱把路灯安装好后，再来路过那条街并享受别人安装好的路灯。经济学家将这种行为称为“搭便车”（free ride），它适用于很多重要的产品和服务，通常是各种公共物品。例如国防，你会去组建军队或增加军费来保护国家安全吗？不会！因为军队保护了边境，就会让所有人都享受到其中的好处，所以一般人都不会主动加强国防建设，都想“搭便车”。于是依靠市场来供给的这类公共物品的数量就会很少，甚至没有。这个时候，市场这只“看不见的手”失效了，也就是出现了市场失灵的问题。可见，依靠市场机制来配置资源，公共物品的供给是不足的，不能满足社会的需要。因此，政府这只“看得见的手”就必须插手了，通常由政府依靠税收来提供公共物品。可以说，如果没有政府，便没有公共物品。

三、共有资源引起的市场失灵问题

共有资源与公共物品一样，没有排他性，但具有竞争性。因此，面对共有资源，政府需要关注它被使用了多少。

我们用一个古典寓言“公地的悲剧”来理解共有资源的问题。中世纪时，有一个小镇，其周围有一大片公有的草地。镇上的人主要靠养羊来维持生计。开始时，大家养的羊数量不多，这片草地上的草能够养育这些羊。但随着经济发展以及人们为了追求更大的利益，每家每户都在增加养羊的数量，于是在这片草地吃草的羊日益增多，而草地面积是固定的，且这片草地不属于任何个人或家庭，是共有资源，没有哪户人家愿意主动去维护它。于是到最后大家养的羊的总数超过了这片草地的承载力，草地逐渐沙化，变得寸草不生，羊没有草吃就无法生存了，许多家庭也因此失去了生活的来源。

究竟是什么原因引起这种“公地的悲剧”？原因是社会与私人激励不同。从社会的角度来看，牧羊人应该一起行动，使羊的数量减少到公共草地可以承受的规模，使草地不至于被破坏，牧羊产业也可以持续发展。但在市场机制下，没有一个家庭有减少自己羊群规模的激励，也就没有人愿意主动去维护公共草地。因为公共草地并不属于某个人或某个家庭，是共有的，而且每个家庭的羊群都只是这片草地上羊群总数的一小部分。

面对“公地的悲剧”，经济学家有什么解决办法呢？通常有以下两种方案：

（1）政府对共有资源的使用施加限制，如税收、配额及可交易许可等。这样通过增加牧羊人的成本，可以控制每个家庭的羊群规模，从而控制整片草地上的羊的数量，使其不至于达到破坏草地的程度。

（2）强制实行定义清晰的产权。在前述案例中，小镇政府把草地按一定规则分配给各个家庭，使每个家庭都拥有一部分草地的私有产权，那么每个家庭都会把属于自己的那块草地用栅栏圈起来，用心经营和保护它，以确保自家的羊群有草吃，因而不会出现过度放牧的情况，而草地也不会被破坏。可见，将共有资源进行产权分配是必要的，当产权明晰后，“公地的悲剧”就消失了。实际上，17 世纪英国的圈地运动就是这种情况的历史写照。

我国在计划经济时代的最大问题就是“吃大锅饭”，出现了共有资源的问题，从而导致生产效率低下。改革开放以后，正是市场经济明晰了产权，才激活了经济主体的积极性，促使生产效率大大提高，推动了我国经济突飞猛进的发展。

第三节 我的心思你别猜：信息不对称

我们之前的分析一直是在假设市场交易双方得到的信息是对称的前提下进行的。但在现实市场中，交易双方掌握的信息通常是不对称的，关于商品的信息，可能一方比另一方掌握得多。由于信息不对称，交易双方相互不了解、相互不信任，在极端的情况下，交易往往会变成“市场的一端是骗子，另一端要躲避骗子”，于是市场就完全崩溃了，无法达到有效配置资源的结果。

一、逆向选择和“柠檬”市场

经济学家对信息不对称问题的研究是从二手车市场开始的。20 世纪 70 年代，美国加州大学伯克利分校的经济学家乔治·阿克尔洛夫（George Arthur Akerlof）在其论文《柠檬市场：质量的不确定性和市场机制》中指出，在二手车市场上，二手车车主对车子真实状况的了解总是多于潜在的购车者。

购车者若是买到状况差的车，日后毛病不断，特别麻烦，美国人将这种情况戏称为自己买到了一个柠檬——看着光鲜亮丽，咬一口后发现酸得要命。假如二手车市场的潜在买方明白很难区分好的二手车与差的二手车，他们就会在出价的时候考虑这个问题。

假如有一辆较好的二手车准备进入市场交易，这辆车的质量究竟怎样，性能如何，只有车主自己最清楚，买车人却不了解。怎么办呢？为了慎重起见，也为了防止风险，买车人必然要尽量杀价，本来值 10 万元的，他只出 8 万元。可车主很清楚这车的价值，他会想：我这车完全可以值 10 万元，你偏要我 8 万元出手，当然不干。如此，一个坚持要价，一个拼命杀价，僵持的结果自然是谈不下来，无法成交，于是这辆好车最终只好退出市场，不卖了。

在二手车市场上，其他好车也会遭遇上述情况而陆续退出市场，于是剩下的车质量越来越差。而车的质量越差，买车人就越要杀价，于是好的车卖不出去，而差的车也卖不了好的价钱。经过这么一轮又一轮博弈，二手车市场就只剩下差的车而没有好的车了。

我们知道价格包涵了产品的质量信息，但是因为二手车市场存在事前的信息不对称，所以买方只愿意以市场均价来支付。在二手车市场上，那些“柠檬”有很大的市场空间，容易成交；但那些优质的二手车却会因为无法成交而慢慢退出市场，最终就形成了劣货驱逐良货的局面，市场上仅剩下“柠檬”。可见，由于信息不对称，二手车市场不再是优胜劣汰，而是优汰劣胜了，这显然是没有效率的资源配置。经济学家给这种问题起了一个技术性的名称——逆向选择（adverse selection），他们发现这个现象随处可见。

逆向选择是指由于交易双方信息不对称和市场价格下降产生的劣质品驱逐优质品，进而出现市场交易产品平均质量下降的现象。

在保险市场，信息不对称的问题尤为严重。各类保险的买方总是比保险公司更清楚自己投保的事项发生险情的可能性。譬如，在保险市场上，买方比卖方掌握的信息多。因为每个人都很清楚自己的健康状况，而保险公司通常很难区分什么人健康、什么人不健康。因此，就会出现类似于二手车的情况，保险公司将医疗保险的价格定在中间水平，向所有人索取中等水平的保费。对于健康的人来说，他们知道自己患病的概率很小，会觉得这保费太高了，于是不想要购买这样的保险产品；但对于那些健康状况不佳的人而言，他们会觉得这个保费很值而愿意购买这类医疗保险。然后，保险公司会发现索赔的人很多，他们需要将保费提高到非常高，才有可能挣回公司为投保人所支付的费用并实现盈利。因此，就形成了如图9－1所示的一种恶性循环，最终的结果是只有那些健康状况很差的人才愿意购买昂贵的医疗保险。

在信息不对称的情况下，当人们的行动不确定时，市场也会被破坏而失灵，经济学家将这种现象称为道德风险（moral hazard）。譬如，你在购买手机丢失险之后，可能对手机放在哪儿就不那么上心了，因为你知道如果手机丢失了，你可以获得赔偿而拥

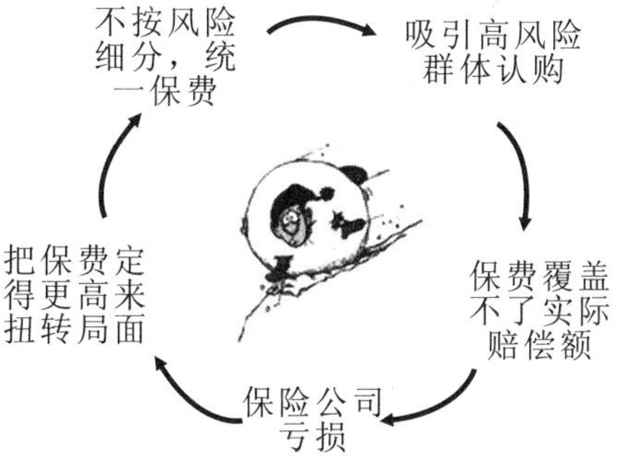

图9－1　信息不对称与保险

有一部新手机。保险公司虽然知道这种情况，但它没有办法向你核实。因此，结果就是，他们不想给你完全的保险而要求你自己承担一部分损失。这样对于真正用心保护手机但难免丢了的人来说，这个手机丢失险就不再有需求了，于是市场又失败了。因为你想要保险公司完全承保，也希望保险公司能够出售这样的保险服务，但实际上，保险公司不愿供给，这种保险不会有成交，因为信息不对称阻止了这种市场交易。

二、如何解决信息不对称的问题

面对信息不对称产生的市场失灵问题，通常有以下几种解决方案：

（1）根据商品的定价来推测其品质。在信息不对称的环境下，商品质量依赖于价格，也就是说，高价格意味着高质量。因此，我们可以将价格作为传递和判断商品质量高低的信号。

（2）制造与传播商品信号。制造与传播商品信号主要是厂商通过品牌、广告或者向客户提供质量保证书、产品保修、产品退回等办法，来使消费者将它的产品与“柠檬”区别开来，并相信它的产品是高质量的。这是解决信息不对称问题最为重要也最为常用的手段。

（3）利用中介。在信息不对称的市场上，买卖双方利用中介来促成交易，因为中介（例如券商、经纪人等）可以利用其专业知识为交易双方提供所需信息，从而提高市场行为的效率。当然，中介所获收益取决于他提供信息的质量。

（4）政府、消费者协会等机构建立的质量合格标准。这个标准可以向买卖双方来确保产品的质量，从而消除信息不对称带来的影响。

（5）搜寻相关信息。在信息不对称的市场中，处于信息弱势的一方通过走访、调查等方法广泛搜寻相关信息，从而改变其所处逆向选择的情境，进而提高市场效率。

本章小结

看不见的手是有力的，但不是万能的。这一章我们考察了市场失灵的几种情形，同时讨论了市场失灵的原因以及可能采取的解决方法。在一些情况下，可以利用市场机制本身来解决市场失灵的问题，但很多时候，我们无法通过市场的方法来解决市场失灵的问题，于是政府就不得不出手干预了。

思考题

1. 什么是市场失灵？
2. 导致市场失灵的原因有哪些？
3. 什么是外部性，外部性如何导致市场失灵？如何解决外部性引起的市场失灵问题？
4. 根据商品的竞争性与排他性将商品进行分类？
5. 公共物品和共有资源是如何导致市场失灵的？
6. 什么是逆向选择？
7. 如何解决信息不对称引起的市场失灵问题？

至此，我们已经向你介绍了经济学微观部分的全部内容，希望我们的讲解能够为你推开一扇经济学之窗，而你在课上花掉的稀缺且宝贵的时间也能够给你带来未来生活中更多更优的选择。请记住，正如完全竞争市场一样，虽然我们个人只是万千世界中一个微不足道的个体，凭一己之力很难去影响或改变世界。但是，正是我们所做的每一件小事才形成了我们所拥有的世界！因此，无论是在经济生活还是日常生活，当你每一次做出决策或行动时，请不要忘记，除了要有冷静的头脑外，更要有一颗善良的心。世界在你眼前，经济学就在你身边！

参考文献

1. 曼昆. 经济学原理［M］. 梁小民，梁砾，译. 6 版. 北京：北京大学出版社，2012.

2. 哈伯德，奥布赖恩. 经济学：微观［M］. 赵英军，译. 5 版. 北京：机械工业出版社，2016.

3. 基什特尼. 经济学通识课［M］. 张缘，刘婧，译. 北京：民主与建设出版社，2017.

4. 范里安. 微观经济学：现代观点［M］. 费方域，等译. 8 版. 上海：格致出版社，上海人民出版社，2010.

5. 高鸿业. 西方经济学：微观部分［M］. 6 版. 北京：中国人民大学出版社，2014.

6. 菅原晃. 极简经济学通识课：图解版［M］. 潘丽，译. 北京：化学工业出版社，2018.

7. 克鲁格曼，韦尔斯. 微观经济学［M］. 黄卫平，等译. 2 版. 北京：中国人民大学出版社，2012.

8. 厉以宁. 西方经济学［M］. 3 版. 北京：高等教育出版社，2010.

9. 西方经济学编写组. 西方经济学：上册［M］. 2 版. 北京：高等教育出版社，人民出版社，2019.

10. 茅于轼. 生活中的经济学［M］. 广州：暨南大学出版社，2003.

11. 平狄克，鲁宾费尔德. 微观经济学［M］. 李彬，等译. 8 版. 北京：中国人民大学出版社，2013.

12. 萨缪尔森，诺德豪斯. 宏观经济学［M］. 萧琛，译. 19 版. 北京：人民邮电出版社，2012.

13. 斯蒂格利茨，沃尔什. 经济学［M］. 黄险峰，张帆，译. 4 版. 北京：中国人民大学出版社，2010.

14. 薛兆丰. 经济学通识［M］. 2 版. 北京：北京大学出版社，2015.

15. 亚当·斯密. 国民财富的性质和原因的研究：上卷［M］. 郭大力，王亚南，译. 北京：商务印书馆，1972.

16. 尹伯成. 现代西方经济学习题指南：微观经济学［M］. 7 版. 上海：复旦大学出版社，2011.

17. 张忠德. 西方经济学：微课版［M］. 2 版. 北京：人民邮电出版社，2017.

18. 刘金山. 市迹［M］. 广州：暨南大学出版社，2017.